Ensino de História para o
FUNDAMENTAL 1
teoria e prática

Proibida a reprodução total ou parcial em qualquer mídia
sem a autorização escrita da editora.
Os infratores estão sujeitos às penas da lei.

A Editora não é responsável pelo conteúdo textual e iconográfico da Obra:
as Autoras conhecem os fatos narrados,
pelos quais são responsáveis, assim como se responsabilizam pelos juízos emitidos e pelas imagens veiculadas.

Consulte nosso catálogo completo e últimos lançamentos em **www.editoracontexto.com.br**.

Maria Belintane Fermiano
Adriane Santarosa dos Santos

Ensino de História para o
FUNDAMENTAL 1
teoria e prática

Copyright © 2014 das Autoras

Todos os direitos desta edição reservados à
Editora Contexto (Editora Pinsky Ltda.)

Foto de capa
Vanessa Cuzziol Pinsky
Montagem de capa e diagramação
Gustavo S. Vilas Boas
Coordenação de texto e consultoria histórica
Carla Bassanezi Pinsky
Preparação de textos
Daniela Marini Iwamoto
Revisão
Flávia Portellada

Dados Internacionais de Catalogação na Publicação (CIP)
(Câmara Brasileira do Livro, SP, Brasil)

Fermiano, Maria Belintane
  Ensino de história para o fundamental 1: teoria e prática /
Maria Belintane Fermiano e Adriane Santarosa dos Santos. – São Paulo :
Contexto, 2014.

  Bibliografia.
  ISBN 978-85-7244-833-8

  1. História (Ensino fundamental) 2. História – Estudo e ensino
3. Professores – Formação I. Santos, Adriane Santarosa dos. II. Título.

14-01513 CDD-907

Índice para catálogo sistemático:
1. História : Estudo e ensino 907

2014

Editora Contexto
Diretor editorial: *Jaime Pinsky*

Rua Dr. José Elias, 520 – Alto da Lapa
05083-030 – São Paulo – SP
PABX: (11) 3832 5838
contexto@editoracontexto.com.br
www.editoracontexto.com.br

Sumário

Introdução 7

Os desafios do ensino de História 9
    Conceber o aluno como sujeito histórico 9
    Partir da realidade do aluno 11
    Formar o pensamento crítico 15
    Educar para a construção da cidadania 19
    Educar para a solidariedade 22
    Trabalhar com temas transversais e as exigências das novas leis 23

O saber histórico e o ensino de História 29
    Categorias temporais 36
        Sucessão e duração 37
        Causalidade e mudanças 55
        Semelhança e diferença, permanência e mudança 66
    Incentivar as inferências, as deduções e o debate 78
    Estudo do meio 92
    História Oral 99
    Diversos tipos de documentos 101
    E os próprios alunos produzem... 108
        Documentos 108
        Narrativas 110
            História da família 111
            História do lugar em que se vive 113
        Representações 119

O currículo **127**
    Planejamento curricular 127
    Objetivos do 1º ao 5º ano 128
    Expectativas de acordo com os anos 130
    Avaliação 133

Atividades e procedimentos didáticos **137**
    Atividades de História: como elaborar e o que observar 139
    Sequências cronológicas 142
    Entrevistas 148
    Textos escritos 157
        Periódicos 164
        Literatura infantil 170
    Datas 177
    Imagens 184
    Fotografias 188
    Publicidade 196
    Desenhos e pinturas 197
    Esculturas 203
    Colagens 206
    História em quadrinhos 208
    Cinema, documentário, animação (desenho animado) 214
    Arquitetura 222
    Design 225
    Museus 227
    Música 230
    Pesquisa 240
    Artesanato 245
    Danças 247
    Personagens 248
    Ciência e tecnologia 252
    Jogos 254
    Para trabalhar cidadania, afetividade e respeito 261

Bibliografia **269**

As autoras **272**

Introdução

Ensinar História para crianças é uma aventura cujos resultados compensam os esforços. Se você é educador e está com esse livro em mãos, é porque tem interesse em saber mais, quer confirmar seus acertos, busca respostas para algumas dúvidas e deseja encontrar soluções criativas para o trabalho em sala de aula.

Esta obra foi pensada para ajudar os professores a refletir sobre seus conhecimentos (adquiridos com estudo e experiência profissional) e aprimorar suas aulas. Ela discorre sobre os desafios de ensinar os conteúdos de História do 1º ao 5º ano do ensino fundamental, tendo como base as diretrizes curriculares do Parâmetro Curricular Nacional (PCN) de História e as legislações atuais. E vai além: traz em suas páginas uma série de sugestões de atividades para propor aos alunos. Enfim, é uma leitura que articula teoria e prática a fim de atender aos interesses e necessidades de quem quer ensinar cada vez melhor.

Observamos a existência de uma boa bibliografia que trata de questões teóricas, mas vimos que faltavam textos mais práticos que, de fato, trouxessem propostas viáveis sobre o que fazer concretamente com as crianças na escola. Assim, este livro foi concebido com uma grande ênfase em experiências reais desenvolvidas e propostas de atividades criteriosamente elaboradas para atingir diversos objetivos: trazer para a sala de aula, de maneira lúdica, vivências cotidianas do aluno; propor desafios que permitam ao estudante avançar em sua trajetória escolar, considerando suas características cognitivas e afetivas;

contribuir para seu desenvolvimento intelectual; passar para as crianças noções caras à disciplina histórica (como "tempo histórico", por exemplo); ensinar a trabalhar com instrumentos que permitem pensar historicamente nessa etapa educativa.

Este livro também colabora com o professor no sentido de fazê-lo adquirir autonomia e segurança para modificar e criar suas próprias atividades com base nos *indicadores de análise de qualidade* elaborados para permitir a avaliação da coerência, da pertinência e da validade de cada trabalho proposto aos alunos. A tabela com esses indicadores encontra-se no último capítulo. Para ampliar mais ainda as possibilidades de ensino, linguagens e materiais diversos são apresentados como suporte para a elaboração das atividades práticas: documentos escritos, música, fotografia, literatura infantil, artesanato, quadrinhos, propagandas. Será fácil perceber o potencial de interação com outras áreas do conhecimento – Português, Geografia, Artes, Ciências –, dinamizando as aulas de História e beneficiando-se da interdisciplinaridade.

O livro está dividido em quatro capítulos gerais que dialogam entre si: (1) "Os desafios do ensino de História"; (2) "O saber histórico e o ensino de História"; (3) "O currículo"; (4) "Atividades e procedimentos didáticos". Esperamos que o professor utilize esse material de forma responsável, criativa e prazerosa, sentindo-se amparado e estimulado ao planejar suas aulas de História.

Bom trabalho!

Os desafios do ensino de História

Os principais desafios apresentados ao professor do ensino fundamental na área de História são:

- conceber o aluno como sujeito histórico;
- partir da realidade do aluno para ensinar História;
- colaborar com a formação do pensamento crítico entre os estudantes;
- educar para a construção da cidadania;
- educar para desenvolver a solidariedade entre os alunos e na comunidade em que vivem;
- trabalhar com temas transversais e com as *novas temáticas* (direito das crianças, adolescentes e idosos; História e cultura afro-brasileira e indígena).

Neste primeiro capítulo, compreenderemos melhor o significado de cada um desses desafios e veremos como o professor pode lidar com eles no seu dia a dia ao ensinar História para crianças.

CONCEBER O ALUNO COMO SUJEITO HISTÓRICO

A *compreensão do aluno como sujeito no processo histórico* é uma exigência encontrada nas propostas pedagógicas do estado de São Paulo, desde a década de 1980, e nos Parâmetros Curriculares Nacionais, desde 1996. Ela parte da constatação de que o conhecimento histórico pode contribuir para o desenvolvimento da identidade. Mas o que isso quer dizer? Quer dizer que ensinar História para uma criança no ensino fundamental pode ajudá-la a pensar sobre sua própria história. Isso representa tomar consciência de seus hábitos, compreender melhor a cultura e o ambiente em que vive, e conhecer a realidade de seus colegas. Ao descobrir quem é e de onde veio, ela tem condições de projetar para onde vai.

Uma forma de levar a criança a conhecer a realidade que a cerca é estimulá-la a observar semelhanças e diferenças, permanências e mudanças. A partir daí, ela descobre que todos possuem história. O maior potencial do ensino de História é, pois, contribuir para localizar a criança no seu contexto e, assim, torná-la capaz de se reconhecer como ser humano dentro de um sistema de relações sociais que foi formado ao longo do tempo.

Contudo, a importância do ensino de História no nível fundamental 1 ultrapassa o âmbito do aluno individual, já que afeta também a sociedade, sendo uma forma de educar para a cidadania. Entendemos que a educação é um desafio contínuo que vai além das competências relacionadas aos conteúdos escolares e abrange a questão dos direitos e deveres e a convivência social.

Em relação aos conteúdos escolares, há instrumentos de avaliação oficiais que sinalizam os problemas e as conquistas. No entanto, quanto à cidadania, não temos instrumentos precisos de análise, mas temos termômetros que demonstram o desconforto social, a indignação diante das injustiças, a percepção das dificuldades causadas por manifestações de desrespeito e violência, a consciência dos problemas ligados à desigualdade social. Diante disso, não há como negar a importância de se proporcionar, na escola, situações capazes de promover comportamentos favoráveis ao respeito mútuo e atitudes que visem o bem comum. Na escola, e particularmente nas aulas de História, também é possível levar os alunos a avaliar as consequências das ações humanas e a prezar a conquista de direitos, entendendo as lutas empreendidas para que eles fossem socialmente reconhecidos.

Conceber o aluno como sujeito histórico também implica sensibilizá-lo em relação às suas responsabilidades sociais, que tendem a crescer com o tempo. Para isso, é preciso que ele aprenda a respeitar o "outro", com suas especificidades culturais e experiências de vida. A História é capaz de levar a criança a se colocar na pele das outras pessoas e a perceber pontos de vista alternativos, e não só de seus contemporâneos, mas também de gente que viveu em outras épocas e lugares. É óbvio, portanto, que não estamos falando aqui daquela História pobre e esquemática na qual os fatos são abordados isoladamente, e os alunos não passam de meros expectadores. Falamos, sim, da História capaz de aproximar os alunos da compreensão das dinâmicas dos fenômenos sociais.

Além disso, se o aluno não se enxergar como alguém integrado a um contexto e com um papel relevante a desempenhar, não poderá participar ativamente da vida em sociedade e não reconhecerá as necessidades das pessoas que o cercam, os problemas de sua comunidade (em sentido micro e macro) e a importância das lutas pelos direitos humanos. O PCN de História (Brasil, 1997a: 7) é bem claro nesse ponto, pois coloca entre os objetivos gerais:

> [...] compreender a cidadania como participação social e política, assim como exercício de direitos e deveres políticos, civis e sociais, adotando, no dia a dia, atitudes de solidariedade, cooperação e repúdio às injustiças, respeitando o outro e exigindo para si o mesmo respeito.

Conhecer a si mesmo e ao outro, construir sua identidade e compreender as identidades individuais, sociais e coletivas é um dos primeiros passos no caminho que leva à cidadania plena. Para que o professor do ensino fundamental corresponda a essa proposta ele deve *partir da realidade do aluno* e *ajudar o estudante a formar um pensamento crítico*, considerando sempre a idade dessa criança e as possibilidades de ação e reflexão que ela possui.

PARTIR DA REALIDADE DO ALUNO

Partir da realidade do aluno para ensinar História significa tomar o cotidiano dos alunos como a primeira referência. Como isso pode ser feito pelo professor? Ele deve primeiro conhecer o universo sociocultural específico dos garotos para quem dá aula, seus valores, seu modo de falar, sua visão de mundo. Para isso, entre outras coisas, é necessário perguntar às crianças o que elas pensam e, em seguida, considerar suas respostas como ponto de partida para novas perguntas. Obtém melhores resultados aquele professor que ouve os alunos do que aquele que simplesmente "passa a matéria" como se apresentasse um monólogo diante de uma plateia silenciosa e apática.

Na primeira etapa do ensino fundamental, os alunos têm entre 6 e 11 anos. Durante essa época da vida, as intervenções pedagógicas mais eficazes são as que priorizam a *ação*, ou seja, estimulam os alunos a participar ativamente do processo de aprendizado. Em outras palavras, os alunos aprendem melhor quando são levados a pensar, imaginar, pesquisar, analisar, comparar suas ideias com as dos colegas.

Ao longo deste livro são apresentadas diversas sugestões de trabalhos práticos. Por hora, basta comentar que, se o professor resolve levar os alunos a um museu, por exemplo, pode começar a atividade bem antes da visita, levantando em classe e anotando em um local para que todos vejam (pode ser em uma cartolina, ou na lousa...) as ideias dos alunos sobre "museu". Se ele fizer uma tabela com 3 colunas, pode intitular a primeira com "o que sabemos sobre museu" e as outras duas com "o que vimos no museu" e "o que descobrimos com a visita ao museu", respectivamente, para serem preenchidas após a visita. Dessa maneira, estará partindo do que os alunos sabem (valorizando com isso seu conhecimento prévio sobre o assunto) para, em seguida, ampliar seu repertório, levando em consideração o que eles puderam observar e, finalmente, o que descobriram de significativo depois da experiência. Nessa etapa do trabalho, portanto, é muito importante prestar atenção ao que eles têm a dizer. A seguir, um exemplo de uma tabela preenchida com ideias de uma classe que visitou um museu brasileiro com objetos do século XIX.

O que sabemos sobre museu	O que vimos no museu	O que descobrimos
• O museu é um lugar de coisas velhas. • Nele tem coisas que não se usa mais. • O meu pai doou uma máquina para o museu. • Eu nunca fui ao museu.	• Tem um lugar para cada coisa. • Está organizado. • Uma pessoa explicou como as pessoas antigamente usavam a carroça. • Eu vi as algemas dos escravos e pareciam ser muito pesadas.	• Eu descobri coisas de pessoas que viveram em outras épocas. • Que os escravos eram presos com ferros e devia doer. • As coisas que estão lá foram de pessoas como a gente.

E, depois de ouvir os alunos, qual o passo seguinte? É ajudar as crianças a reconhecer que cada uma delas também tem uma história e que esta história está relacionada com a de outras pessoas: a sua, a de seus pais, a de sua família, de sua comunidade, cidade, estado, país e mundo.

Continuando com o exemplo da visita ao museu, o âmbito da atividade pode ser ampliado com o professor pedindo aos alunos que busquem com familiares objetos que guardam há muitos anos. Nesse contexto, eles podem investigar os motivos que levaram as pessoas a guardar aqueles objetos e as memórias que suscitam em sua família.

O professor pode incentivar cada aluno a escolher um objeto para guardar com o objetivo de ter, no futuro, algo que o lembre de uma época de sua vida e que o ajude a contar (para amigos, familiares, seus próprios filhos) parte de sua história (um brinquedo preferido, um presente de alguém muito querido...). Nesse trabalho simples, entre outros ganhos pedagógicos, o professor mostra que valoriza o patrimônio sociocultural do educando.

Os alunos podem ser estimulados a fazer, na escola, sua própria exposição de objetos, cada um deles acompanhado de um pequeno cartão explicando a sua origem. É possível, ainda, criar coletivamente critérios de classificação dos materiais coletados a partir de orientações simples sobre catalogação de documentos. A caracterização dos objetos pode ser ampliada dependendo da faixa etária dos estudantes, sendo interessante incluir dados sobre a época em que foram produzidos e compará-los a objetos similares que existem atualmente. Os desdobramentos provocados por esse tipo de atividade acabam atribuindo novos significados ao conhecimento prévio dos alunos e facilitando sua percepção de outras realidades, mais "distantes" do seu cotidiano.

Ao serem capazes de reconhecer que eles próprios têm uma história, os alunos estão prontos para, com o auxílio do professor, desvendar as relações entre *a sua realidade* e o *patrimônio cultural da humanidade* (Pinsky e Pinsky, 2003). Para isso, o professor deve trabalhar simultaneamente com esses dois universos culturais.

Dessa forma, estará ajudando os alunos a organizar repertórios culturais que possibilitam a compreensão do tempo e do espaço nos quais estão inseridos, aprendendo, por exemplo, a interpretar cada história individual como resultado de um passado, o que requer compreender os hábitos, a cultura, os valores, as tradições, a tecnologia de uma época, e também entender como as pessoas que a viveram agiram em função desse contexto. O aluno, então, será capaz tanto de *estabelecer uma identidade* com as pessoas no passado, percebendo, em sua humanidade, em quê ele e elas podem ser semelhantes, quanto *perceber suas diferenças*, aprendendo a detectar, no estudo comparativo entre passado e presente, a ocorrência de mudanças.

Nas palavras da proposta curricular, a construção da História implica em considerar os diferentes sujeitos que são dotados de vontade e que estão situados em diferentes presentes (Brasil, 1997a). Essa ideia pode ser passada para as crianças de muitas maneiras e em vários momentos de sua vida escolar. Se o professor conseguir fazê-las perceber que a realidade na qual elas estão inseridas – a vida que levam, as amizades que cultivam, o transporte que utilizam, a casa em que moram... – representa apenas uma pequena fração de infinitas *possibilidades de viver*, já estará dando um grande passo. Ao mostrar, por exemplo, que a existência e a conservação das ruas pelas quais as crianças passam todos os dias ao ir para a escola têm a ver com o gari que as limpa, as necessidades de locomoção dos habitantes, a organização urbana, a coleta de impostos, as ações da administração pública que considera (ou não) os problemas da população, o professor chama a atenção das crianças para um universo mais amplo e para a existência de relações sociais mais complexas que as que elas eram capazes de identificar num momento anterior. Com o tempo e o investimento do professor em boas aulas de História, os alunos poderão compreender que a história é fruto de uma construção dinâmica das relações entre as pessoas, que acolhe as diferentes maneiras de viver e conviver. Se o professor se empenha em mostrar que passado e presente não ocupam compartimentos estanques, consegue fazer com que o diálogo entre ambos fique mais evidente para os alunos, que saberão estabelecer relações entre tempos, espaços, trajetórias, causas e consequências.

No primeiro ciclo do ensino fundamental, os alunos iniciam uma longa caminhada no sentido de, aos poucos, ir percebendo que todos são atores da história: homens, mulheres, alunos, negros, índios, lavradores, operários, empregados... E começam a compreender a capacidade do ser humano, em todas as épocas, de criar (e destruir), organizar-se e viver em sociedade. Vale lembrar que tudo isso não ocorre de um momento para o outro, trata-se de um processo. E, nesse processo, o aluno precisa de atividades nas quais ele não receba o conhecimento passivamente, pois não é a organização curricular que dará ao aluno o "sentido de mundo", e sim a capacidade de interagir com as informações que estão à sua volta. Isso só se consegue com estímulos desafiadores e situações em que ele possa pesquisar, comparar, classificar, analisar, imaginar, criar e se expressar (por escrito ou de muitas outras formas, e por meio de diversas linguagens).

Atividades e sugestões práticas como as que já foram apresentadas podem ser encontradas a partir da segunda metade do capítulo "O saber histórico e o ensino de História". Elas foram especialmente elaboradas para que o trabalho com a realidade do aluno supere a fase inicial de "o que você sabe sobre isso?", possibilitando descortinar um mundo de descobertas pela ação.

FORMAR O PENSAMENTO CRÍTICO

Em muitos manuais e livros teóricos, lemos que um dos papéis do professor é ensinar aos seus alunos a pensar criticamente e que essa tarefa é ainda mais importante quando a matéria é História. Pois bem, o que muitos textos não falam é o que isso quer dizer concretamente quando tratamos de crianças dos cinco primeiros anos do ensino fundamental. Será possível realizar essa proposta com gente de tão pouca idade? Acreditamos que sim e apresentamos aqui nossas sugestões para os professores que se dispõem a liderar essa empreitada.

O PCN de História (Brasil, 1997a: 8) coloca como objetivo do ensino que o aluno seja capaz de "questionar a realidade formulando-se problemas e tratando de resolvê-los, utilizando para isso o pensamento lógico, a criatividade, a intuição, a capacidade de análise crítica, selecionando procedimentos e verificando sua adequação". Esse objetivo pode ser resumido na expressão "formar o pensamento crítico". O pensamento crítico exige capacidade de reflexão, e isso só se adquire com amadurecimento e muito treino. Portanto, é fundamental apresentar aos alunos, desde os primeiros anos da escolaridade básica, situações simples que os levem a exercitar esse pensamento crítico.

Como fazer isso com crianças? Propondo-lhes perguntas estimulantes. Estando atento às suas respostas (é bom lembrar que a opinião emitida é baseada no que o sujeito conhece sobre o assunto em pauta, estando implícitos, também, os valores que a pessoa possui). E, a partir delas, elaborando novas perguntas.

Por exemplo, diante de uma notícia de jornal sobre algo que possa interessar aos alunos (levando em conta sua pouca idade), o professor pode perguntar-lhes: "O que o repórter descobriu?", "Como o repórter sabe tanta coisa?", "Quantas pessoas ele entrevistou para escrever a matéria?". Ou diante de uma pequena narrativa em que um personagem toma uma atitude: "Por que será que ele fez isso?", "O que ele poderia ter feito para resolver melhor a situação?". É bom lembrar que, nesse caso, o professor deve evitar a tentação de apontar um culpado ou simplesmente impor uma "lição de moral", pois, se a intenção é estimular o pensamento crítico, é bom que as conclusões partam dos próprios alunos, cabendo ao professor a tarefa de ajudá-los a clarear os caminhos.

No trabalho com alunos de 1º e 2º ano que haviam lido a obra *Alice no país das maravilhas*, o professor pediu para que escrevessem sobre a personagem da Rainha de Copas, elencando suas características, hábitos e condutas (ao que alguns alunos responderam: "Ela gosta de rosas cor de carmim", "Ela é má", "Ela joga croquet", "Ela ordena que cortem a cabeça [daqueles que a desagradam]"). A partir daí, se o professor quisesse avançar na discussão (sempre no sentido de formar o pensamento crítico), caberiam as perguntas: "Por que a rainha pode mandar dessa forma?", "Por que os outros personagens a temem?", "Ela é obedecida?", "Os outros personagens gostam de jogar com ela?", "Existe outro modo de governar (ou jogar)?".

Outro exemplo: alunos do 2º e 3º anos leram uma reportagem sobre a poluição do rio de sua cidade e discordaram dela porque, para eles, o rio estava limpo, uma vez que não viam nenhum "entulho" em suas margens.

Crianças realizando estudo do meio.

Posteriormente, receberam na escola a visita de um técnico do Departamento de Água e Esgoto que lhes explicou em linguagem acessível como o nível de poluição da água podia ser avaliado tecnicamente. Com isso, os alunos puderam ampliar os conhecimentos a respeito do assunto, percebendo também que uma "opinião", especialmente uma "ideia" inicial sobre algo, deve ser testada (por meio de uma investigação mais apurada) para que se possa falar com mais propriedade sobre o tema. Tudo isso contribuiu para que percebessem que a crítica que haviam feito à reportagem não era adequada e que, naquele momento inicial, eles não tinham elementos suficientes para sustentar seus argumentos.

Para alunos de 4º e 5º ano, uma proposta interessante no sentido de estimular o pensamento crítico é pedir que observem uma imagem [**Atividade 1** - OBSERVANDO OBRA DE RUGENDAS – Indicadores de análise: 1, 4, 5, 6][1] como, por exemplo, a *Derrubada de uma floresta*, de Johann Moritz Rugendas, e respondam perguntas como: "O que os personagens retratados estão fazendo?", "Por quê?", "O que provavelmente ocorrerá no lugar da floresta derrubada?", "A atividade retratada (derrubada de uma floresta) é muito antiga?", "A interferência do homem na natureza também ocorre nos dias de hoje?".

Derrubada de uma floresta, Johann Moritz Rugendas, 1820, litografia sobre papel.

Uma atividade desse tipo propõe uma série de ações mentais para o aluno: descrever a cena, elaborar hipóteses sobre a ação que observa, ou seja, a partir do seu conhecimento de mundo, ele é solicitado a apresentar suas opiniões numa argumentação coerente; imaginar as consequências dos atos que estão sendo observados no quadro; reconhecer a existência de situações semelhantes; ampliar o conhecimento sobre a história do Brasil; analisar um documento (o quadro). Se a atividade for ampliada com outras propostas como, por exemplo, comparar a imagem com fotografias atuais sobre o mesmo assunto (derrubada de árvores) ou fazer um texto ou um desenho para responder "O que acontecerá com o lugar?", proporcionará ao aluno a oportunidade de pensar sobre a interferência do homem no meio ambiente e as suas consequências.

Com relação aos alunos do ensino fundamental, *fazer do estudo da História um exercício de investigação, de análise e crítica, além de levantamento de hipóteses sobre o acontecido*, significa que as crianças podem ser introduzidas desde cedo nas *ações* de:

Buscar informações e identificar documentos históricos (em sentido amplo)
É importante que, desde cedo, o aluno perceba que existem muitas fontes de informação sobre o presente e o passado, sobre tempos e espaços que lhes são ou não familiares: objetos, monumentos, narrativas, textos escritos, músicas, fotografias, entre outros. Também deve-se ter uma ideia de onde encontrar esse material e que tipo de perguntas podem ser feitas a ele para obter mais informações.

Organizar informações com critérios definidos
Os critérios de classificação das informações podem respeitar a ordem cronológica, a relevância, os significados atribuídos por outras pessoas, entre outros.

Estabelecer relações e chegar a conclusões, ou seja, *aprender a analisar*
Nesse âmbito, *relacionar e comparar* são tarefas e competências fundamentais para a organização das informações e sua posterior análise.

Construir narrativas coerentes a partir da organização das informações e de sua *contextualização*
A contextualização é importante para evitar que o aluno misture tempos históricos (anacronismo), mas principalmente para perceber que cada época possui suas especificidades e que acontecimentos, hábitos, costumes, mentalidades, objetos da vida material, tudo isso tem historicidade. Traduzindo para o cotidiano da sala de aula: um professor que estimula os alunos com perguntas do tipo "Qual transporte seus avós usavam para viajar?", "Por que na época da colonização do Brasil não havia aviões?", "Por que o cavalo era muito utilizado? E nos dias de hoje?" ajuda as crianças, mesmo num nível bem básico, a contextualizar.

Questionar
O ensino de História nos primeiros anos do fundamental já é capaz de ajudar a criança a *identificar preconceitos, observar injustiças, duvidar de determinadas afirmativas destinadas a desqualificar o "outro", o "diferente"*. Com a orientação do professor, os alunos tornam-se capazes de questionar afirmações do tipo "a cultura indígena é inferior", "as meninas são menos capazes que os meninos", e mostrar como e por que estão incorretas (por exemplo, em que momento histórico elas foram elaboradas ou a que interesses elas servem). O passo seguinte nesse longo processo que é aprender a questionar com propriedade é *reconhecer mecanismos de exclusão* de determinadas pessoas ou grupos, ou seja, entender como e quando o preconceito acaba levando à discriminação. E, finalmente, lutar contra eles.

Também é importante que os alunos aprendam a compreender, por exemplo, as dificuldades de locomoção dos cadeirantes ou dos idosos nas ruas da cidade. E a ser solidários com o próximo, mesmo que ele tenha necessidades especiais, fale com outro sotaque, tenha outra aparência, siga outros padrões culturais, apresente dificuldades intelectuais ou se sobressaia de algum modo. Dessa forma, eles passam a entender a importância social de se *valorizar as diferenças sem perder de vista o princípio da igualdade.*

EDUCAR PARA A CONSTRUÇÃO DA CIDADANIA

Em primeiro lugar, é importante definirmos *cidadania* para que um conceito tão importante não seja confundido com "boas maneiras", "caridade" ou "tolerância", como tem sido comum em certos ambientes escolares. Então, o que é cidadania? Cidadania é a garantia de direitos civis, políticos e sociais. Como explica o historiador Jaime Pinsky:

> Ser cidadão é ter direito à vida, à liberdade, à propriedade, à igualdade perante a lei: é, em resumo, ter direitos civis. É também participar no destino da sociedade, votar, ser votado, ter direitos políticos. Os direitos civis e políticos não asseguram a democracia sem os direitos sociais, aqueles que garantem a participação do indivíduo na riqueza coletiva: o direito à educação, ao trabalho, ao salário justo, à saúde, a uma velhice tranquila. (Pinsky, 2003: 9)

E como o ensino de História colabora para uma melhor compreensão do que é cidadania? Mostrando que cidadania é "um conceito histórico", "o que significa que seu sentido varia no tempo e no espaço" e pode sofrer alterações: a cidadania pode ser ampliada para um número maior de pessoas (frequentemente como resultado de reivindicações e lutas sociais) ou restringida (em momentos de retrocessos autoritários, perseguições etc.). Porém, ao longo da história, é possível reconhecer um processo evolutivo com a difusão da crença de que a cidadania deve ser garantida a todos os seres humanos (Pinsky e Pinsky, 2003).

E na escola? Vejamos o que diz o historiador Holien Gonçalves Bezerra:

> O conjunto de preocupações que informam o conhecimento histórico e suas relações com o ensino vivenciado na escola levam ao aprimoramento de atitudes e valores imprescindíveis para o exercício pleno da cidadania, como o exercício do conhecimento autônomo e crítico; valorização de si mesmo

como sujeito responsável da História; respeito às diferenças [...] evitando qualquer tipo de discriminação; busca de soluções possíveis para os problemas detectados em sua comunidade, de forma individual e coletiva; atuação firme e consciente contra qualquer tipo de injustiça e mentiras sociais; valorização do patrimônio sociocultural [...]; valorização dos direitos conquistados [...] aí incluídos os respectivos deveres, sejam dos indivíduos, dos grupos e dos povos, na busca da consolidação da democracia. (Bezerra, 2004: 47-8)

E com relação aos primeiros anos do ensino fundamental? Na proposta curricular do PCN de História (Fonseca, 2003: 33-5) para o ensino fundamental, destaca-se a necessidade de o aluno vir a "ser cidadão conhecedor da organização política, social e econômica da sociedade, da pluralidade de fontes da cultura, e a influência de vários fatores num contexto compreensível".

Nessa etapa da vida, a criança já é capaz de compreender que precisa "fazer a sua parte" e que, se ela tem direitos, tem também deveres. Além disso, ela pode (e deve) aprender que não basta compreender, é preciso ajudar a melhorar o mundo em que vive no sentido de torná-lo um lugar com oportunidades iguais para todos. Esse aprendizado passa necessariamente pelo "respeito à diferença, à diversidade, ao espírito democrático, à tolerância e à solidariedade" (Fonseca, 2003: 33-5). O professor deve conduzir seu trabalho no sentido de levar o aluno a considerar o ponto de vista dos outros e compreender o ser humano em todas as suas manifestações, sejam elas culturais, étnicas, políticas, emocionais, sociais, entre outras. Na prática, o trabalho inicia-se com o professor selecionando conteúdos que podem contribuir para o desenvolvimento do conceito de cidadania, lembrando-se que a opção por temas específicos ou eixos temáticos é mais apropriada à faixa etária da primeira etapa do ensino fundamental (veremos adiante isso com mais detalhes e exemplos).

Para as crianças deste nível, o PCN defende, entre seus objetivos gerais:

[...] desenvolver o conhecimento ajustado de si mesmo e o sentimento de confiança em suas capacidades afetiva, física, cognitiva, ética, estética, de inter-relação pessoal e de inserção social, para agir com perseverança em busca de conhecimento e no exercício da cidadania. (Brasil, 1997a: 8)

Dando aqui um destaque para o trecho que fala do "conhecimento ajustado de si mesmo e o sentimento de confiança em sua capacidade afetiva", apontamos a necessidade de o professor refletir sobre o que isso significa em termos práticos e quais são seus limites e competências com relação a essa questão.

Por conta do grau de maturidade, os alunos do ensino fundamental (e da educação infantil também) necessitam de ajuda para aprender a trabalhar com os próprios sentimentos e para entender o que significa respeitar as outras pessoas. Até as crianças compreenderem o significado de do conceito de *cidadania*, um longo caminho deverá ser percorrido. Portanto, não adianta o professor chegar logo de início com definições prontas ou lições de moral acabadas. O entendimento do significado de *direitos (e deveres) para todos* deve ser o resultado de um processo em que o desenvolvimento da capacidade de reflexão por parte da criança exerce um papel imprescindível. Percepções simples do tipo "se eu choro e outra criança também chora; os motivos podem ser diferentes, mas a dor é a mesma" levam a uma identificação com o coleguinha, sentimento este que pode ser trabalhado (com a ajuda do professor) para encaminhar a criança para a seguinte conclusão: "é preciso respeitar o outro".

Fica claro, portanto, que no caso de um conflito entre colegas, o primeiro passo é, antes mesmo de conhecer os motivos do outro, cada aluno entender o que ocorre consigo próprio. Cabe ao professor, em seguida, incentivar as crianças a resolverem os conflitos que surgem com seus colegas (para mais detalhes sobre essa questão, sugerimos a leitura de obras de Haim Ginott, 2004, Nancy Samalin e Catherine Whitney, 1992; Adele Faber e Elaine Mazlish, 1985, 2005).

Em uma situação concreta, o professor pode perguntar aos alunos "Quais são os sentimentos que uma criança pode ter?". Raiva, medo, angústia, insegurança, injustiça, rancor, mágoa, tristeza – "sentimentos negativos" – provavelmente farão parte das respostas. Mas uma criança também pode sentir segurança, amor, carinho, alegria, gratidão – "sentimentos positivos". A criança deve ser capaz de identificar tanto os do primeiro tipo quanto os do segundo e, então, é fundamental que aprenda a se controlar e a utilizar as palavras (e não tapas, mordidas, ofensas, chutes, gritos...) para manifestar seu desagrado. Encontrar saída para o problema de um aluno que bateu no colega já é uma lição de cidadania. Incentivar aquele que apanhou a explicar a seu agressor que está sentindo dor e não gostou de apanhar é outra.

Trabalhos também podem ser desenvolvidos na escola com o objetivo de contribuir para a construção do sentimento de identidade e pertencimento ao local em que se vive, e, se for o caso, uma relação de afeto com esse espaço. A construção da identidade e o sentimento de pertencimento são importantes para criar vínculos de amizade, solidariedade e um espírito crítico para a defesa de valores importantes para a comunidade. Sugestões de atividades concretas baseadas em tais metas podem ser encontradas no capítulo "Atividades e procedimentos didáticos".

EDUCAR PARA A SOLIDARIEDADE

Está claro que o trabalho em sala de aula deve *promover ações concretas, que ultrapassem o trabalho com os conteúdos,* e desenvolver condutas de respeito e valores que fazem parte do projeto político-pedagógico da escola. Dentre os valores, a *solidariedade* ganha destaque por sua menção explícita no PCN (dentro do tema transversal "ética"). Portanto, vale a pena nos determos um pouco mais sobre o assunto.

A solidariedade surge quando nos comovemos diante de uma situação difícil vivida por outra pessoa ou grupos de pessoas. Ela brota com a identificação em relação aos problemas alheios a partir do conhecimento do sofrimento, das misérias, das injustiças sofridas pelo "outro". E fica demonstrada quando se presta algum tipo de assistência (material e/ou moral) a quem precisa. Quando dizemos que as pessoas de um determinado grupo são solidárias entre si, significa que estabelecem uma relação de interdependência e colaboram umas com as outras. Em outras palavras, ser solidário é se "importar com" e "fazer algo por" alguém ou alguma causa que beneficie outras pessoas.

Desenvolver a solidariedade em classes do ensino fundamental significa ajudar os alunos a saírem da condição de meros espectadores da história e levá-los – de acordo com suas capacidades – a fazer parte do conjunto de sujeitos que ajudam a transformar o mundo em um lugar melhor e lutam pela extensão da condição de cidadãos para todos os seres humanos. Em diversas situações o professor pode questionar seus alunos (ajudando-os a aprofundar aos poucos o conteúdo das respostas): "Que tipo de ser humano transforma o mundo em um lugar melhor para todos?", "Quais as mudanças necessárias para melhorar a sociedade/as condições de vida dos necessitados/os relacionamentos humanos?", "Qual é o seu papel na promoção dessas mudanças?". Em circunstâncias concretas, os exercícios que promovem a cidadania e a solidariedade ficam mais evidentes para os alunos. E os resultados das ações ganham maior visibilidade. Assim, por exemplo, se houve uma enchente na cidade que prejudicou muitos habitantes, os alunos podem refletir: "Existem alunos da escola em situação de risco ou com problemas em função da enchente?", "O que podemos fazer para ajudá-los?", "O que as famílias vítimas da enchente estão sentindo? E do que elas necessitam?", "O que nós, crianças, podemos fazer por elas?".

TRABALHAR COM TEMAS TRANSVERSAIS E AS EXIGÊNCIAS DAS NOVAS LEIS

Os PCN (Brasil, 1997a: 26) apresentam o trabalho com temas transversais como uma boa maneira de considerar a teia de relações que envolvem diferentes aspectos da realidade. A nosso ver, esse tipo de proposta é útil também para desenvolver os objetivos pedagógicos acalentados em cada escola. Ele ainda facilita a expressão, por parte dos alunos, de distintos pontos de vista e evidencia a seus olhos a pluralidade dos grupos sociais.

Como ele funciona? O trabalho com os *temas transversais* requer a eleição de *conteúdos* relevantes que podem servir para a discussão de questões sociais que levem à análise crítica da realidade. Quando propõe eixos temáticos para a organização curricular, o PCN flexibiliza o trabalho do professor, pois afirma que ele pode escolher, junto com os alunos, quais conteúdos serão aprofundados. O PCN, contudo, aconselha os professores, diante da diversidade de conteúdos,

> [a] fazer escolhas daqueles que são mais significativos para serem trabalhados em determinados momentos ou determinados grupos de alunos, no decorrer da escolaridade. Os conteúdos de História, como são propostos neste documento, não devem ser considerados fixos. A escola e os professores devem recriá-los e adaptá-los à sua realidade local e regional. (Brasil, 1997a: 45)

Os temas transversais propostos pelos PCN são: "ética", "meio ambiente", "pluralidade cultural", "saúde", "orientação sexual" e "temas locais". Ao escolher determinado conteúdo (que será tratado tendo estes temas como referência), todas as áreas do conhecimento escolar (História, Português, Ciências, Geografia, Matemática...) devem ser envolvidas em sua abordagem. Isso vai permitir que o conteúdo seja tratado não como "uma junção de dados abstratos ou desconexos" que devem ser estudados e "aprendidos apenas para 'passar de ano'", mas sim como matéria capaz de levar o aluno a "refletir e mudar sua própria vida", além de, com melhor base de conhecimentos, tomar "posição diante de problemas fundamentais e urgentes da vida social" (Brasil, 1997a: 43).

Para o professor desenvolver esse trabalho didaticamente, o primeiro passo, portanto, é montar um projeto coletivo (podem ser vários ao longo do ano letivo). Criar e desenvolver um projeto possibilita a cooperação entre os alunos, com trocas recíprocas baseadas no respeito mútuo.

Para garantir a atenção das crianças é importante que o conteúdo a ser estudado desperte e curiosidade dos alunos. No desenvolvimento do projeto eleito, a realidade em pauta é investigada a partir da observação, da curiosidade e da necessidade de buscar respostas coerentes e que possibilitem uma visão ampla sobre o assunto. Já vimos que no processo de ensino-aprendizagem devem ser priorizados o levantamento de hipóteses, a busca e o confronto de informações. Entretanto, em se tratando dos primeiros anos do ensino fundamental, mais importantes do que os conteúdos em si são os procedimentos adotados, as discussões em classe, as investigações feitas, em outras palavras, o caminho percorrido no desenvolvimento do trabalho. Todos se beneficiam quando se estabelece um ambiente cooperativo, aberto ao debate saudável e propício à convergência de interesses.

Em um exemplo concreto, alunos e professora resolveram conhecer melhor o bairro onde se situava a escola através de um estudo do meio (lembremos que o conteúdo "bairro" faz parte do currículo de História e que "estudo do meio" é uma estratégia altamente recomendável no ensino fundamental). Ao saírem a campo, os alunos fizeram observações e anotações. De volta à sala de aula, perceberam que a questão que mais chamou a atenção de todos dizia respeito ao excesso de lixo nas ruas e nos terrenos vazios daquele bairro. Com isso, resolveram aprofundar-se no "assunto do lixo". Aproveitando o interesse dos alunos, a professora estimulou a classe a: (1) levantar possíveis explicações para o acúmulo de lixo (sistema de coleta deficiente, um problema temporário com a coleta, descarte em locais e horários indevidos, excesso de material descartado em função de um consumismo sem limites...) e testar suas hipóteses para tentar descobrir as razões para o fato; (2) observar as consequências do acúmulo de lixo para o meio ambiente e para a saúde e a mobilidade dos habitantes e frequentadores das ruas do bairro; (3) buscar soluções para o problema (por exemplo: campanha de conscientização para que as pessoas joguem lixo no local adequado; implantação da coleta seletiva e encaminhamento para reciclagem de boa parte do material descartado; reivindicação do direito a uma coleta mais eficiente por parte dos responsáveis por esse serviço público); (4) reflexão sobre o estilo de vida que leva ao acúmulo de lixo ("De onde vem tanto lixo?", "Será que as pessoas precisam consumir tanto e, consequentemente, produzir tanto lixo?", "Consumimos somente o necessário ou somos influenciados a consumir em excesso?", "Repensar nossos hábitos de consumo e o destino das coisas que não queremos ou precisamos mais (mas que ainda podem servir a outras pessoas) ajudaria a diminuir a quantidade de lixo?"). Ao fazer uma avaliação final do trabalho, a professora observou entre as crianças o desenvolvimento de condutas conscientes, a percepção de algumas consequências de seus hábitos de consumo (e desperdício) e a vontade de busca de alternativas e soluções para problemas socioambientais que as cercam.

Nesse exemplo, vários temas transversais foram abordados: ética, meio ambiente, saúde, problema local. Sobre ética, os alunos discutiram: "Como ações individuais podem influenciar (positiva ou negativamente) o coletivo?", "Qual a atitude correta e por quê?" (jogar o lixo no terreno vazio na hora que se quer, ou armazená-lo em sacos apropriados e esperar a passagem do caminhão de lixo para colocá-lo na rua? Tratar como lixo coisas que poderiam ser reaproveitadas ou separá-las e levá-las para uma instituição doadora ou para a reciclagem? Comprar tudo o que se vê pela frente ou se controlar e adotar uma postura de consumo consciente?). Sobre meio ambiente: os alunos discutiram as interações entre os seres humanos e outros elementos que fazem parte do ambiente e observaram a possibilidade de buscar ao mesmo tempo "o crescimento cultural e a qualidade de vida" e "o equilíbrio ambiental" (conforme estabelece o PCN – Brasil, 1997b: 33). Sobre um problema local: os alunos discutiram a respeito de algo que faz parte do seu cotidiano.

Um projeto específico como esse anterior pode ser ampliado para trabalhos com contextos mais amplos e abordagens mais aprofundadas, dependendo do nível intelectual dos alunos (a partir de perguntas do tipo: "Quando surgiram historicamente os movimentos ecológicos?"; "O que significa sustentabilidade?"; "Quais as razões do consumismo?").

Há inúmeras formas de trabalhar com temas transversais e são muitas as possibilidades de combiná-los dentro de cada projeto. A seguir, algumas considerações pertinentes no sentido de ajudar os educadores a observar outras possibilidades.

Saúde
No mundo globalizado, em consequência da oferta excessiva de alimentos não saudáveis, a obesidade infantil tem sido alvo de campanhas de conscientização realizadas por órgãos governamentais. As aulas de História farão sua parte ao estudar, por exemplo, as causas históricas das mudanças dos hábitos de alimentação da população como um dos reflexos da vida urbana, do desenvolvimento comercial, da revolução agrícola e industrial, do consumismo, da influência da propaganda, dentre outros. Abordar a questão alimentar com os alunos pode ser um importante passo para que eles reflitam e conheçam melhor seus próprios hábitos e vejam como podem ser negativamente influenciados no sentido de ter uma má alimentação. Essa questão pode ainda levar a estudar o custo de vida em diferentes locais e o acesso diferenciado de setores da população aos alimentos disponíveis no mercado.

Pluralidade cultural

É importante que a pluralidade cultural seja valorizada no que é capaz de contribuir para o enriquecimento do patrimônio coletivo e a promoção da cidadania plena e do convívio harmônico entre pessoas ou grupos diferentes. Portanto, não se trata de incentivar o relativismo acrítico na escola (uma filosofia que justifica a escravidão, uma crença que promove o racismo, um pensamento que considera a mulher inferior ao homem não se enquadram nessa proposta e podem – e devem – ser criticados). Nunca é demais lembrar que é papel da escola promover atitudes de respeito e combater todas as formas de preconceito e discriminação, sejam elas baseadas na cor da pele, na crença religiosa, no sexo, na opção sexual, na capacidade locomotora, na idade, na aparência etc.

Muitas vezes o preconceito é fruto da ignorância. O conhecimento (histórico e científico) é uma boa arma contra ele. Um professor que se propõe a questionar com os alunos o "preconceito racial" pode, a partir da aula de Ciências, explicar que os corpos dos seres humanos são formados pelos mesmos órgãos e que eles têm as mesmas funções em todas as pessoas (ressalvadas as diferenças anatômicas entre homens e mulheres). A palavra "raça" não pode ser utilizada para representar a diversidade humana, pois não tem base científica. Em outros termos, não existem raças que diferem os seres humanos. A raça humana é uma só e engloba todas as pessoas. Esse mesmo professor, na aula de História, pode explicar que o racismo (neste caso, a discriminação baseada na cor da pele) justificou ideologicamente no passado a escravidão negra, mas que ele não tem nenhuma base científica e que é inaceitável nos dias de hoje (sendo, inclusive, considerado crime no Brasil).

Caso algum aluno mencione a cor da pele como critério de classificação dos seres humanos, o professor pode explicar que isso é um detalhe pouco significativo no conjunto. Se aspectos da aparência fossem realmente válidos para dividir a humanidade em compartimentos, por que não separar as pessoas de acordo com o formato da orelha, a altura, o tamanho das unhas ou o desenho dos pés? Se isso tudo não faz muito sentido, por que a cor da pele faria? Não faz!

Voltando ao tema transversal, observamos que a diversidade *cultural* pode ser encontrada até mesmo no espaço escolar que abriga alunos de diferentes origens étnicas ou regionais, por exemplo. O professor, portanto, pode partir da realidade dos próprios alunos para tratar do tema. Além disso, não é difícil buscar aspectos da música, da língua, da culinária, do folclore, da religião, da alimentação que possam ampliar e enriquecer o conhecimento dos alunos a respeito das distintas culturas e grupos étnicos presentes em sua cidade (país, mundo).

Orientação sexual

Ao propor "orientação sexual" como tema transversal, os PCN pretendem estimular a "discussão de diferentes pontos de vista associados à sexualidade, sem a imposição de determinados valores sobre outros". A proposta apresenta três eixos para trabalho: corpo humano, relações de gênero[2] e prevenção de doenças sexualmente transmissíveis e da aids. No entanto, desde a data da publicação dos PCN até os dias atuais, transcorreram muitos anos e a sociedade brasileira passou por várias transformações. Hoje, o Governo e várias outras entidades promovem campanhas voltadas à conscientização com relação aos direitos das mulheres, idosos, crianças e adolescentes e incentivam denúncias contra os maus-tratos e abuso sexual de crianças e adolescentes. Várias dessas campanhas são divulgadas nas escolas. Também há campanhas que combatem o abandono de incapazes e a homofobia. Com o reconhecimento legal da união de homossexuais, cresce a presença e a visibilidade de alunos que se apresentam como filhos de união homossexual. Tais questões passam a fazer parte do cotidiano escolar e não é raro os alunos trazerem dúvidas e anseios por situações que vivenciam dentro e fora de casa; portanto, o professor não pode fechar os olhos para elas, devendo tratá-las em sala de aula de acordo com o grau de maturidade de seus alunos (Brasil, 1997b: 34).

Problemas ligados à discriminação de gênero podem ser discutidos em sala de aula desde os primeiros anos do fundamental. Não será necessário muito esforço para identificar exemplos de manifestações preconceituosas, pois, espontaneamente, os alunos acabam comentando coisas como: "Meu pai não deixa minha mãe trabalhar", "Lugar de mulher é em casa", "Menino que chora é maricas [covarde, afeminado, 'bicha']". Além disso, é possível que as próprias crianças mencionem situações domésticas que envolvam violência contra a mulher e as meninas. Assim, é preciso que o professor esteja preparado e reconheça que estereótipos ligados ao papel do homem e ao papel da mulher podem ser desmontados por meio da História. Como afirma a historiadora Carla Bassanezi Pinsky:

> [...] ao observar que ideias a respeito do que é "ser homem" e "ser mulher", os papéis considerados femininos e masculinos ou a condição das mulheres, por exemplo, foram se transformando ao longo da história (como e por que), os alunos passam a ter uma visão mais crítica de suas próprias concepções, bem como das regras sociais e verdades apresentadas como absolutas e definitivas no que diz respeito às relações de gênero. (C. Pinsky, 2010b: 33)

As exigências das novas leis

O trabalho em sala de aula foi atualizado pela promulgação de determinadas leis que representam conquistas para a sociedade brasileira. O Estatuto da Criança e do Adolescente e o dos Idosos e a lei que torna obrigatório o estudo das culturas afro-brasileira e indígena representam avanços sociais e garantem visibilidade de grupos que, durante boa parte da história do Brasil, foram marginalizados. Essas leis visam garantir que os direitos de crianças, adolescentes, idosos e o direito de conhecer a cultura afro-brasileira e indígena sejam respeitados por todos. Elas normatizam a necessidade de dar visibilidade *na escola* a questões que, até então, eram esquecidas ou abordadas de forma indireta e sem sistematização no currículo do ensino fundamental.

O objetivo da lei que insere nos currículos escolares "História e cultura afro-brasileira e indígena" é garantir que a História dessas etnias seja contada e que os costumes, crenças e demais manifestações culturais ligados a elas sejam conhecidos e valorizados. Além disso, a lei está de acordo com a proposta da História Nova de abrir espaço para grupos humanos que ainda não tiveram sua interpretação dos fatos amplamente divulgada e demonstrar a necessidade de reconhecimento desses sujeitos históricos e sua importância dentro da História do Brasil.

Portanto, como a sociedade é dinâmica e marcada por movimentos de luta pela igualdade, consideramos importante que as problemáticas que envolvem desde os direitos de crianças, adolescentes e idosos a questões relativas às culturas afro-brasileira e indígena façam parte do currículo do ensino de História. Já vimos que o trabalho do professor com História no ensino fundamental segue duas diretrizes básicas: auxiliar o aluno a se ver como sujeito de sua própria história e propiciar-lhe o contato com diferentes histórias. Quando o aluno passa a ter contato com múltiplas visões possibilitadas pela variedade de sujeitos que compõem a narrativa histórica, inicia-se no exercício de compreender as diferentes representações que fazem parte dessa narrativa.

NOTAS

[1] As atividades serão acompanhadas de pelo menos três *indicadores de análise de qualidade*. Cada número corresponde a um tipo de *indicador de análise de qualidade* que as atividades de História devem contemplar. Ver mais detalhes e explicações no capítulo "Atividades e procedimentos didáticos".

[2] O termo *gênero* refere-se à "*construção social* da diferença sexual. Quando adotamos a perspectiva de gênero, estamos pensando nas maneiras como as sociedades entendem, por exemplo, o que é 'ser homem' e 'ser mulher', e o que consideram 'masculino' e 'feminino'. Tratamos essas noções como "conceitos históricos" (C. Pinsky, 2010b: 31).

O saber histórico e o ensino de História

O segundo capítulo apresenta algumas atividades já realizadas com alunos dos primeiros anos do ensino fundamental, bem como sugestões para que os professores que estão lendo este livro desenvolvam, com seus próprios alunos, trabalhos coerentes com as propostas do PCN. As sugestões levam em consideração dois grandes objetivos das aulas de História para crianças desse nível: (1) desenvolver a noção de tempo histórico e (2) levá-las a conhecer determinados instrumentos, conceitos e definições usados pelos historiadores. Esses dois objetivos aparecem aqui destacados por razões metodológicas, mas, obviamente, são indissociáveis. Vejamos com mais detalhes:

1. Desenvolver no aluno a noção de *tempo histórico*:
   - começar trabalhando com duas ideias de tempo: (1) observar a concepção da criança sobre tempo (para isso, sugerimos que o professor procure entender primeiramente como o aluno que chega àquele ano letivo no ensino fundamental compreende o passado não vivido e o interpreta) e, em seguida, (2) introduzir a noção de *tempo histórico* (ressaltando o conhecimento socialmente produzido);
   - prosseguir procurando desenvolver nos alunos, por meio de atividades, determinadas noções ou questões relacionadas ao tempo histórico:
     * *sucessão e duração*;
     * *causalidade e mudanças temporais*;
     * *permanência e mudança, semelhança e diferença*;
     * *identidade*.

2. Trabalhar com definições e instrumentos que auxiliam os historiadores na compreensão da história e em sua escrita:
   – estudo do meio [e patrimônio histórico];
   – História Oral [e elaboração de entrevistas];
   – pesquisa em documentos;
   – produção de representações.

Os *procedimentos didáticos* e as *sugestões de atividade* deste capítulo procuram unir teoria e prática no sentido de ajudar os professores a conseguir que cada criança que passa pelo ensino fundamental 1 se aproprie (lentamente, ao longo de sua escolaridade e de seu crescimento enquanto ser social) de um repertório cultural que lhe permita compreender a história da humanidade e também se perceber como parte dessa história. Tal processo de ensino-aprendizagem considera as características cognitivas, afetivas e as maneiras peculiares com que as crianças interpretam o mundo que as cerca. E é desenvolvido, como prevê o PCN, levando em conta a necessidade de transformar o aluno em um cidadão consciente de seus direitos e deveres.

O PCN de História (Brasil, 1997a: 35) apresenta a distinção entre *saber histórico*, que é um campo de pesquisa "e produção de conhecimento do domínio de especialistas", e *saber histórico escolar*, que é "o conhecimento produzido no espaço escolar". O saber histórico escolar "reelabora o conhecimento produzido no campo das pesquisas dos historiadores e especialistas [...], agregando-se a representações sociais". E o que são essas representações? São as "constituídas pela vivência dos alunos e professores, que adquirem conhecimentos dinâmicos provenientes de várias fontes de informação veiculadas pela comunidade e pelos meios de comunicação".

Em outras palavras, o trabalho do historiador é interrogar as fontes históricas e analisar as informações obtidas com base nas teorias historiográficas que considerar mais adequadas para, em seguida, poder apresentar uma narrativa coerente a partir dos conhecimentos obtidos, ou seja, escrever uma História. É um trabalho profissional árduo e complexo. O contexto escolar não tem por objetivo fazer o mesmo trabalho do historiador. O que se espera como resultado das aulas de História é a constituição de *outro* tipo de saber: o que surge do estudo e da compreensão infantil dos resultados obtidos pelos historiadores e, também, do resgate de informações e representações sobre o passado que os próprios alunos são capazes de empreender (quando fazem pesquisas com materiais a seu alcance, conversam com familiares e membros da comunidade, participam de estudos do meio, trabalham com documentos simples, entre outras atividades relacionadas). Também faz parte do saber histórico escolar o resultado dos exercícios em que os alunos produzem seus próprios documentos, narrativas e representações.

Para que o saber histórico escolar seja produzido, é preciso que os alunos desenvolvam a noção de *tempo histórico*. Já dissemos, mas nunca é demais repetir, que o professor, antes de mais nada, deve observar como o aluno entende o passado e compreende o significado da passagem do tempo; em outras palavras, deve conhecer qual a noção de *tempo* das crianças para poder introduzi-las (por meio de estímulos, discussões, questionamentos, reflexões) no entendimento específico do conceito de *tempo histórico* (acreditamos que as atividades propostas neste livro são capazes de levar os alunos a desenvolver, ao longo do período que passam no ensino fundamental e partindo do que já "trazem na bagagem", as noções de *tempo* e *tempo histórico*).

Vejamos, então, o que significa tempo histórico e o que se pretende com o emprego desse conceito nessa etapa da vida escolar.

O tempo histórico é um "produto cultural forjado pelas necessidades concretas das sociedades, historicamente situadas" e, portanto, "representa um conjunto complexo de vivências humanas". A introdução desse conceito no cotidiano escolar tem como objetivo levar o aluno "a situar os acontecimentos históricos em seus respectivos tempos" (evitando anacronismos) e "a perceber as diversas temporalidades" e ritmos no decorrer da história (Bezerra, 2003: 44-5). Nesse processo de ensino-aprendizagem, o professor também deve permitir às crianças que reflitam sobre (e até critiquem, se for o caso) as distintas concepções de tempo e as periodizações estabelecidas.

É claro que a criança precisa ser capaz de diferenciar *tempo biológico* (que tem a ver com nascimento, amadurecimento, envelhecimento), *tempo psicológico* (as interpretações subjetivas do tempo) e *tempo estabelecido culturalmente, por convenções sociais* (como as cronologias, as datações em dia, mês, ano, século, as épocas, as eras, os períodos Medieval, Moderno...). Deve também ser capaz de reconhecer a *sequência cronológica* dos fatos estudados em História. Porém, entender o que é *tempo histórico* (considerado em toda sua complexidade) vai muito além: significa "perceber as diversas temporalidades no decorrer da História e ter claro a sua importância nas formas de organização social e seus conflitos" (Bezerra, 2004: 44).

É importante, portanto, desafiar os alunos a pensar em termos históricos, em continuidades e mudanças, em diferentes durações temporais. Cabe ao professor

> [...] explicitar e indagar qual noção de tempo tem sido (ou será) objeto do trabalho na sala de aula, à medida que se supõe, a nível teórico, ser a História a disciplina encarregada de situar o aluno diante das permanências e das rupturas das sociedades e de sua atuação enquanto agente histórico. (Nadai e Bittencourt, 2001: 75)

Não é de uma hora para outra que a criança ficará familiarizada com a ideia da existência de diversas temporalidades históricas. Esse é um objetivo que precisa ser perseguido do 1º ao 5º ano, devendo estar sempre implícito no planejamento e na organização dos conteúdos a serem estudados. Para um bom planejamento, faz-se necessário que o professor entenda as fases de desenvolvimento da criança e tenha uma ideia de como *ela* compreende o que é passado, duração, sucessão, mudança e simultaneidade, antes de introduzir novos conteúdos e novas definições que sofistiquem essas noções. Enfim, conhecer o que a criança entende por tempo e tudo o que se relaciona a ele deve ser sempre o primeiro passo do professor preocupado com a qualidade da sua intervenção pedagógica e a elaboração de atividades interessantes para os alunos.

Sugerimos, portanto, que o professor, ao desenvolver seu trabalho, tenha em mente (1) a concepção trazida pela criança e, em seguida, a partir desta concepção, (2) introduza a noção de tempo histórico (ressaltando o conhecimento socialmente produzido).

Já é sabido que "o passado infantil não é nem distante, nem ordenado em épocas distintas. Ele não é qualitativamente diferente do presente". Como diz Piaget,

> [...] a educação do senso histórico da criança pressupõe a do espírito crítico ou objetivo, a da reciprocidade intelectual e a do senso das relações ou das escalas, nada mais apropriado para determinar a técnica do ensino de História do que um estudo psicológico das atitudes intelectuais espontâneas da criança, por mais ingênuas e insignificantes que possam parecer à primeira vista. (Piaget, 1998: 95)

Compreender como se mede o tempo pressupõe a aquisição de noções específicas e a interação social que qualquer ser humano, paulatinamente, experimenta ao longo de sua vida. Essa aquisição não é tranquila e linear, pois existe relatividade na forma de conceber o tempo. Explicando melhor, apesar de o tempo ser matematicamente mensurável, ele também é relativo, pois o marco de referência é o observador e suas vivências. De fato, as experiências com o tempo não são iguais e a compreensão do tempo é, simultaneamente, subjetiva e cultural. Com relação à criança, a aprendizagem do que é o tempo e de sua medição (minutos e horas; dias, anos e séculos) ocorre lentamente e, principalmente, quando a criança é capaz de relacionar suas experiências subjetivas do passado com a medida padronizada de horas, dias e anos. Em outras palavras, a criança inicialmente percebe o tempo a partir de suas experiências: a rotina diária, a data do aniversário, as festas, as férias, o tempo meteorológico, dentre outras (Cooper, 2002).

Dito isso, é preciso ter claro que toda experiência que envolve oportunidades de ouvir narrativas pessoais sobre outras épocas contribui para que a criança relacione os fatos de sua própria vida com o passado não vivido por ela. O convívio familiar, no qual se entrelaçam experiências de várias gerações, portanto, contribui para a consciência temporal. Os objetos, os móveis da casa, as fotografias nos porta-retratos e outras marcas da lembrança têm características físicas e afetivas que, se observadas e relatadas por pessoas que com eles viveram suas histórias, também colaboram para a compreensão infantil do sentido do passado, pois ele é construído nesse espaço (aqueles que viveram sempre num mesmo lugar lembram-se melhor de acontecimentos do que aqueles que se mudaram várias vezes ao longo de suas vidas). No entanto, não são todas as crianças que estão rodeadas por marcas físicas do passado (e que também constituem parte de seu presente), por isso, justifica-se a importância do trabalho que conduz ao resgate das memórias e a investigação do meio. Nesse processo, a escola tem um papel ímpar e insubstituível (Cooper, 2002).

A compreensão da relação entre o tempo subjetivo e o medido se desenvolve na criança, como dissemos, graças ao estímulo para a compreensão das dimensões do conceito de tempo (sucessão cronológica, duração, mudança, semelhanças e diferenças entre o presente e o passado) e a utilização de um vocabulário que permita ao aluno se situar (por exemplo, o emprego sistemático em sala de aula de palavras como: ontem, hoje, amanhã, enquanto, antigamente...).

As investigações de Piaget (1998) sobre a noção de passado, as representações relativas à história da civilização e os conhecimentos históricos infantis foram realizados em 1933. Seus resultados mostram como a criança compreende essas noções, trazendo contribuições valiosas para o ensino de História. Essas mesmas pesquisas foram replicadas por Sandra Oliveira (2000) no Brasil. Mais adiante, apresentaremos trechos das respostas das crianças brasileiras participantes da pesquisa de Oliveira. São respostas muito úteis para o professor que pretende planejar seu trabalho em sala de aula.

Por ora, prosseguimos enfatizando que, ao introduzir os alunos no entendimento do tempo histórico, o professor deve proporcionar condições de compreensão dos conteúdos relacionados aos fatos históricos de modo abrangente, simultâneo e dinâmico, quebrando com uma cronologia única, rígida e linear (Nadai e Bittencourt, 2001). Perceber a temporalidade múltipla, portanto, vai além de ordenar linearmente um espaço-temporal, é também considerar as muitas possibilidades de organização, segmentação, continuidade, que se estabelecem neste espaço-temporal.

Determinado trabalho feito com alunos de 2º ano exemplifica a tentativa de uma professora de mostrar a seus alunos que o passado pode ser diferente para diferentes pessoas e que, por isso, elas atribuem diferentes graus de importância a acontecimentos de seu próprio passado. Essa professora trouxe para a classe sua coleção de selos, contando que foi muito difícil criá-la e organizá-la ao longo de boa parte de sua vida e que, por essa razão, a coleção tinha um valor especial para ela. Em seguida, pediu que cada aluno procurasse entre seus pertences um objeto de valor pessoal e o trouxesse para a escola. Com o objeto particular em mãos, cada um pôde expor, para os colegas, sua história e os sentimentos ligados à memória que esse objeto despertava.

Depois, as crianças foram orientadas a conversar com seus pais pedindo que eles lhes apresentassem um objeto de valor que possuíam e contassem sua história. Em classe, no dia seguinte, cada criança contou o que ouvira em casa, ou seja, os alunos socializaram as narrativas familiares repletas de carga afetiva (momentos de dor, de felicidade, de problemas e de impasse) e observaram que as diversas histórias trazidas para a aula haviam ocorrido em diferentes contextos, épocas e lugares. Num terceiro momento, a professora apresentou aos alunos a seguinte situação: "Vocês irão sair do país e podem levar consigo pouquíssimos objetos. Quais vocês levariam?". As crianças elegeram os objetos dos quais não queriam se separar e tiraram uma foto com eles. Na sequência, a professora mostrou à turma o trabalho do fotojornalista Brian Sokol[1] que, com o apoio da Agência da ONU para Refugiados, perguntou a imigrantes sírios e sudaneses (crianças e adultos) sobre qual "a coisa mais importante" que haviam trazido consigo ao imigrar. E os fotografou com seu "bem precioso". Essa atividade ajudou a ampliar o conhecimento dos alunos a respeito dos contextos que podem levar alguém a imigrar e as esperanças, dificuldades, necessidades e sentimentos envolvidos no processo migratório. Ela foi desenvolvida na escola tendo em mente as considerações de Lana M. Castro Siman:

> [...] o desenvolvimento cognitivo e, portanto, da temporalidade histórica depende da cultura que fornece ao indivíduo os sistemas simbólicos de representação da realidade e, por meio deles, o universo de significações que permite construir uma ordenação, uma interpretação dos dados do mundo real. (Siman, 2003: 111)

Assim, o melhor modo de fazer com que a ideia da existência de várias temporalidades históricas seja entendida pelo aluno é proporcionar-lhe atividades que lhe permitam sair de seu egocentrismo e reconhecer que "os acontecimentos externos não giram em torno unicamente de sua vivência individual e coletiva" (Siman, 2003: 131).

Portanto, enfatizamos a importância de apresentar aos alunos atividades que solicitem que eles cooperem uns com os outros e aprendam a coordenar a exposição de seus diferentes pontos de vista. Também é necessário que tais atividades impliquem na *interação* desses sujeitos com o seu meio – entendida por Piaget como condição essencial para que, no estabelecimento de trocas com este meio, haja o processo de "desequilíbrio e equilibração",[2] fundamental para o desenvolvimento de ações mentais cada vez mais elaboradas, no caso, a articulação da noção de tempo da criança com a ideia de tempo contida nas histórias de outras pessoas (da família, do bairro, da cidade, do mundo).

Consideramos ainda que o trabalho do professor fica mais fácil se ele partir do particular em direção ao geral, e do cotidiano da criança para as generalizações. O aluno vai ficar mais à vontade se sentir que está no centro do processo de construção do conhecimento e que o professor é seu mediador na análise da organização da sociedade, da economia, da política e das instituições (Bittencourt, 2004b). Como é possível estabelecer com alguma facilidade uma ligação entre a história do cotidiano e a história local, o aluno pode ser levado a observar o entrecruzamento dessas histórias para depois, então, poder alçar voos mais altos.

Para que isso se efetive, o professor pode propor procedimentos que privilegiem a participação ativa dos alunos, como o estudo do meio, as entrevistas com pessoas de seu convívio mais próximo ou da comunidade, o estudo de documentos relativos à história familiar ou local entre outras situações desafiadoras (veremos mais adiante com detalhes algumas sugestões de trabalho prático). Tais atividades fazem com que o aluno se coloque na posição de "historiador" e se perceba como sujeito do saber escolar e na escrita da História, pesquisando, observando, levantando hipóteses, comparando, classificando, montando séries e sequências, mas também desenvolvendo uma identidade com base na história, uma identificação com as pessoas do passado e, em última análise, construindo a história (como um ator do processo histórico).

O grau de complexidade das tarefas propostas pelo professor vai variar de acordo com a idade dos alunos e as condições de cada classe, mas nunca é demais lembrar a relevância de certas atividades por mais simples que sejam no sentido de estimular o desenvolvimento de estruturas mentais importantes para a construção da noção temporal. Estudar a origem do próprio nome, tomar contato com um documento de identidade, resgatar as lembranças familiares, ouvir os "causos" e as lendas da comunidade podem ajudar a desabrochar um espírito de historiador em cada criança.

Se é verdade que o procedimento do historiador comporta a preocupação com a construção, a historicidade dos conceitos e a contextualização temporal (Schmidt e Cainelli, 2004), também é correto pensar que, quando as crianças participam de algum modo da escrita da História, esta acaba sendo vista por elas como algo vivo, pulsante, fruto da ação de pessoas concretas.

CATEGORIAS TEMPORAIS

Veremos a seguir, de maneira mais detalhada, como se desenvolve entre as crianças a percepção de categorias ligadas ao tempo, alguns procedimentos didáticos que permitiram observar as concepções infantis a esse respeito e ainda sugestões de atividades a serem desenvolvidas no ensino de História capazes de aprimorar entre os alunos os conhecimentos relacionados ao tempo histórico.

Sucessão e duração

Sucessão é o que permite estabelecer a ordem com a qual os fenômenos são verificados.

Duração é a linha temporal que transcorre do início até o final de uma experiência. A duração denota a extensão temporal de um fenômeno. Na História, a extensão temporal pode incluir mais de um acontecimento.

Para compreender a sucessão de acontecimentos e sua duração, é preciso utilizar recursos cognitivos construídos desde os primeiros anos de vida. Sabe-se que a criança, baseada em suas vivências, antes mesmo de entrar na escola, é capaz de sequenciar acontecimentos de sua vida e repetir certas narrativas em sequência cronológica (muitas vezes utilizando-se das expressões "Era uma vez", para pontuar uma época muito distante, e "viveram felizes para sempre", demonstrando a finalização daquela história) (Cooler, 2002).

Com o passar das aulas, a criança vivencia um processo de aprendizado das noções temporais: as *vividas*, que dizem respeito ao seu cotidiano; as *percebidas*, quando consegue sequenciar os fatos que ocorrem no seu cotidiano; e as *concebidas*, quando o tempo medido por convenção social passa a fazer parte de seu cotidiano e ela passa a esboçar as primeiras compreensões a esse respeito (Zamboni, 1983).

As pesquisas de Piaget (1998) demonstraram que a memória da criança até 10 (ou 12) anos de idade, aproximadamente, é mal mensurada e que as suas lembranças não são corretamente ordenadas.[3] O mesmo deve ocorrer em relação ao passado não vivido. Vejamos a seguir trechos de entrevistas com participantes da pesquisa de Oliveira (2000), que ilustram o pensamento de uma criança (identificada como CAR, de 7 anos) em relação à sucessão de determinados fatos (com os quais teve contato na escola, em aulas de História) e sua duração.

Quadro 1 – O que aconteceu antes e o que aconteceu depois

Você conhece a história de Tiradentes? *Conheço*. Conte para mim o que você conhece. *É que Tiradentes e os outros estavam fazendo uma reunião. Era secreto porque era contra a lei do rei e quem desobedecesse ao rei seria eliminado. Uns dos guardas que estava com Tiradentes foi lá e contou (...) para o rei. O rei falou que era para trazer a pessoa mais importante de lá, que estava dando ideias, muitas ideias para poder saber o que eles estavam planejando. Tiradentes foi enforcado e foi distribuído em várias partes mostrando que quem desobedecesse a lei do rei ia ser eliminado também.* Então, você sabe quando aconteceu a história de Tiradentes? *Não*. Foi antes ou depois do descobrimento do Brasil? *Foi depois*. Por quê? *Ah, porque dia, no dia 22 nós comemoramos o Descobrimento do Brasil, e minha professora falou que dia 21 de abril era dia de Tiradentes e que ia ser feriado porque é uma história nacional. Aí no próximo dia seria o dia do Descobrimento então eu acho que foi antes* (diante da explicação não foi colocado em questão o ano da morte de Tiradentes). A história de Tiradentes foi antes do descobrimento do Brasil? *É* (Oliveira, 2000).

Observou-se que alunos de 7 anos podem compreender os fatos históricos colocados em uma sequência, como uma história que estão acostumados a ouvir, no entanto, a lógica temporal dos acontecimentos necessita ainda de um bom tempo e de outras elaborações para ser constituída.

No quadro a seguir, vemos que a noção de *passado* para uma aluna (ANA, de 7 anos e 10 meses) é uma sobreposição dos conhecimentos que ela acumulou ao longo de sua vida, dos filmes e novelas a que assistiu.

Quadro 2 – A noção de passado

A cidade de Londrina existia na época de Tiradentes? *Existia*. Como era a cidade de Londrina na época de Tiradentes? *Era velha porque já faz muito tempo*. Como era a cidade de Londrina? Descreva para mim? *Tudo era velho, de madeira, não tinha asfalto nem praça. Como aparece no filme quando mostra uma cidade velha* (Oliveira, 2000).

Como já foi dito, o professor deve estar atento ao conhecimento social preexistente – formado pelas experiências e oportunidades nas quais o aluno teve contato com narrativas e aspectos do passado – e às relações (muito peculiares) que o aluno estabelece a partir de tudo o que vê, ouve e lê, para que possa utilizá-los como ponto de partida em procedimentos nos quais ele seja incentivado a investigar se seus conhecimentos prévios possuem (ou não) confirmação, se estão (ou não) corretos do ponto de vista histórico, e se e como podem ser complementados.

O uso da palavra (expressão oral, gráfica e escrita, dependendo da faixa etária) por parte das crianças é muito importante no momento em que o professor as desafia a refletir sobre sua experiência passada e seus conhecimentos prévios, relacionando os acontecimentos significativos, colocando-os em determinada sequência. Isso já pode, por exemplo, ser feito com crianças a partir de 4 ou 5 anos de idade. Alunos dessa faixa etária já podem ser levados a compreender e diferenciar o presente e o passado a partir de fatos de sua própria vida ("na época em que era um bebê", "quando aprendeu a falar", "no dia em que entrou na escola"...), e a utilização de palavras como "antes", "depois", "agora", "então". O aprendizado relativo à sucessão de acontecimentos em termos gerais, nessa faixa etária, pode partir de uma tomada de consciência da sucessão de eventos da rotina diária (hora de acordar, hora do banho, hora do almoço, hora do lanche, momento de ir ao parque...). Aqueles que ouvem narrativas com alguma frequência "desenvolvem a capacidade de acompanhar um argumento, descrevendo sucessões no tempo, e aprendem a criar imagens que não vivenciaram" (Cooper, 2002: 23-4).

Para desenvolver no aluno a ideia de *sucessão*, sugerimos a confecção da velha e boa *linha do tempo*, mas não como era feita antigamente nas escolas (com datas e cronologias consagradas e periodizações preestabelecidas como "A queda de Constantinopla marca o fim da Idade Média"). A sugestão aqui é partir da vivência dos próprios alunos, levando-os a tentar identificar por si mesmos uma cronologia e a construir suas próprias linhas do tempo. Algumas opções de linha do tempo podem ser vistas nas atividades apresentadas na sequência.

ATIVIDADE 2

LINHA DO TEMPO DE DOCUMENTOS
Indicadores de análise 4, 6, 10, 11.

Atividade adequada a alunos de 2º a 5º ano

As crianças devem coletar e trazer para a escola documentos (papéis e livros) antigos. Em seguida, precisam verificar se esses documentos trazem datas impressas ou se é possível saber de alguma outra forma quando eles foram produzidos. Depois, os alunos devem dispor os documentos lado a lado em ordem cronológica. Após identificar cada um deles com um número, devem confeccionar um cartaz em que essa ordem possa ser visualizada por todos mais facilmente.

ATIVIDADE 3

LINHA DO TEMPO DA ROTINA DIÁRIA
Indicadores de análise: 1, 2, 6, 8.

Atividade adequada a alunos de 1º a 3º ano

Toda sala de aula tem uma rotina diária, sendo que, para cada dia da semana há atividades específicas designadas (aula de Inglês, Artes, Educação Física etc.). Para que os alunos possam compreendê-la melhor, o período escolar deve ser descrito por eles graficamente em cartazes que representem os diferentes momentos do dia: a hora da entrada, de ouvir música, de copiar o cabeçalho, de corrigir a lição de casa, de ouvir histórias, de estudar História, de participar da Educação Física, de sair para o recreio, de brincar com números, de avaliar como foi o dia, de sair da escola e voltar para casa, entre outras possibilidades. Os cartazes produzidos são colocados num varal pelo aluno escolhido para ser o "ajudante" do dia, e, conforme as atividades diárias são realizadas, o cartaz que menciona cada uma delas deverá ser coberto ou virado para a parede. Dessa forma, os alunos podem acompanhar a sequência de atividades durante o período escolar. Isso também permite que eles possam planejar e organizar o dia e percebam que existem algumas atividades que ocorrem apenas em certos dias da semana.

Para alunos de 4º e 5º ano

A rotina do dia pode ser descrita em cartões menores, colados na lousa ou na parede. A programação do mês, ou a do semestre, por exemplo, também pode ser representada dessa forma.

ATIVIDADE 4

LINHA DO TEMPO DA FAMÍLIA
Indicadores de análise: 2, 3, 4, 5, 6.

Atividade adequada a alunos de 2º a 4º ano

Cada aluno deve trazer para a escola fotos de sua família tiradas em épocas distintas. Em um cartaz, deve prendê-las colocando-as em ordem cronológica de acordo com sua percepção. Depois, deve apresentar o resultado à classe e explicar os critérios que utilizou para executar o trabalho. Todos os que quiserem podem comentar os resultados.

ATIVIDADE 5

LINHA DO TEMPO DA CLASSE
Indicadores de análise: 2, 3, 4, 5, 6.

Atividade adequada a alunos de 2º a 5º ano

Coletivamente, os alunos devem identificar os "acontecimentos importantes para a classe". Essa identificação deverá ser fruto de discussão prévia, quando os critérios de "importância" são definidos pelas próprias crianças com a ajuda do professor. Uma linha do tempo identificando em ordem cronológica os diferentes meses do ano deve ser preenchida por escrito com os "acontecimentos" eleitos de acordo com o mês em que cada um ocorreu.

ATIVIDADE 6

LINHA DO TEMPO DE OBJETOS DIVERSOS
Indicadores de análise: 3, 4, 5, 6, 8.

Atividade adequada a alunos de 3º a 5º ano

O professor apresenta aos alunos imagens de utensílios domésticos (por exemplo, fogões produzidos em épocas diferentes). Em seguida, com as imagens em mãos, os alunos, divididos em grupos, devem tentar ordená-las cronologicamente. Ao final, cada grupo mostra para o restante da classe o resultado de seu trabalho e os critérios utilizados para estabelecer a ordem (por exemplo, no caso de fogões, o combustível usado para produzir e manter o fogo – lenha, gás, eletricidade – que revela o grau de desenvolvimento industrial e urbano atrelado a seu uso nos domicílios). A atividade também pode ser feita com imagens de vestimentas, por exemplo.

Antes, contudo, de colocar em prática atividades que envolvam a *linha do tempo*, o professor deve ter consciência que, dependendo da idade e das experiências escolares prévias de seus alunos, os resultados do trabalho podem sair um tanto distintos do esperado. Crianças pequenas, de 6 (ou 7) anos (ou mesmo mais velhas que ainda não tiveram a experiência escolar de observar, descrever e levantar hipóteses sob a orientação de um professor), por vezes, estabelecem ordenações de maneiras diferentes das de um adulto (por exemplo, começando do que é atual para o mais antigo, ou dispondo tudo em círculo). E ele deve estar preparado para lidar com isso, sem desqualificar e desestimular as alternativas encontradas pela criança; pode aproveitar a situação para mostrar aos alunos a existência de várias possibilidades relacionadas à linha do tempo.

A interpretação que o aluno faz da ordem temporal das imagens corresponde à compreensão que *essa criança* tem do mundo e aos sistemas lógicos construídos em cada nível de estrutura de pensamento. Mais que mostrar o "modo correto" de inserir dados em uma linha do tempo, o professor deve preocupar-se em fazer perguntas, questionando os critérios utilizados pelo aluno, e compreender a coerência de suas explicações (Cooper, 2002). E, quando for apresentar aos alunos a linha do tempo tal qual utilizada pelos historiadores, o professor deve lhes explicar que ela é fruto de uma *convenção social* (e não de uma "verdade absoluta") que se estabeleceu: linha reta, ordenação do mais antigo para o mais novo, da esquerda para a direta.

A próxima sugestão de atividade desafia os alunos a apresentar e sustentar argumentos com justificativas. Nela, os alunos empregam os termos "atual/novo" e "antigo", observam semelhanças e diferenças que levam à compreensão mais aprimorada da passagem do tempo. Além disso, vivenciam a experiência de extrair informações a partir de imagens. As respostas dadas dão pistas valiosas ao professor sobre a interpretação temporal das crianças.

ATIVIDADE 7

PENSANDO SOBRE O TEMPO A PARTIR DAS ROUPAS 1
Indicadores de análise: 4, 5, 6, 10.

Atividade adequada a alunos de 2º e 3º ano (mas pode ser realizada com os de 4º e 5º anos, caso o professor esteja interessado em conhecer melhor o nível de compreensão de seus alunos a respeito da passagem do tempo)

O professor mostra para a classe duas imagens identificadas respectivamente com os números 1 e 2. Trata-se de imagens de pessoas de épocas distintas vestidas de maneira diferentes (as imagens a seguir são apenas sugestões, se quiser, o professor pode escolher outras, basta manter esse mesmo critério).

Imagem 1

Imagem 2

▷ Em seguida, os alunos devem responder o questionário.

1. As roupas usadas pelas pessoas da imagem 1 são:
   ( ) antigas   ( ) atuais
   – O que fez você dar esta resposta?_____

2. E as roupas que aparecem na imagem 2?
   ( ) antigas   ( ) atuais
   – O que fez você dar esta resposta?_____

3. As pessoas da sua família se vestem hoje como:
   ( ) na imagem 1   ( ) na imagem 2
   – Por quê? _____

4. Você acha que alguém da sua família já usou roupas parecidas com as da imagem 2? Quem?
   ( ) pais   ( ) avós   ( ) bisavós   ( ) ninguém
   – Por quê?_____

Ao discutir as respostas em sala de aula, é importante que se verifique sua coerência em relação à distinção temporal passado/presente (se, em relação à imagem 2, o aluno escrever, por exemplo, que as roupas poderiam ter pertencido a seus bisavós, porque são muito antigas e os bisavós nasceram muito antes de seus pais, já está demonstrando uma capacidade de diferenciar passado e presente. Se alguém disser que são "fantasias de carnaval" atuais e apresentar argumentos convincentes, sua resposta não pode ser desqualificada). Não se trata, portanto, de "dar *uma* resposta certa", e sim de observar uma evolução com relação à noção de tempo, que (com base nos resultados dessa atividade) continuará a se desdobrar com estímulos dados por outros trabalhos em sala de aula que levem as crianças a *pensar sobre o tempo* em outros contextos. Um exemplo é a atividade descrita a seguir. Entre vários aspectos, ela trabalha com *duração* e *sucessão*.

ATIVIDADE 8

PENSANDO SOBRE O TEMPO A PARTIR DAS ROUPAS 2
Indicadores de análise: 1, 2, 4, 5, 6, 11, 12, 14, 16, 17.

Atividade adequada a alunos de 3º a 5º ano

O professor solicita que os alunos tragam para a classe roupas de diferentes épocas, identifiquem quando foram criadas/estiveram na moda e descrevam seu estilo (existem vários meios de obter essas informações: perguntar para o proprietário da roupa, procurar em livros, revistas e sites sobre História ou moda na internet). Se os alunos conseguirem um bom número de vestimentas, podem organizar um desfile em que elas sejam apresentadas ao público em ordem cronológica (isso costuma ser bem estimulante para as crianças, já que possui um evidente lado lúdico).
Se houver dificuldades em encontrar as roupas propriamente ditas, a proposta pode ser mudada, pois exemplos de vestimentas do passado podem ser localizados em cenas de filmes ou novelas de televisão, em ilustrações de livros de História, em revistas ilustradas do passado, em reproduções de pinturas figurativas, em sites da internet que ilustram a evolução das roupas, em descrições em trechos de romances (de autores como Machado de Assis e Charles Dickens, por exemplo) que podem ser escolhidos pelo professor de acordo com o nível dos alunos. Selecionados os exemplares, com a orientação do professor, os alunos deverão identificá-los por épocas, estabelecendo uma datação para cada um (pode ser aproximada, do tipo século XIX, anos 1950...), e tentar reconhecer que tipo de pessoa teria usado esta ou aquela roupa (homem, mulher, rei, nobre, dama da corte, camponês, escravo, burguês, criança...). Nesse exercício, invariavelmente surgirão observações e comentários interessantes a respeito de política, economia e hábitos culturais que devem ser levados em consideração. Mesmo que forem bem simples (do tipo: "numa mesma época – século XVIII – o rei se vestia com roupas caras, adequadas ao frio e cobertas de joias, enquanto os camponeses se vestiam pobremente...", "os senhores de engenho usavam botas, os escravos andavam descalços...", "as mulheres do século XIX usavam vestidos e não podiam [eram proibidas de] usar calças nem para andar a cavalo, o que lhes criava dificuldades de locomoção..."), as respostas são importantes, pois fazem avançar o aprendizado das crianças no sentido de *contextualizar historicamente*, ou seja, localizar os fatos (em sentido amplo) no tempo e no espaço.

Uma variação dessa atividade pode ser feita tendo como objeto de estudo os meios de locomoção característicos de cada época.

Ampliando o alcance da proposta, os alunos podem ser solicitados a relacionar época – roupas – meios de locomoção. Dependendo do nível dos alunos e de sua capacidade intelectual, eles devem apresentar suas conclusões por meio de desenhos esquemáticos ou por escrito em uma tabela como a do exemplo a seguir:

	Animação: A Era do Gelo	Livro: Ivanhoé	Filme: Carlota Joaquina	Novela: O Cravo e a Rosa
Época retratada				
Roupas				
Locomoção				

Em seguida, poderão comparar com a atualidade e fazer uma lista das *semelhanças* e *diferenças*, identificando o que se mantém até os dias de hoje. Se for complicado trabalhar com várias épocas, o professor pode escolher apenas duas opções e tratar o assunto em termos de *passado* e *presente*.

Em atividades como a que acabamos de ver, alimentamos os alunos com informações para que tenham cada vez mais meios para contextualizar o acontecido, estabelecer comparações entre passado e presente e observar as diferentes periodizações possíveis. Entre as informações, podem ser incluídos aspectos relativos às diferenças sociais (classe social, hierarquias do tipo senhor/escravo, cativo/livre, nobre/plebeu) e de gênero, à tecnologia, às condições materiais de existência, aos costumes, à maneira de se comunicar, entre muitas outras.

No próximo exemplo, a evolução tecnológica ganha destaque. Trata-se de mais uma oportunidade de levar os alunos a observar duração, sucessão, simultaneidade. No caso, todos os objetos em pauta servem a um mesmo propósito (reproduzir sons gravados) e todos continuam sendo usados na atualidade, embora sejam distintos em termos tecnológicos por ter havido uma evolução em vários aspectos: qualidade do som, capacidade de armazenamento (de quantidade de músicas, por exemplo), peso e tamanho (um objeto mais leve e menor corresponde a uma maior facilidade de transporte, por exemplo). O professor (por meio de perguntas dirigidas à classe ou solicitando uma pesquisa sobre o assunto) deve chamar a atenção dos alunos para todos esses aspectos.

ATIVIDADE 9

PENSANDO SOBRE O TEMPO A PARTIR DE OBJETOS QUE REPRODUZEM SOM
Indicadores de análise: 3, 6, 7, 9, 10.

Atividade adequada a alunos de 1º e 2º ano

O trabalho pode ser feito com imagens dos objetos ou com exemplares dos próprios trazidos para a sala de aula (neste caso, os alunos podem "testar" cada equipamento: comparar a qualidade do som de cada um, peso, tamanho, maneira de ligar e desligar, volume máximo...). Com a ajuda do professor, os alunos devem identificar a ordem cronológica correspondente à época de origem (e também de utilização) de cada equipamento.

Fita-cassete usada em toca-fitas.

Disco de vinil ou LP (*Long Play*) para ser tocado em toca-discos ou vitrolas elétricas.

CD ou *Compact Disc*, possui uma grande capacidade de armazenamento de músicas e outras informações, pode ser utilizado em toca-CD ou computadores com entrada para CD.

Aparelho de áudio-digital: iPod e mp3 são aparelhos eletrônicos de tamanho pequeno que armazenam milhares de músicas.

Para introduzir o assunto, o professor pode passar para os alunos o seguinte questionário:

Observe os objetos/as imagens e responda às perguntas.
Para que servem esses objetos? _____
Quais desses objetos você acha que poderia ter pertencido a seu bisavô, avô ou pai na época em que eles eram jovens? (Escreva o nome do objeto correspondente à pessoa e justifique sua resposta.)
Bisavô:_____ Por quê? _____
Avô: _____ Por quê? _____
Pai: _____ Por quê? _____

Se aplicada a *alunos de 4º e 5º ano*, a Atividade 9 pode ser ampliada considerando-se a possibilidade de os alunos estabelecerem relações mais complexas e ideias mais elaboradas referentes à *duração, sucessão* e *simultaneidade*. Para isso sugerimos o acréscimo de algumas perguntas:

Por que objetos com a mesma função mudam com o tempo?
Como ocorrem essas mudanças?
Por que atualmente é raro alguém utilizar o gramofone ou a vitrola?
Por que atualmente há pessoas que usam toca-fitas e pessoas que usam tocador de áudio digital?

E uma nova proposta:

Acrescente na linha do tempo que representa o surgimento de cada um desses objetos alguns fatos importantes que ocorreram na mesma época em que cada um deles foi criado.

Atividades que lidam com o *cotidiano* trazem bons resultados pedagógicos no ensino fundamental 1. Tratam de aspectos da vida que são familiares aos alunos, sempre curiosos e dispostos a conhecer mais sobre sua realidade. E correspondem ao interesse por hábitos e costumes de outras épocas. É comum que as crianças queiram saber se, no passado, determinado aspecto do cotidiano era igual ou diferente daquilo que elas já conhecem e vivenciam: "Em outros tempos as pessoas brincavam? Iam a festas? Trabalhavam?",

"Como enfrentavam o calor?", "Como explicavam a existência de raios e trovões?", "Sentiam medo de quê?", "Casavam-se por amor?"... A discussão em sala de questões como essas contribui para que os alunos tenham cada vez mais referências sobre "como as coisas eram" e "como são agora", "o que se transformou" e "o que se mantém", e aprendam a importância de sempre interrogar usando como base as categorias temporais.

ATIVIDADE 10

PENSANDO SOBRE O TEMPO A PARTIR DO COTIDIANO
Indicadores de análise: 4, 8, 10, 12.

Atividade adequada a alunos de 3º a 5º ano

Nessa proposta o professor segue algumas etapas:
– conversa com os alunos sobre: o que as pessoas costumam fazer no carnaval; por que e onde as pessoas compram flores; como matam a sede quando estão fora de casa, na rua.
– pede que as crianças desenhem as cenas correspondentes a cada uma dessas três situações.
– pergunta aos alunos se muito tempo atrás (trata-se aqui do século XIX, mas, no início, isso não precisa ser explicitado) havia carnaval, hábito de comprar flores, se as pessoas se divertiam, cantavam e dançavam e que tipo de música (pode pedir que também façam desenhos sobre isso).
– solicita às crianças que pesquisem sobre a vida dos pintores e tentem descobrir por que produziram estas gravuras.

Cena de carnaval, J. B. Debret, 1835, litografia sobre papel.

Vendedores de flores à porta de uma igreja, J. B. Debret, 1839, litografia sobre papel.

Lundu, J. M. Rugendas, 1835, litografia sobre papel.

– propõe como tarefa que os alunos pesquisem sobre os artistas e redijam um pequeno texto em que conste: data e local de nascimento de Debret e de Rugendas, o que cada um deles veio fazer no Brasil e por que eles retratavam animais, pessoas, plantas e paisagens brasileiras.
– pede que os alunos redijam um texto, com base nas imagens, sobre: como as pessoas se divertiam no carnaval daquela época; como elas se vestiam; como se locomoviam; onde elas brincavam, se era em casa ou em outro local; quais as semelhanças e as diferenças encontradas entre os que retratam os seus desenhos e estas obras.
– acrescenta às conclusões dos alunos informações interessantes sobre o cotidiano brasileiro na primeira metade do século XIX.

Os mesmos questionamentos podem ser feitos a turmas *de 1º e 2º ano* (as respostas, provavelmente, serão mais curtas e simples). Nesse caso, o principal objetivo da atividade será levar as crianças a considerarem que, no passado, "as pessoas se expressavam de maneira parecida com a nossa (ou não)" e "tinham costumes semelhantes (ou muito diferentes) aos que temos hoje".

Tanto essa como quaisquer outras atividades propostas aqui no livro podem, com alterações, ser realizadas com alunos de anos diferentes dos recomendados. Só é necessário lembrar que crianças da mesma idade podem apresentar distintos níveis de desenvolvimento. Já acompanhamos, por exemplo, alunos do 4º ano de determinada escola que tinham as mesmas dificuldades de alunos do 1º ano de outra escola. O ideal é que o próprio professor avalie a adequação das propostas a cada turma, pois ele conhece bem a capacidade e as dificuldades dos alunos que tem. Além disso, saberá adaptar as propostas aos recursos disponíveis e às condições de sua escola.

Causalidade e mudanças

A partir dos 3 anos de idade, as crianças manifestam interesse sobre os motivos (*causas*) pelos quais ocorrem os fatos e são capazes de apresentar alguma interpretação a esse respeito. Isso começa de forma espontânea em um momento em que o processo de compreensão da realidade do mundo exterior é único e original e se dá pela ação interna, subjetiva, cognitiva de cada ser. Por exemplo, quando a criança deseja algo e o pai lhe diz que não tem dinheiro para comprar, ela sugere ao pai que compre com cheque ou cartão; e, mesmo que seja explicado a ela como funcionam ambos os créditos, esta é uma questão que a criança demora a compreender. Tal situação demonstra que "a resistência da realidade" provoca na criança "um conflito entre duas representações" (Delval, 1989: 254), a que ela acredita existir ("o cheque ou o cartão substituem o dinheiro") e a que efetivamente existe. Portanto, para que ela venha a entender como de fato funciona a capacidade de compra, deve antes conhecer melhor as causas e consequências envolvidas na questão. Já quando os pais lhe dizem para tomar cuidado com a tesoura, porque ela pode ferir, e a criança realmente se machuca com o manuseio desse objeto, a relação de causalidade se estabelece de maneira muito mais rápida e clara em sua compreensão.

É bem óbvio que a compreensão da relação de causalidade pela criança não é pura e simples reprodução da do adulto. As informações dadas pelos adultos são necessárias, mas nem sempre são suficientes, pois elas acabam sendo assimiladas e organizadas na mente da criança de maneira diferenciada, em que a criatividade também exerce um papel importante. Assim, é interessante que o professor preste atenção às explicações espontâneas dos alunos com relação à ocorrência dos fatos, para, depois, tentar intervir com as explicações que achar mais convenientes. Quando, por exemplo, crianças entre 7 e 11 anos de idade foram investigadas sobre como compreendiam o conceito de *mudança*, ficou claro que acreditavam que mudança é "o resultado de uma ação direta ou da substituição de uma coisa por outra" (Cooper, 2002: 26). Para que tal noção se sofistique e inclua a ideia de *processo histórico*, é preciso um grande investimento por parte do professor. Levar o aluno a entender *o que é* e *como funciona* um processo histórico é algo que toma tempo e que, portanto, deve estar sempre entre os objetivos do ensino de História.

Como fazer os alunos avançarem nesse sentido? Criando no ensino fundamental situações em que as crianças, desde o primeiro ano, aprendam a organizar mentalmente suas experiências e estabelecer *relações de causa e efeito*. Trabalhar com literatura infantil é um bom caminho, porque as ações dos personagens e o desenrolar dos acontecimentos na narrativa permitem que a criança pense sobre os motivos das mudanças na história contada ou lida, em outras palavras, levam-na a observar causas e efeitos no curto e também no longo prazo. Esse aprendizado será bastante útil na compreensão das histórias reais, que basicamente "se movem" da mesma forma. Quando a criança começa a utilizar adequadamente as expressões "Se... então...", "Depois que... fez..., aconteceu...", indica ser capaz de um tipo de raciocínio de maior qualidade e mostra que está mais preparada para compreender o desenrolar histórico do que outra que não consegue relacionar *causas e consequências*.

Entretanto, nem sempre a relação de causa e consequência que a criança estabelece corresponde ao esperado pelos adultos ou é confirmada pela experiência concreta (por exemplo, uma criança de 6 anos explicou aos colegas que tinha medo de tomar injeção. Todos da classe acharam que era por causa da dor, mas ela disse que não. A verdade é que tinha medo de murchar, "como o pneu quando entra um prego nele!"). Cabe ao professor estar atento, apresentar questões e desenvolver atividades que permitam que, com o passar das aulas, as próprias crianças aperfeiçoem seu raciocínio. Isso é muito importante, pois as crianças aprendem por meio de acertos e erros e da resolução ativa de problemas.

Se, a princípio, a criança deduz que "esse livro é da vovó, então é um livro velho", com o amadurecimento (natural e também incentivado pela vivência escolar), conseguirá compreender que "o livro" pode ser da vovó e, ao mesmo tempo, ser um objeto novo, adquirido recentemente em uma livraria, e que há livros escritos há muitos anos que continuam a ser publicados e, portanto, são novos na aparência (uma alternativa é explicar que a vovó é idosa, mas gosta de ler livros escritos e publicados recentemente). Ultrapassando essa etapa, a criança estará pronta para entender "livro" num contexto maior (os objetos chamados "livro" existem já há muito tempo, podem ser encontrados em diversas culturas, estar em várias línguas, ser ilustrados ou não, ter vários tamanhos, servir a diferentes propósitos: entretenimento, manutenção de tradições, divulgação do saber, propagação de versões mentirosas etc.).

Um bom exercício para os alunos do ensino fundamental é o que demanda a *classificação de objetos*. Num primeiro momento, os alunos tentam distinguir "antigos" e "novos" de acordo com seus próprios pressupostos. Depois, ao investigarem os objetos um pouco mais, procuram diferenciar os "desgastados" e os que estão "em bom estado de conservação", os que ainda são "úteis" e os "inutilizáveis". Essas classificações ajudam na percepção da antiguidade de cada objeto. Por último, os objetos podem ser classificados em "antigos" e "novos" a partir de uma definição determinada dos conceitos "antigo" e "novo", que pode ser, por exemplo: "antigo é tudo aquilo que foi produzido antes da data de nascimento da criança" e "novo é aquilo que foi produzido na mesma data ou depois do nascimento da criança". As datas, corretas ou aproximadas, podem ser verificadas por meio da observação e da pesquisa em outras fontes de informação. O critério para definir o que é antigo e o que é novo não deve ser imposto pelo professor, e sim ser fruto de discussão na sala de aula (a partir de um desafio proposto pelo mestre), sendo importante ressaltar que sempre pode haver novas possibilidades de classificação.

As crianças costumam se divertir ao mesmo tempo em que aprendem com uma atividade intitulada "Baú de objetos", que pode contar ou não com a presença de um baú de verdade na sala de aula. Ela propicia aos alunos uma oportunidade de conhecer outras realidades, de outros tempos, a partir de objetos antigos que podem ser encontrados em suas próprias casas ou na de parentes, ou seja, em espaços familiares, próximos do cotidiano das crianças.

ATIVIDADE 11

BAÚ DE OBJETOS
Indicadores de análise: 4, 5, 6, 8, 10.

Atividade adequada a alunos de 1º e 2º ano, mas aplicável no 3º, 4º e 5º anos se apresentar desafios mais complexos

Em uma primeira etapa, os alunos são levados a coletar e trazer para a escola objetos e documentos de outras épocas emprestados por pais, avós ou tios. Nesse momento, eles já têm papel ativo, pois são os encarregados de fazer a "pesquisa" e a "coleta". Os alunos são orientados a fazer perguntas sobre os objetos às pessoas que os emprestaram.

Em sala de aula, devem observar atentamente: cores, cheiros, formas, tamanhos, datas (o professor deve orientá-las a manusear com cuidado e respeito os objetos antigos, especialmente aqueles em estado precário de conservação). E, diante do conjunto de objetos trazidos, descrever semelhanças e diferenças entre eles.

Divididos em pequenos grupos, devem relatar como obtiveram tais objetos, onde os encontraram (num guarda-roupa antigo, num quartinho empoeirado, em cima do armário, numa caixa guardada) e com quem (por exemplo, se tiveram que ir à casa da avó, porque é ela quem guarda as coisas antigas de seus pais etc.). Também podem conversar sobre as histórias familiares e as lembranças relacionadas ao material trazido.

ATIVIDADE BAÚ DE OBJETOS ADAPTADA PARA O 3º ANO

Instruções para os alunos:

– Localizar "objetos históricos" em sua casa e na de parentes.
– Fazer perguntas sobre os objetos – Quanto tempo têm? De quem eram? Por que guardou? Comprou ou ganhou? De que material são feitos? Existem outros do mesmo tipo? Como são? – e anotar as respostas.

- Trazer os objetos para a escola.
- Em sala de aula, observar os objetos quanto a cor, cheiro, forma, tamanho. Verificar se fazem referência a alguma data.
- Manusear com cuidado e respeito.
- Observar e descrever as semelhanças e diferenças entre os objetos trazidos para a aula.
- Como parte de um pequeno grupo, relatar aos colegas como obteve os objetos que trouxe e quais as histórias familiares e as lembranças relacionadas ao material trazido.
- Redigir um pequeno texto sobre as descobertas.

Ao estudar a ideia de passado não vivido, Piaget (1998) concluiu que este "é para a criança apenas um decalque do presente, mas com uma espécie de aparência antiquada, artificialmente atribuída a tudo". O exemplo a seguir, a fala de um aluno entre 7 e 8 anos de idade (identificado como RAF), ilustra essa observação.

Quadro 3 – O passado não vivido

Existia relógio na época do descobrimento do Brasil? *Naquela época não.* Existiam livros? *Existia.* E como eles eram? *Eles eram com folhas sujas com capa dura.* Existiam carros? *Carros não. Ah... tinha... mas eram bem velhos e pequenos.* E ônibus? *Ônibus também não.* Avião? *Avião não.* E o que existia naquela época? *Naquela época existia é castelo, rei, rainha, não tinha esse negócio de computadores, automóveis, casas.* Como as pessoas viajavam? *Viajavam, elas viajavam é, de aviões feito de madeira não assim, como tem hoje.* As crianças iam à escola na época de Tiradentes? *Iam.* E como eram as escolas? *Só tinha uma escola e ela era muito velha* (Oliveira, 2000).

Outras falas de crianças (de 7 ou 8 anos de idade) estudadas dão pistas sobre como elas utilizam certas categorias de tempo. Por exemplo, a existência de uma determinada noção de *duração* se revelou no momento em que os alunos que participaram da atividade "Baú de objetos" (elaborada e supervisionada pelas autoras – Maria Belintane Fermiano e Adriane Santarosa dos Santos – e aplicada pelas professoras do ensino fundamental de um colégio do estado de São Paulo) explicaram que determinado objeto "passa" de geração para geração, ou "que fica muito tempo guardado". As crianças observaram que algo permanece ao longo do tempo e, paralelamente, buscaram motivos para justificar essa permanência. Nessa busca, estabeleceram que "para ser um objeto histórico, as folhas [de papel] precisam estar amareladas" (observando que a passagem do tempo *causa* um determinado efeito no objeto, alterando suas características originais). Além disso, também a partir das falas infantis, foi possível observar que algumas crianças envolvidas na atividade não conseguiram considerar a possibilidade de o "antigo" parecer "novo".

ATIVIDADE 12

PENSANDO SOBRE O TEMPO 1
Indicadores de análise: 4, 5, 6, 8, 10, 15.

Atividade adequada a alunos do 3º ano, mas aplicável para alunos de 4º e 5º ano se apresentar desafios mais complexos. É uma continuação possível da **Atividade 11**.

Instruções para os alunos:
- Ler para o grupo o texto que você escreveu sobre as descobertas feitas com a atividade "Baú de objetos".
- Conversar com os colegas do grupo sobre os textos que todos acabaram de ler, aproveitando para relembrar todo o percurso da atividade anterior (coleta de materiais, conversa com os parentes, exposição de objetos e análise).
- Resumir a conversas em algumas frases significativas.
- Responder por escrito: "Como a gente sabe que um objeto é histórico?"

Vejamos algumas respostas dadas por alunos entre 7 e 8 anos e meio que realizaram esta proposta. Nas respostas reproduzidas no **Quadro 4**, cada número corresponde a um aluno específico.

Quadro 4 – "Como a gente sabe que um objeto é histórico?"

1 – É um objeto que pertenceu a muitas pessoas que passou para as bisavós, avós, mães, pai e para a gente.

2 – Nem todos são históricos porque tem objetos que são velhos, mas parecem novos.

3 – Um objeto histórico pode não dar muitas pistas nas pesquisas.

4 – Existia rádio, carros, lâmpadas, supermercados, caixa, trem, hospital.

5 – Um objeto histórico é algum livro, caderno, etc. que ficou muito tempo guardado.

6 – Cada um segundo um objeto fica histórico.

7 – Para histórias antigas e para o passado, etc.

8 – Para perguntar para os pais, avós, tias, tios, etc.

9 – Para saber coisas que não existem mais.

A partir destas respostas, a professora responsável pela aplicação da atividade nesta classe específica ganhou elementos para planejar suas próximas ações pedagógicas e desenvolver outras perguntas que fizessem as crianças se aprofundarem nas reflexões sobre a passagem do tempo.

A **Atividade 13** é uma possibilidade de desdobramento. Ela se inicia depois que os objetos definidos em sala de aula como "históricos" são reunidos em um baú.

ATIVIDADE 13

PENSANDO SOBRE O TEMPO 2
Indicadores de análise: 1, 3, 4, 6, 8, 12.

*Continuação possível da **Atividade 12**.*

Instrução para os alunos:

Para fazer essa atividade você vai precisar escolher e pegar com muito cuidado um dos objetos que estão no baú e responder as questões abaixo.

I – Observar um objeto histórico é um meio de descobrir pistas sobre o passado. Que perguntas você pode fazer para conhecer sua história? Faça uma lista.
II – Pense e responda: Como posso identificar um objeto histórico?
III – Pense e responda: Como eu faço para descobrir a história do objeto se ele não for meu e eu não vivi na época em que ele era novo?
IV – Explique por que você escolheu pegar esse objeto e o que dele mais chamou sua atenção.
V – Você trouxe algum objeto histórico? Qual?
VI – Como você está se sentindo nas aulas de História? Por quê?

No **Quadro 5**, vemos as respostas de uma criança que participou da **Atividade 13**.

Quadro 5 – Diante de um objeto histórico

I – Observar um objeto histórico é um meio de descobrir pistas sobre o passado. Que perguntas você pode fazer para conhecer sua história? Faça uma lista.

- *Quantos anos que o vô da Tat. ganhou esse livro histórico?*
- *Quantos anos tem esse livro?*
- *Quando o vô da Tat. deu o livro dele para ela?*

II – Pense e responda: Como posso identificar um objeto histórico?

- *Eu posso identificar pela capa, capa rosto e pela lombada.*

III – Pense e responda: Como eu faço para descobrir a história do objeto se ele não for meu e eu não vivi na época em que ele era novo?

- *Procurar uma pessoa que tenha o livro, fale se ela pode emprestar o livro.*

IV – Explique por que você escolheu pegar esse objeto e o que dele mais chamou sua atenção.

- *Eu peguei o livro da Tat. porque geralmente não tem um livro gigante para vender de Americana* [o livro era bem maior do que aqueles com os quais a criança estava acostumada].

V – Você trouxe algum objeto histórico? Qual?

- *Eu trouxe um livro que se chama* O anão amarelo, *foi da minha vó.*

VI – Como você está se sentindo nas aulas de História? Por quê?

- *Eu estou me sentindo bem porque parece que viajei naquele lugar.*

As atividades **11**, **12** e **13** foram elaboradas a partir das pesquisas de Piaget (1998) e de Oliveira (2000). Os quadros 4 e 5 trazem resultados que comprovam que os alunos fornecem explicações proporcionais à sua experiência de vida.

De fato, diversos pesquisadores já concluíram que a criança, mesmo sob a influência e força da cultura do seu meio, conserva por muito tempo a originalidade de suas interpretações, pois estas são "resultado de uma atividade construída a partir de elementos fragmentários que [ela] recebe e seleciona, realizando, assim, uma tarefa pessoal que não se parece em nada com uma assimilação passiva" (Delval, 1989: 245). A *organização* dos diferentes conhecimentos e das explicações causais para as mudanças ocorridas ao longo do tempo – proporcionada pelas aulas de História dadas ao longo dos anos do ensino fundamental 1 – produz a interação entre o *próximo* e o *remoto* com um novo significado, permitindo que a criança se torne capaz de perceber a "dimensão imprescindível" da compreensão do passado como forma de dar sentido ao presente. Em outras palavras, a importância da História está no momento em que ela se mostra não somente como "mais um aspecto das noções sociais, mas é uma disciplina fundamental para entendê-las. Compreendem-se as formas atuais de vida e instituições, vendo-as como o resultado de um processo que não terminou" (Delval, 1994: 206). Porém, para que isso ocorra, não basta que o currículo faça promessas. É preciso que o professor encarregado de desenvolvê-lo entre os alunos saiba como fazê-lo, com solicitações desafiadoras e que envolvam operações mentais (classificação, seriação, análise etc.) significativas.

É bom lembrar que atividades como a **12** e a **13** devem ser sofisticadas de acordo com o nível dos alunos, podendo ser propostas para além do 3º ano. O professor pode, por exemplo, predefinir que os objetos antigos trazidos para a escola devem ser de determinado tipo de material (de ferro, de madeira...) ou servir a um fim específico (só livros didáticos, ou só calçados, ou só brinquedos...). Também pode pedir que os alunos localizem a época e o contexto histórico em que tais objetos foram criados. E, no caso de objetos com a mesma utilidade (brinquedos de épocas diferentes, por exemplo), solicitar aos alunos uma explicação para as transformações ocorridas na sua aparência e *performance* (de "carrinhos de madeira feitos à mão" a "carrinhos industrializados, importados da China e movidos a pilha", por exemplo).

A **Atividade 14** colabora no sentido de mostrar aos alunos a existência de critérios definidos por outras pessoas (historiadores, autoridades governamentais, comunidades que querem contar sua história, entre outros) e instituições (museus, faculdades, bibliotecas, arquivos, entre outras) para caracterizar um *objeto histórico* e determinar a validade de sua preservação e de sua exposição pública. Os alunos podem comparar tais critérios com os que eles mesmos haviam estabelecido em sala de aula. Na **Atividade 14**, os alunos visitam um museu histórico e observam os tipos de objetos escolhidos para fazer parte da exposição.

ATIVIDADE 14

OBJETOS HISTÓRICOS EXPOSTOS NO MUSEU
Indicadores de qualidade: 8, 10, 11, 12, 13, 17, 18.

Atividade adequada a alunos de 3º e 5º ano

Orientações para o professor:

– Organizar uma visita ao museu histórico da cidade (ou outro museu histórico) e estimular os alunos a observar o que é um *objeto histórico* segundo a definição do museu.
– Pedir para que cada aluno anote informações sobre o objeto que considerar mais interessante. Solicitar uma pesquisa sobre o objeto escolhido e uma explicação sobre a presença desse objeto no museu ("Por que será que foi escolhido?", "O que ele mostra [ensina, conta] aos visitantes do museu?"). Se houver um monitor ou um guia para a visita, o aluno pode aproveitar para comparar sua hipótese explicativa com a justificativa do guia.
– Eleger um objeto exposto (por exemplo, uma "máscara de flandres" usada em escravos), apresentá-lo para os alunos e questionar a turma: "Por que esse objeto foi colocado aqui no museu?", "O que ele conta a respeito da época em que era usado (período da escravidão)?", "Por que alguém achou que é importante as pessoas conhecerem essa história nos dias de hoje?", "Você também acha importante que as pessoas conheçam sobre isso (como era a vida no tempo do sistema escravista)?".

Semelhança e diferença, permanência e mudança

Ao estudar o desenvolvimento do aprendizado das *operações de classificação* das crianças, concluiu-se que elas começam a classificar primeiramente objetos e a partir de critérios simples e, com o tempo, vão estabelecendo critérios de agrupamento cada vez mais abrangentes e coerentes, até conseguirem realizar classificações mais complexas e que dão conta de um maior número de variáveis. Para que esse desenvolvimento ocorra, elas precisam ser estimuladas desde cedo a manusear objetos (dos mais variados tipos) e a organizar coleções com esses objetos. Nesse processo, familiarizam-se com operações mentais lógicas que estabelecem *semelhanças* e *diferenças*. Mais adiante, aprenderão a distinguir *permanências* e *mudanças* e, finalmente, a compreender a noção de *simultaneidade*. Nesse meio tempo, as crianças ampliam seu vocabulário e, depois, aprendem a distinguir *passado* e *presente* – antes com relação à própria vida, para, em seguida, se dar conta das mudanças do entorno (não é possível identificar um ano escolar em que essa passagem ocorre, pois depende, em boa parte, dos estímulos recebidos pelos alunos; alunos que nunca foram muito estimulados a criar critérios de classificação podem, por exemplo, chegar ao 5º ano empregando apenas critérios muito elementares, já adotados por crianças de 7 anos de idade).

O ensino de História para crianças pode colaborar nesse aprendizado desde cedo, propiciando-lhes atividades e reflexões que possibilitem estabelecer relações cada vez mais significativas e amplas. Por isso, sugerimos ao professor trabalhar desde o 1º ano (e também na educação infantil) com a classificação de objetos que "contam alguma história", "despertam alguma memória". Falamos aqui particularmente de fotografias, utensílios domésticos, roupas, livros, documentos, entre outros. As crianças podem ser levadas a classificar primeiramente tais objetos em "antigos" e "novos"; depois, por épocas; e ainda por outros critérios mais complexos (conforme a faixa etária e o assunto do currículo que está sendo estudado no momento). Esses novos critérios podem ser inspirados pelos atributos dos próprios objetos, por exemplo, "ser usado por mulheres", "ser encontrado em casas pobres", "ser usado por um povo ou um grupo social específico", por sua "serventia" etc. Com base nesses critérios, é possível organizar informações, observar se há coincidências ou não, se há semelhanças e diferenças, ou seja, estabelecer comparações, utilizando as categorias temporais.

A ideia de organizar uma exposição ordenada de objetos, como em um museu, que será visitada por outras turmas e até por pais e professores também é bastante estimulante, além de promover a interação dos alunos com outras pessoas que não os colegas. Nessa interação, acabam por conhecer a opinião de diferentes pessoas.

A organização de um "museu" [**Atividade 15** – MONTANDO UMA EXPOSIÇÃO - Indicadores de análise 4, 6, 7, 8, 10, 13, 16] com objetos trazidos à escola pelos alunos pode ser realizada a partir de qualquer assunto da grade curricular. A atividade pode ser de curta ou longa duração, dependendo da disponibilidade de tempo e de espaço, além dos objetivos que se deseja alcançar. Para saber mais sobre os objetos a serem classificados e expostos, os alunos podem, por exemplo, fazer entrevistas com seus proprietários, tomando contato com suas *memórias*, e também pesquisar, em livros e demais fontes bibliográficas, suas origens, utilidades, características, formas de manuseio etc. Podem também redigir pequenos textos ou cartazes com explicações sobre cada um deles ou cada conjunto de objetos expostos. Enfim, as possibilidades desse trabalho são muitas. Se as atividades forem bem conduzidas, o professor verá um grande entusiasmo da parte dos alunos em levar a cabo a proposta.

Ter visitado um museu, mesmo um bem simples, ajuda muito no momento de montar a própria exposição, pois esse tipo de lugar é organizado especialmente para receber pessoas e apresentar-lhes informações sobre determinado acontecimento, tema ou época.

A exposição intitulada "Escola, memória e muito mais..." foi um dos resultados de um trabalho elaborado pelas autoras, Maria Belintane Fermiano e Adriane Santarosa dos Santos, e desenvolvido com alunos de 3º ano sob a responsabilidade das professoras do ensino fundamental de um colégio do estado de São Paulo. Antes de montar sua própria exposição, os alunos haviam visitado o Museu Paulista, na cidade de São Paulo. Depois de eleito o tema "escola", os alunos tiveram que pesquisar e trazer para a classe objetos e documentos relacionados à vida escolar de seus pais, avós e mesmo de alguns vizinhos. Entre os materiais trazidos, havia cadernos, estojos, fotografias de diversas épocas (anos 1950, 1960, 1980 e 2000) de um estudante uniformizado sentado ao lado de um globo, fotografias de uma classe com a professora, boletins, livros didáticos e cartilhas, diplomas de conclusão de pré-escola, pastas com "folhas de atividade", lembrancinhas escolares do Dia das Mães, camisetas de uniforme, vestido usado em baile de formatura.

Divididas em grupos, as crianças puderam mostrar umas às outras o que haviam conseguido trazer, em outras palavras, socializaram seus materiais.

Em seguida, os alunos foram orientados a buscar mais informações por meio de entrevistas com pais, avós, primos e vizinhos, perguntando-lhes:

- detalhes sobre os materiais obtidos, como data em que o objeto foi produzido ou época em que foi utilizado (e para o que servia), por quem e em que período de sua vida.
- detalhes sobre a época em que esses adultos frequentaram a escola: "Que objetos faziam parte do cotidiano escolar?"; "Como eram as aulas? (Os alunos tinham que decorar a matéria? Havia debates e discussões? Havia lição de casa? Havia livros? Como era o currículo?)"; "Como os alunos eram disciplinados?"; "Como os alunos tratavam o professor (ou professora) e como eram tratados por ele (ou ela)?"; "Como se dava a alfabetização?"; "Como era feita a avaliação? Havia boletim e notas?".

Em sala de aula, os alunos conversaram sobre as informações obtidas e se deram conta da importância de conhecer as histórias dos objetos trazidos e das pessoas que os haviam conservado consigo. Perceberam também que fazer entrevistas é uma maneira interessante de saber mais sobre o passado das pessoas próximas.

Em seguida, com o incentivo da professora, convidaram cinco adultos (avós e mães de alguns alunos e funcionários da própria escola) para virem à escola e contar para a classe um pouco mais sobre suas experiências como estudantes no tempo em que eram crianças. Dos visitantes, os alunos quiseram saber: "Com quantos anos aprendeu a ler e escrever?"; "Como era sua professora?"; "Quais eram seus materiais escolares? Havia livros ou cartilhas? Lembra-se do nome algum?"; "Usava uniforme? Qual?"; "Brincava no recreio? De quê?"; "Como ia para a escola?"; "Havia castigo? Para quem?". Várias outras perguntas surgiram de acordo com os relatos de cada visitante, num diálogo instigante. A atividade provocou grande interesse e envolvimento da parte dos alunos que não demoraram, a partir das informações obtidas com os depoimentos, a fazer comparações com a sua própria realidade e a estabelecer relações entre passado e presente. As noções ligadas ao tempo (semelhança/diferença, permanência/mudança) foram, portanto, bastante trabalhadas nessa situação.

Com os objetos trazidos para a escola pelos alunos, houve também um trabalho de análise. As crianças foram incentivadas pela professora a observá-los com atenção e anotar que tipos de informação poderiam obter de cada um deles e de seu conjunto. Os alunos puderam trocar opiniões a respeito e somar seus conhecimentos. A imagem que segue retrata um dos momentos dessa atividade, quando os alunos haviam analisado documentos de um mesmo tipo (fotos de "recordação escolar"), observando o que continham (data, nome da escola, série, nome e imagem do aluno, decoração ao fundo, identificação da empresa que havia tirado a foto...) e tirado conclusões a partir de comparações feitas (todos os retratados eram da 8ª série; duas das fotos, mesmo tendo sido produzidas para escolas diferentes, tinham a mesma decoração de fundo; a empresa responsável pela produção da imagem era a mesma nos quatro documentos. Enfim, havia um padrão na época para a produção da "recordação escolar" que quase todas as famílias tinham orgulho de guardar).

Alunos apresentando suas conclusões a partir da observação de documentos.

Nesse trabalho específico de observar exemplares de "recordação escolar" da década de 1980, os alunos se lembraram de que uma das entrevistadas havia lhes mostrado a sua própria fotografia "oficial" tirada na década de 1950, sendo que as imagens produzidas nessas duas décadas eram bastante semelhantes em termos de postura do fotografado (sentado e mostrando satisfação e intimidade com o material e o ambiente escolar) e existência de um cenário que remete ao conteúdo ensinado na escola.

A entrevistada e sua foto de "recordação escolar" dos anos 1950.

Em uma situação, ao analisarem dois cadernos pertencentes a pessoas que haviam estudado na 1ª série em escolas diferentes, os alunos perceberam que elas haviam estudado no mesmo dia (23 de agosto de 1988) a "Lição do rato", parte do mesmo material didático (que a professora contou ser muito famoso e amplamente adotado em determinada época). Outro exemplo: pelo conteúdo dos depoimentos, os alunos perceberam que três dos entrevistados tinham algo em comum, haviam frequentado a mesma escola na mesma época (atenção: em nenhum momento a palavra "simultaneidade" foi ensinada ou empregada, mas o tempo todo, em diversas oportunidades, esse conceito foi trabalhado pela professora).

O desafio seguinte lançado à classe foi organizar a exposição pública dos objetos. Para isso, eles tiveram que ser embalados (os alunos haviam percebido a importância de guardarem os objetos em caixas ou sacos plásticos para que não se perdessem ou estragassem) e classificados segundo critérios de data e função. A própria definição dos critérios foi estabelecida em conjunto pelos alunos (com a ajuda, mas não a imposição, da professora).

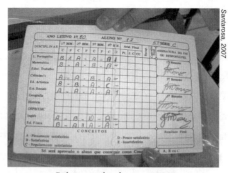

Boletim escolar dos anos 1980.

Alunos analisam e classificam o material, compartilhando suas opiniões.

Na exposição, os objetos foram apresentados em ordem cronológica e por categoria, e colocados sobre várias mesas dispostas lado a lado. Cada um deles foi identificado por uma etiqueta que continha informações sobre tipo, data, ano, material, origem/proprietário. Com a exposição montada, ficou mais fácil para as crianças reconhecerem que tudo aquilo fazia parte de um *contexto* em que houve mudanças e permanências ao longo do tempo.

Familiares, colegas e amigos foram convidados a visitá-la. Foram recebidos pelos alunos que conversaram com os visitantes e deram explicações sobre detalhes do trabalho feito. A interação com pessoas da comunidade proporcionada pela atividade foi vista com bons olhos por crianças e adultos. De fato, houve um grande envolvimento das famílias dos alunos com a proposta da escola. Pais e avós com boa vontade ajudaram as crianças na busca dos "tesouros" e se sentiram valorizados em razão do resgate de suas histórias particulares de vida. Vários manifestaram à professora responsável seu contentamento pela oportunidade que haviam tido de dialogar com seus filhos ou netos sobre suas memórias e alguns se disseram emocionados com a exposição montada pelas crianças. Os alunos, por sua vez, ficaram muito satisfeitos não só com o resultado, mas também com o processo todo de trabalho. Um deles chegou a dizer que se considerava "um Indiana Jones", por ter realizado uma investigação como fazia o herói do cinema (um arqueólogo aventureiro sempre em busca de artefatos interessantes).

Nesta experiência, ficou evidente a importância de os alunos entrarem em contato com realidades distantes de seu tempo e serem levados a ouvir e respeitar opiniões diversas sobre um mesmo assunto. O contato com outros adultos (além da professora) que com eles compartilharam suas memórias escolares foi um aprendizado importantíssimo também no sentido de saber fazer perguntas relevantes e saber ouvir respostas e depoimentos com atenção, paciência e consideração (especialmente quando se trata de uma pessoa idosa). No texto produzido por um aluno, o garoto chegou a comentar: "Os sentimentos que estamos vivendo [...] são muito bons! Percebemos que, além de aprender e conhecer história, estamos também alegrando os entrevistados".

> Colégio Americana, 12 de junho de 2007
> Bom dia!
> Agenda do dia:
> I - Organização do dia.
> Vamos receber a visita de duas pessoas e faremos uma entrevista com eles para investigar a história de vida deles.
> Entrevistados:
> Maria Aparecida Bertole Santos
> Wladimir José Santarosa
> Depois da entrevista teremos uma conversa com parando a de hoje e a de outro dia.
> A Dona Gita (M. Aparecida) estudou na mesma escola e na mesma época que o avô do Ciri e da mãe da Denise.
> Os sentimentos que estamos vivendo durante esse estudo são muito bons! Percebemos que, além de aprender e conhecer história estamos também alegrando os entrevistados.
> II - Ed. Física
> III - Ensaio

Ao terem contato com relatos feitos no presente a respeito de experiências de outras pessoas, os alunos perceberam que acontecimentos do passado podem receber leituras/interpretações novas nos dias de hoje; por exemplo, um idoso que conta ter tido professores "bravos" (autoritários, que gritavam em sala e puniam os rebeldes com castigos físicos) comenta que, na época, achava isso "normal", mas, hoje, constata que existem formas "melhores" de educar. Em outras palavras, podemos dizer que as entrevistas e o trabalho com materiais escolares de outras épocas ampliaram a compreensão dos alunos sobre o significado de "escola".

A oportunidade de ouvir relatos também foi aproveitada pela professora no sentido de levar os alunos a utilizar diferentes procedimentos para produção de textos (fazer anotações no momento da entrevista, fazer uma síntese das entrevistas individuais em forma de relatório, registrar por escrito as conclusões do aprendizado individual, produzir um texto coletivo, com a professora anotando o que dizem os alunos em um local onde todos possam ver). As crianças também tiveram contato com escritos de outros autores sobre o tema, como o poema de Cora Coralina "A escola da mestre Silvina" e a narrativa ficcional de Ruth Rocha *Escola do fundo do mar*. Antes de produzir seus textos e tirar conclusões, os alunos foram estimulados pela professora com perguntas como: "Quais as diferenças e semelhanças entre os relatos?"; "Quais as diferenças e semelhanças entre a vivência escolar dos entrevistados e a sua?"; "O que havia na escola do tempo do entrevistado que não existe mais na escola de hoje?"; "A quantidade de crianças nas escolas de hoje é a mesma que nas escolas do passado?"; "Depois de tudo o que você ouviu e pesquisou, responda: para você, o que é escola?".

Nas discussões feitas em classe, nas comparações estabelecidas, bem como nos textos produzidos por eles, algumas observações ganharam a atenção da parte dos alunos: a dificuldade de frequentar uma escola no passado (havia alunos que "iam descalços para a escola"), a falta de recursos financeiros para comprar materiais, a utilização de outros meios para apagar o que se escrevia no caderno (como o miolo de pão, porque borracha era cara), a diferença na postura do professor ("as professoras eram muito bravas") e o uso de castigos físicos como forma de coibir a indisciplina (as crianças ficaram muito impressionadas quando um entrevistado lhes contou que era obrigado pelo professor a ajoelhar-se no milho), a ausência de recreio em algumas escolas, a permanência de objetos e procedimentos (como o boletim, as provas, as fotografias oficiais de "recordação escolar"). E entre as conclusões, em suas próprias palavras: "A entrevista foi interessante e legal, porque descobrimos muitas coisas do passado de como era a escola"; "É muito melhor estudar hoje, porque muitas coisas mudaram: o custo dos materiais é muito mais barato, escola bem mais perto de casa, as crianças são mais felizes na escola e respeitadas".

Em termos do trabalho específico com as categorias temporais, percebemos que, no início, os alunos realizavam comparações simples, mas com o passar do tempo e diante de novos desafios e questionamentos as comparações entre os diversos contextos escolares foram se sofisticando. Some-se a isso o fato de que o trabalho desenvolvido em torno da proposta intitulada "Escola, memória e muito mais..." foi um entre vários outros feitos com a mesma classe ao longo do ano, que também envolveram pesquisa, observação, análise e classificação de informações e apresentação de resultados/conclusões. Ao final do período letivo, foi possível observar uma evolução das crianças com relação à compreensão e ao uso de categorias temporais e às comparações estabelecidas entre realidades do passado e do presente. Além disso, notou-se um aperfeiçoamento nos tipos de observações feitos por eles como também nas questões que eles próprios passaram a fazer às fontes de informação (pessoas entrevistadas, objetos expostos em museus, documentos históricos diversos).

Para finalizar o relato sobre esta experiência concreta realizada em 2007 em uma escola do estado de São Paulo, apresentamos dois desdobramentos. O primeiro diz respeito ao trabalho com "sentimentos" e o segundo com "sequências cronológicas" (ambas as questões são discutidas com mais detalhes no capítulo "Atividades e procedimentos didáticos").

Assim que os alunos terminaram de fazer as entrevistas, achamos interessante que pudessem registrar por escrito *a emoção e os sentimentos* que afloraram no contato com as histórias de pais e avós e também as das pessoas que foram à escola compartilhar suas memórias. Para isso, tiveram que responder perguntas como as reproduzidas na **Atividade 16** (e que podem ser feitas depois de qualquer trabalho em que as crianças têm contato com *histórias de vida*).

ATIVIDADE 16

DESCOBRINDO SENTIMENTOS
Indicadores de análise: 1, 2, 3, 17.

Atividade adequada a alunos de 2º e 3º ano

O professor pede que os alunos respondam ao questionário.
Você ouviu vários relatos de história de vida. Agora responda:
I- Qual deles você gostou mais? Por quê?
II- Qual dos relatos te emocionou? O que foi contado que fez você ficar emocionado(a)?

Na **Atividade 17**, o aluno recupera a sequência cronológica do trabalho feito, ampliando sua visão do conjunto, e enfatiza seu papel ativo como alguém capaz de construir uma narrativa, "como se fosse um historiador". Essa atividade é adequada a alunos a partir do 2º ano. O box a seguir apresenta a atividade intitulada "Sequência de nossos estudos" tal qual aplicada aos alunos participantes do projeto "Escola, memória e muito mais..."; obviamente, ela pode ser adaptada a outros trabalhos.

ATIVIDADE 17

SEQUÊNCIA DE NOSSOS ESTUDOS
Indicadores de análise: 1, 2, 3, 4, 5, 6, 14, 17.

Com base em todo o trabalho realizado em sala de aula em torno do tema "escola", os alunos são solicitados a organizar cronologicamente seu desenrolar e suas descobertas. Entregamos pequenos cartões em branco para que eles registrem todos os passos dados. Depois, o desafio é organizá-los numa "linha do tempo". As observações do professor e as questões feitas no texto entregue a cada um servem para orientar as crianças nessa atividade de interligar as etapas do estudo. Ao final, professor e alunos deverão discutir as respostas.
Instruções para os alunos:

O trabalho sobre escola foi muito legal, descobrimos muita coisa. Agora, temos outro desafio. Precisamos escrever nossa história, ou seja, organizar em sequência o que fizemos para que outras pessoas possam aprender a partir de nossa experiência e, é lógico, escrever tudo isso!

– Discuta com os colegas de seu grupo para lembrar como foi feito o estudo sobre as escolas.
– Anote o que vocês lembrarem, por exemplo: "Trouxemos objetos antigos"; "Entrevistamos a Dona Tita"; "Produzimos um texto coletivo"... Agora é com você, continue a redigir.

– Separe as atividades por tipo, dando um nome a cada uma delas e escreva sobre cada atividade em um cartão diferente.
– Com os cartões preenchidos, organize-os na sequência da realização das atividades, conforme elas foram acontecendo (tente se lembrar: O que veio primeiro? E depois?). Será que as anotações de seu caderno podem ajudar com alguma informação para organizar essa fila?
– Assim que você terminar, responda no seu caderno:

1- Qual nome você daria para esse tipo de organização? Por quê?
2- O que você aprendeu fazendo essa atividade?
3- O que mais chamou sua atenção nessa atividade? Por quê?

Se o professor considerar que *seus* alunos são capazes de ir mais fundo no trabalho de estabelecer comparações entre a escola de ontem e a de hoje, pode ajudá-los a investigar e compreender as possíveis *causas* das mudanças detectadas. Por exemplo: as lutas sociais para a democratização do ensino; a implantação de políticas públicas para a ampliação do número de crianças matriculadas nas escolas; o desenvolvimento tecnológico que permitiu a fabricação de materiais escolares mais baratos; o desenvolvimento dos estudos sobre a criança e da Psicologia infantil que ajudou a modificar as maneiras de ensinar e disciplinar na escola.

Para favorecer a reflexão e o debate em sala de aula, outros recursos podem ser agregados, como a leitura de textos que proporcionem comparações entre presente e passado. Com relação a materiais usados para escrever, por exemplo, os alunos podem pesquisar o percurso feito desde a caneta tinteiro até a esferográfica, da máquina de datilografia ao computador. Esse trabalho possibilita observar que, nas mudanças ocorridas no tempo, há aspectos que permanecem, como a utilização da escrita e de instrumentos para escrever, e que os instrumentos se transformam pela ação inventiva do homem de acordo com o grau de desenvolvimento tecnológico de cada sociedade (a invenção e a popularização da caneta esferográfica foram possíveis em razão da ocorrência, muitos anos antes, da revolução na indústria, que proporcionou a descoberta de novos materiais, o barateamento dos custos e a massificação do consumo).

O contato com instrumentos antigos, como por exemplo, uma pena de escrever ou uma caneta tinteiro acompanhada de um mata-borrão também pode ser interessante. Se o aluno consegue observar a dificuldade de, por exemplo, utilizar um mata-borrão, tem diante de si uma oportunidade para refletir sobre uma situação passada e tentar compreender o ponto de vista do "outro", no caso, alguém do passado (um garoto, um escritor, uma dona de casa? – é bom estimular-lhes a imaginação) que usava tal instrumento.

Sobre *processo*, o professor pode comentar com os alunos a respeito de como as crianças eram ensinadas em épocas mais remotas ainda – na Antiguidade, no Brasil colonial dos jesuítas etc. – ou em outros lugares – como aldeias indígenas, escolas rurais do século XIX... – e fazer uma linha do tempo com mudanças e permanências ou chegar a conclusões como, por exemplo, "é sempre um adulto quem ensina, porque a escola serve para transmitir conhecimentos socialmente acumulados, ou seja, cultura".

Não é de um momento para o outro e é somente a partir de muitas aulas e atividades que os alunos passarão a entender que, *em cada tempo histórico* (ou "em cada presente"), *coexistem relações de continuidade e de rupturas com o passado, bem como perspectivas diferenciadas de futuro*. Porém, é importante que o professor tenha sempre em mente, ao ensinar História, que um de seus objetivos é levar o aluno a "perceber a relação de continuidade e mudança no fluxo da duração" (Siman, 2003: 113). Como a compreensão desse processo está associada ao desenvolvimento de capacidades cognitivas "nas quais se articulam as conquistas da memória e das capacidades de abstração e generalização, de conceituação e de organização dos conhecimentos" (Camilloni, 2001: 188), toda e qualquer atividade bem planejada que ajude a criança a compreender a noção de tempo histórico (que pressupõe a organização de um conjunto de conexões) é bem-vinda. Se, além disso, ela consegue fazer com que a criança se localize enquanto sujeito dentro do processo histórico, os dois principais objetivos do ensino de História no fundamental 1 estarão contemplados.

A **Atividade 18** foi elaborada com base no livro *As crianças na História*, de autoria de Christopher e Melanie Rice. O livro apresenta aspectos do cotidiano de crianças de diversos países em diferentes locais e períodos da história da humanidade, do Egito de 1200 a.C. aos Estados Unidos de 1925. São vários capítulos e cada um deles mostra um pouco sobre a vida das crianças de determinada época e local, seus brinquedos e brincadeiras, costumes, alimentação, objetos que faziam parte do dia a dia, vestimentas, moradia, entre outros. O tema da **Atividade 18** é "brinquedos", mas pode ser outro – "transportes", "alimentos" ou "residências" – conforme a faixa etária dos alunos e o interesse do professor.

ATIVIDADE 18

BRINQUEDOS E OUTROS COSTUMES
Indicadores de análise: 1, 2, 7, 8, 12

Atividade adequada a alunos de 2º a 5º ano

Instruções para o aluno:

Pegue o livro *As crianças na História* e, junto com seu parceiro, escolha um capítulo sobre a vida de uma criança para ler e estudar. Leia as perguntas a seguir e responda em seu caderno.

1- Identifique o que você escolheu: o nome do país, o nome da criança, o ano em que ela nasceu e complete a identificação com outras informações.
2- Observando as informações sobre a vida da criança escolhida, anote quais dos brinquedos mencionados você conhece.
3- Você costuma brincar com algum deles? Se sim, responda se ele tem a mesma aparência do seu e escreva por quê.
4- Dos costumes descritos, quais você conhece?
5- Observe as várias informações dadas sobre a vida da criança. Há algo parecido com o que você vive no seu dia a dia? Explique.
6- Faça um desenho sobre o que mais chamou sua atenção na leitura feita.

INCENTIVAR AS INFERÊNCIAS, AS DEDUÇÕES E O DEBATE

A máxima de que "não basta dar o peixe, é preciso ensinar a pescar" é altamente válida para o ensino de História. Faz parte do papel do professor ajudar os alunos (de acordo com seu nível) a fazer análises, levantar hipóteses, raciocinar, debater e tirar conclusões.

Nos quadros 6 e 7, reproduzimos trechos de diálogos com crianças em que elas são levadas a mostrar como interpretam conteúdos de História aprendidos na escola. Ambos foram extraídos da pesquisa de Oliveira (2000).

Quadro 6 – Ideias sobre a época do Descobrimento do Brasil 1

Diálogo com POT, de 10 anos.

E naquela época (do Descobrimento do Brasil) eles tinham relógio? *Já... relógio deveria ser diferente mas já tinha.* Você tem ideia de como poderia ser? *Ah, eu acho que é... aqueles relógios com aqueles, como que é o nome daqueles números, aqueles pauzinhos que o número um é um pauzinho, o dois, dois pauzinhos...* Romanos? *É, romanos.* E livros, você acha que tinha? *Tinha, mas não eram livros assim feitos de papel, não sei de que era mas era um material diferente.* E trem tinha? *Trem tinha. Só que não tinha bastante, tinha um pouco menos. Eles usavam um pouco mais do que hoje em dia, porque naquela época não tinha muito automóvel, eles usavam o trem.* E ônibus? Eles tinham ônibus antigamente? *Tinham. Só que o ônibus era diferente e tinha menos que hoje em dia.* Como é que era? *Ah, o ônibus não tinha porta fechada, era um pouco aberto dos lados ele... ele era... era um pouco menor e tinha menos porta.*

Quadro 7 - Ideias sobre a época do Descobrimento do Brasil 2

Diálogo com IVAN, de 7 anos e 11 meses.

Ivan, você pode contar para mim a história do Descobrimento do Brasil? O que você sabe? *Ah, é o Pedro Alvares Cabral estava navegando no mar. Era barco a vela. Daí o vento, (...) estava para um lado. (...) Ele estava indo descobrir o outro país não sei qual é. Aí o vento bateu para o outro lado e ele foi para o Brasil e, quando ele chegou no Brasil, só tinha índio, não tinha nenhuma pessoa assim, só índio.* Quando isso aconteceu? *Ah, eu não sei.* Em 1500. Está bem? Quando aconteceu o Descobrimento do Brasil? *1500.* Seu pai era vivo quando isso aconteceu? *Não.* Por quê? *Ah, porque isso era muito antigamente, nem acho que meu avô existia.* O que é muito antigamente? *Ah, faz muitos anos, faz muitos anos que isso aconteceu.* Quanto você acha muitos anos? *Faz 400 e alguns anos.* 400 é muito tempo? Seu avô era vivo na época do Descobrimento do Brasil? *Meu avô? Acho... talvez sim.* Por que você acha que sim? *Porque meu avô faz muito tempo que ele nasceu e que ele viveu.* E seu bisavô era vivo na época do Descobrimento do Brasil? *Meu bisavô era.* Por quê? *Porque faz muito tempo que ele nasceu e que ele viveu e também faz muito tempo que aconteceu isso, o Descobrimento.*

Diálogos como esses ajudarão os professores a definir (ou redefinir) os rumos de suas aulas, elaborando propostas de atividades que permitam às crianças tanto ampliar seus conhecimentos a respeito dos fatos históricos quanto sua capacidade de raciocinar. Assim, sem desqualificar as respostas originais e espontâneas dadas pelos alunos sobre os acontecimentos históricos, o professor pode tirar proveito da situação e, por meio de novas questões (a partir de imagens, textos, linhas do tempo, visita a museus, trabalho com filmes sobre a época etc.) estimular raciocínios mais elaborados (veja alguns exemplos no capítulo "Atividades e procedimentos didáticos").

Piaget já anotou que

> [...] a educação do senso histórico da criança pressupõe a do espírito crítico ou objetivo, a da reciprocidade intelectual e a do senso das relações ou das escalas, nada parece mais apropriado para determinar a técnica do ensino da História do que um estudo psicológico das atitudes intelectuais que possam parecer à primeira vista. (Piaget, 1998: 95)

E no Quadro 8, podemos ver como, por meio de perguntas estimulantes do raciocínio, este pesquisador conseguiu levar uma criança de 4 anos e 9 meses a refletir sobre *tempo cronológico e idade*, ainda que seu objetivo, na ocasião, não fosse ensiná-la que "ter mais idade é o mesmo que ser mais velho".

Quadro 8 – Tempo cronológico e idade

Que idade você tem? *Quatro e meio*. Há muito tempo que foi o seu aniversário? *Ele ainda não passou, é no mês de junho*. Quantos anos você vai fazer? *Oito anos*. Espera aí! *Não, cinco anos*. Você tem irmãos ou irmãs? *Um irmão mais velho. Ele está na escola de Sécheron*. Você nasceu antes ou depois dele? *Antes*. E quem é mais velho? *É meu irmão, porque ele é maior*. Quando ele era pequeno, quantos anos ele tinha mais que você? *Dois anos*. E agora? *Quatro anos*. A diferença então pode mudar? *Não... sim. Se eu comer muito eu passo na frente dele*. Como é que a gente sabe se uma pessoa é mais nova ou mais velha? *Porque a gente é maior*. Você sabe qual é o mais velho, se seu pai ou seu avô? *Todos os dois*. Por quê? *Porque eles são todos os dois grandes*. Pierre e Paul são dois irmãos. Pierre nasceu antes. Podemos saber qual dos dois é o mais velho? *É Pierre*. Mas veja você: Pierre é menor, ele cresceu menos... *Então Paul é o mais velho: o mais velho é o que morre primeiro* (Piaget, 1946: 231-2).

Em cada fase de seu desenvolvimento, o aluno chega à escola com características particulares da idade. De acordo com cada etapa de sua vida, ele deve ser desafiado a pensar, a agir e a observar estas ações e o que produzem, ou seja, as consequentes reações. Para isso é importante o professor apresentar-lhe perguntas que exijam raciocínio, investigação e/ou criatividade. De fato, o diálogo deve ser uma constante na sala de aula, pois "o crescimento cognitivo é o resultado do conflito de pontos de vista e/ou da interação de diferentes níveis cognitivos" (Cooper, 2002). Além disso, as próprias crianças precisam *aprender a perguntar*: devem saber "os tipos de perguntas a serem feitas e as formas apropriadas de respondê-las e, ao mesmo tempo, respeitar sua vez de falar" (Cooper, 2002: 49). A partir das respostas, os alunos podem ser incentivados a comparar, resumir, organizar dados, seriar, analisar, criticar. Mais adiante em suas vidas, estarão prontos para aplicar o que aprenderam a novas situações, planejar outras pesquisas e executar novos projetos (Raths et al., 1977).

Por exemplo, o trabalho com "objetos de outras épocas" feito por meio de perguntas e respostas, como vimos, pode ajudar a enriquecer o vocabulário de conceitos históricos e levar, ao final, os alunos a definirem, da melhor maneira possível, *o que é um documento histórico*. Quando questionados sobre o que caracterizaria um documento histórico, em um primeiro momento, alunos de 3º ano responderam: "Se ele estiver todo rasgado pode ser histórico, mas nunca se sabe."; "[A data] tipo 1978 é uma data histórica."; "Se estiver guardado numa gaveta, guardado por muitos anos, pode ser"; "Se tiver teia de aranha, pode ser"; "Se tiver cheiro"; "Se a cor da folha [de papel] for amarelada". Com o tempo e depois de enfrentarem vários desafios propostos pelo professor, perceberam que um documento histórico não é apenas algo que foi produzido em outra época, mas também que nos permite conhecer melhor o passado. Essa mudança de concepção – no sentido de aproximar a definição dos alunos àquela dada pelos estudos históricos – não se deu de uma hora para outra. Foi preciso passar por uma série de etapas em que os alunos foram estimulados a observar, descrever e analisar materiais em sala de aula. Tais etapas exigiram dos alunos a ampliação de vocabulário para melhor se expressarem e, ao mesmo tempo, o desenvolvimento de um raciocínio mais organizado e coerente. No caso dos documentos, eles tiveram que aprender a extrair informações, fazer inferências e levantar hipóteses a partir do que tinham em mãos. Assim, concluíram, com suas próprias palavras, que os documentos proporcionam indícios sobre o passado e que, no entanto, só podem fazê-lo se forem identificados e questionados.

Nas palavras dos historiadores Leandro Karnal e Flávia Tatsch:

> [...] o documento não é um documento em si, mas um diálogo claro entre o presente e o documento. [...] todo documento histórico é uma construção permanente. [...] não existe um fato histórico eterno, mas existe um fato que consideramos hoje um fato histórico, é fácil deduzir que o conceito de documento siga a mesma lógica. Fato e documento histórico demonstram nossa visão atual do passado, num *diálogo* entre a visão contemporânea e as fontes pretéritas. (Karnal e Tatsch, 2012: 12-3)

O trabalho de identificação de documentos históricos pode servir de porta de entrada para o aprofundamento sobre o ofício do historiador quando o professor aproveita para mostrar que, hoje em dia, não são só os escritos (em pergaminhos, papéis, impressos etc.) que alimentam a pesquisa histórica. Pois

> [...] passaram a ser consideradas fontes históricas todas as manifestações e evidências das experiências humanas, como as fontes escritas, orais (entrevistas, depoimentos, narrativas), audiovisuais (fotografias, discos, filmes, programas de televisão etc.), obras de arte como pinturas e esculturas, objetos e materiais diversos. (Fonseca, 2009: 56)

A **Atividade 19** é um exemplo de uma das primeiras etapas desse processo de aprendizado (que, na verdade, pode se estender por vários anos do ensino fundamental) sobre documentos históricos. Ela introduz as crianças no exercício de observar sistematicamente um objeto que não conheciam antes e: (1) definir suas características, (2) descobrir o que ele pode nos contar.

ATIVIDADE 19

FAZENDO PERGUNTAS PARA UM OBJETO
Indicadores de análise: 1, 10, 13, 15, 18.

Atividade adequada a alunos de todos os anos, sendo que os de 1º e 2º ano podem expressar suas ideias verbalmente ou por meio de desenhos, e os alfabetizados podem produzir um texto coletivo em que o professor ou os próprios alunos registram as observações

Instruções para o professor:

– Levar para a sala de aula um brinquedo antigo e mostrá-lo aos alunos, deixando que o manipulem e conversem com os colegas sobre ele (é bom lembrar que, toda vez que o professor leva uma novidade, provoca uma euforia. Quando a aula for destinada a analisar um objeto, sugerimos que isso não seja feito no mesmo dia em que ele foi trazido. Primeiramente, os alunos, movidos pela curiosidade, querem pegar o objeto, descobrir o que faz. O professor perceberá que é mais produtivo proporcionar a troca espontânea de informações entre as crianças – que leva ao reconhecimento do objeto – antes de propor uma atividade que exige concentração. É fundamental que o objeto fique em sala de aula durante alguns dias e que os alunos possam manipulá-lo eventualmente. Passada essa fase de exploração, aí eles poderão dedicar-se à análise do objeto como "um documento").

– Fazer aos alunos perguntas de dois tipos: o primeiro diz respeito à sua identificação e suas características físicas, o segundo é relacionado ao diálogo que estabeleço com ele, para descobrir o que ele pode nos contar. Alguns exemplos:
 – Do que o objeto é feito?
 – Para que serve?
 – Que cores tem?
 – Quando foi feito? (É possível encontrar alguma data? Se não, como fazer para descobrir?)
 – Como foi produzido: por máquinas ou manualmente?
 – Por quem foi feito? Como você sabe? (Existe o nome do autor?)

▷ – Por que esse objeto foi feito? Para quem?
– Onde foi encontrado?
– Sabemos quem é o dono? A quem pertence? (Se não sabemos, o que fazer para descobrir?)
– Por que foi guardado por essa pessoa? (Se não sabemos, o que fazer para descobrir?)

Observação: o trabalho em pequenos grupos é ideal para explorar os objetos. O professor pode dividir o trabalho em etapas e, em todas elas, ajudar os alunos a raciocinar:

a) Os alunos fazem uma lista das características do objeto (os alunos do 1º e 2º anos podem desenhar o objeto depois de observá-lo).
b) Os alunos fazem uma rodada de "perguntas para o objeto" (os alunos do 1º e 2º anos fazem a pergunta verbalmente).
c) Os alunos respondem ou levantam hipóteses sobre as respostas e discutem como podem obter mais informações sobre o assunto.
d) Os alunos consultam a biblioteca, a internet ou outras pessoas para obter mais informações sobre o objeto, a época em que foi fabricado e seu proprietário.

É um tanto óbvio, mas não custa lembrar, que o aluno recebe toda sorte de informações a respeito da sociedade através das pessoas com quem se relaciona fora da escola, dos programas de televisão que assiste, dos sites da internet que consulta, das obras que lê, dos programas culturais que faz, dos lugares que conhece. E, embora não participe efetivamente de certas atividades sociais, acaba conhecendo algo sobre elas por meio do aprendizado. Por exemplo, a criança que não trabalha já conhece superficialmente o que é trabalhar e já define para si o que isso significa, constrói sua representação (Delval, 1989). Isso permite que o professor introduza em sala de aula conceitos como *produção* e *salário*, dentre outros, com o objetivo de, gradativamente, preparar o aluno para adaptar-se à sociedade.

As atividades **20**, **21** e **22** (elaboradas por Maria A. B. Fermiano e Valéria C. B. Cantelli) relacionam-se aos temas "trabalho", "produção", "remuneração" e "consumo". A **Atividade 20** chama a atenção dos alunos para a necessidade social (e o valor) da produção de bens e da oferta de serviços, bem como para as pessoas (trabalhadores/profissionais) responsáveis por elas. Além disso, contribui para desenvolver a percepção dos alunos a respeito de questões relacionadas ao consumo (de bens e serviços) e à remuneração da força de trabalho (por meio de salários ou outros tipos de pagamento).

ATIVIDADE 20

TRABALHO E TRABALHADORES
Indicadores de análise: 1, 14, 16, 17.

Atividade adequada a alunos de 3º a 5º ano

Instruções para o professor:

– conversar com os alunos a respeito da existência de necessidades pessoais que, para serem satisfeitas, dependem do trabalho de outras pessoas – tanto as que produzem bens (como roupas, cadernos, móveis etc.) quanto as que prestam serviços (cuidam da saúde, ensinam, cortam cabelo, limpam as ruas da cidade etc.) – a partir de perguntas como:

Quais são as suas necessidades? De que bens materiais você precisa em seu cotidiano? De que serviços você precisa? Como você imagina que seria a vida das pessoas sem o professor? E sem o médico?

Quais são as pessoas responsáveis por satisfazer essas necessidades? Como elas fazem isso? (exercendo uma profissão/realizando um trabalho) Vocês podem identificar alguns profissionais que trabalham para satisfazer suas necessidades?
Os profissionais mencionados recebem algum tipo de pagamento por seu trabalho? Como ele é feito?
Vocês sabem o que é salário? Quem paga o salário?
Quais as profissões que vocês conhecem?
Esses profissionais utilizam instrumentos ou equipamentos em seu trabalho? Quais?
Qual a profissão de seu pai ou mãe? Como aprenderam sua profissão?
Qual ou quais instrumentos de trabalho utilizam?

– selecionar dois ou três tipos de profissionais conhecidos pelas crianças e aprofundar as perguntas sobre o tipo de bens que produzem ou de serviços que oferecem, sua importância social, o aprendizado do ofício, a remuneração recebida, as condições de trabalho, aspectos das relações de trabalho estabelecidas (trabalhador assalariado, autônomo, parceiro, mensalista, jornaleiro...). Por exemplo:
O que faz o pedreiro? Por que seu trabalho é importante? Como alguém aprende a ser pedreiro? Como trabalha o pedreiro? Com que material? Quais instrumentos ele utiliza? Usa alguma roupa especial (bota, máscara, capacete, luvas) para trabalhar? Quanto (como) o pedreiro cobra? Quem contrata e paga o serviço do pedreiro? Quais são as condições do local de trabalho do pedreiro (é sujo, limpo, barulhento, quente, perigoso...)? Quais são os pontos positivos e os negativos da profissão de pedreiro? Você gostaria de ser pedreiro? Por quê?
– solicitar aos alunos que registrem suas observações e descobertas por meio de textos curtos ou desenhos.

A **Atividade 21** chama a atenção para as especificidades de cada profissão e utiliza a entrevista como forma de aprofundar conhecimentos.

ATIVIDADE 21

PROFISSÕES 1
Indicadores de análise: 2, 8, 14, 15.

Atividade adequada a alunos de 1º a 5º ano

Instruções para os alunos:

Você vai entrevistar seus pais para saber mais sobre suas profissões e, em seguida, anotar as informações na ordem a seguir:
1) Qual é o seu nome?
2) Qual a sua profissão?
3) O que faz no trabalho / Quais suas tarefas?

4) O que é preciso saber para exercer essa sua profissão?
5) Qual o seu local de trabalho? Como você chega ao trabalho? De ônibus? De carro? De bicicleta?
6) Como você é pago? Quanto ganha aproximadamente?
7) Que equipamentos utiliza? Quais cuidados você precisa ter com eles? Acrescente alguma informação importante e/ou curiosa sobre a profissão pesquisada.

Para alunos de 1º a 3º ano

Depois da entrevista, faça um desenho sobre o que você achou de mais interessante nessa profissão.

Para alunos de 3º a 5º ano

Depois da entrevista, complete a tabela.

Profissão	Instrumentos de trabalho	Local de trabalho	Aprendizado para exercer a profissão	Ganho	Produz algum bem? Qual?

Observe a lista de profissionais a seguir. Anote em frente ao nome de cada um os números 10, 50 ou 100 de acordo com o que você acha sobre se a profissão exercida por ele já existia há 10, 50 ou 100 anos.

– Médico
– Pedreiro
– Mecânico
– Técnico de informática
– Professor
– Lavrador
– Dentista

Depois, pesquise para saber quando essas profissões surgiram.

ATIVIDADE 22

PROFISSÕES 2
Indicadores de análise: 1, 14, 16, 17.

Atividade adequada a alunos de 3º a 5º ano

Instruções para o professor:

– estimular os alunos a escolherem uma profissão e a debater com os colegas sobre a profissão escolhida a partir de questões semelhantes às apresentadas anteriormente.
– desafiar os alunos a imaginar os pontos positivos e negativos da profissão escolhida e a dramatizar uma situação de trabalho ligada à profissão escolhida.
– ter em mente que, com esse exercício, as crianças devem tentar se colocar no papel do profissional, imaginando seus problemas e satisfações, e fazendo inferências sobre seu cotidiano, os conhecimentos e as aptidões necessários para exercer a profissão determinada. Para aprimorarem seus conhecimentos e aprofundarem suas representações, pedir que pesquisem em fontes diversas sobre a profissão escolhida.

A **Atividade 23** leva os alunos a imaginar e vivenciar situações ligadas à prestação de serviços. Por exemplo: serviços prestados em um salão de beleza pelos diferentes profissionais que trabalham nele (é importante escolher algo fácil de ser reconhecido pelas crianças; a escolha do salão de beleza pressupõe que todos os alunos da classe já tenham cortado o cabelo com um profissional).

ATIVIDADE 23

FAZ DE CONTA DE UM SALÃO DE BELEZA
Indicadores de análise: 2, 8, 14, 15.

Atividade adequada a alunos de 1º e 2º ano

Instruções para os alunos:

Vamos brincar de salão de beleza? Alguns alunos serão os profissionais e outros serão os clientes (depois os papéis se inverterão).
– Anotar o que um salão de beleza precisa para funcionar.
– Organizar o espaço do salão.
– Definir e organizar os objetos que representam os equipamentos de um salão de beleza (pente, escovas, espelho, esmalte) e material necessário para o seu funcionamento (papel, lápis, telefone, agenda, dinheiro).
– Decidir entre os colegas qual o papel de cada um no salão de brincadeira (atendente, barbeiro, cabeleireiro, manicure, proprietário...)
– Escolher um nome para o salão e fazer um cartaz de propaganda do salão e dos serviços oferecidos.
– Fazer funcionar o salão de brincadeira: agendar os horários, atender clientes, cobrar pelo serviço, receber o pagamento, dar troco etc.

Todos devem participar na brincadeira que tentará reproduzir situações da vida real. Depois, todos devem fazer um registro sobre o que aprenderam com essa atividade.

Aluna participa da brincadeira como atendente do salão de beleza.

A **Atividade 24** é uma variação da anterior, mas adequada a alunos mais velhos.

ATIVIDADE 24

ORGANIZANDO UM NEGÓCIO
Indicadores de análise: 2, 8, 14, 15.

Atividade adequada a alunos de 3º a 5º ano

Instruções para o aluno:

Você e seu grupo decidiram montar um negócio ou comércio e optaram por uma lanchonete. Para que tudo dê certo, vocês precisam fazer um planejamento por escrito do que é necessário para fazê-la funcionar. Quais lanches serão oferecidos? (misto-quente, hambúrguer, cachorro-quente, coxinha, pastel, pão de queijo...)

> Quais as bebidas?
> Onde serão comprados os ingredientes?
> Como e quanto cobrarão dos clientes?
> Como será o espaço? (área das mesas, balcão, cozinha, banheiros...)
> Qual será o nome do estabelecimento?
> Quem trabalhará nele? Em quais funções? (cozinheiro, garçom, caixa, lavador de pratos...)
>
> Pesquisem se há uma lanchonete nas proximidades da sua casa ou da escola. Elabore uma entrevista para saber mais sobre os serviços oferecidos por ela e as pessoas que lá trabalham.

Também é importante que os alunos tenham oportunidades de desenvolver sua capacidade de imaginação sobre as épocas passadas. Uma simples pergunta do tipo "Como era extrair um dente estragado antes da invenção da anestesia?" (Era muito dolorido? Uma pessoa tinha que segurar o paciente na cadeira enquanto outra lhe arrancava o dente?) ou "Como se conservavam alimentos nas casas na época em que as geladeiras elétricas ainda não existiam?" (Não era possível e comia-se muita comida estragada? As pessoas tinham muita dor de barriga? Guardavam a comida em um armário com gelo? Como conseguiam esse gelo? Temperavam com sal e/ou secavam ao sol?) pode desencadear hipóteses, avivar debates e estimular a curiosidade histórica das crianças.

Segundo Cooper, as crianças "à medida que crescem e aumentam seus conhecimentos, podem dedicar-se mais a descobrir o que já conhecem. Com o procedimento de fazer suposições sobre o passado, adquirem, paulatinamente, maior [capacidade de] argumentação e *imaginação histórica*". Isso pode levar à compreensão de que as pessoas do passado podem ter pensado ou sentido e se comportado de forma distinta da nossa, por conta de suas bases diferentes de conhecimentos e das diversas limitações sociais, econômicas e políticas das sociedades em que viviam. A imaginação desenvolvida é algo fundamental para saber levantar hipóteses. Por sua vez, "a *geração de hipóteses* cultiva muitas perspectivas e mundo possíveis [...]. Esse procedimento se situa desde o princípio no centro da História. O objetivo final é que as hipóteses sejam verdadeiras para a experiência concebível: que sejam verossímeis" (Cooper, 2002: 96).

A proposta nacional de História para o ensino fundamental requer que os alunos saibam procurar informações sobre o passado em diversas fontes e aprendam a responder perguntas sobre o passado utilizando as informações coletadas. A seguir, veremos algumas dessas fontes e dos procedimentos de pesquisa que auxiliam na compreensão da história e em sua escrita, adaptados aos interesses do saber escolar.

ESTUDO DO MEIO

O *estudo do meio* é uma das situações didáticas que proporcionam momentos mais prazerosos e memoráveis aos estudantes. Se bem planejado, o estudo do meio pode ser uma forma excelente de aproximar os alunos da compreensão da ideia de *sujeito histórico*.

O professor deve ter claro que *levar os alunos para um passeio* ou lanche (num parque ou mesmo numa praça) e *conversar com eles* sobre a experiência, as sensações que tais lugares despertam e o significado desses espaços não têm a complexidade e a densidade de um *estudo do meio*, mas também são atividades escolares válidas. Porém, se existe a possibilidade da realização de um estudo do meio, ela não pode ser desperdiçada.

Observemos os passos a serem realizados durante ações educativas num estudo do meio. Em cada um deles, é possível refletir sobre o que é *produzir conhecimento*. É importante lembrar que um estudo do meio bem organizado e orientado é capaz de *produzir saber*, em vez de somente reproduzir o que já foi exaustivamente dito sobre determinado lugar, e também de refletir sobre os limites e os alcances desse saber escolar por eles produzido.[4]

Antes
- Escolher o local a ser visitado.
- O professor deve fazer um levantamento sobre as ideias prévias, representações e possíveis lembranças que os alunos possuem sobre aquele lugar (o que vão encontrar, quais as suas características físicas, se há pessoas que vivem ou trabalham no lugar e como elas são). Deve também expor quais os objetivos da visita, ou seja, o que será estudado.
- Juntos, professor e alunos precisam elaborar um roteiro prévio sobre o que farão no local, os cuidados que devem ser tomados, as maneiras de registrar as informações obtidas, os comportamentos adequados, o material a ser levado e por quem. Também devem prever se, durante o passeio, haverá divisão de tarefas entre os alunos ou grupos de alunos.

Durante
- Cada aluno deve anotar suas impressões sobre o que está sendo visitado e cumprir a tarefa para a qual foi designado.
- Para conseguir mais informações a respeito do local e do assunto estudado, os alunos devem aproveitar para conversar com as pessoas que moram ou trabalham no lugar, observar imagens e objetos interessantes e registrar suas descobertas por meio de anotações, gravações, fotografias e/ou filmagens.

Depois, na sala de aula
- Comparar as ideias prévias com as descobertas feitas no estudo do meio.
- A partir das impressões pessoais registradas e com base nos objetivos da atividade (conhecer aspectos geográficos, históricos, sociais ou ambientais do local visitado), conversar e debater (em grupos ou com toda a classe reunida) com o intuito de esclarecer pontos, resolver dúvidas e tirar conclusões que permitam, em uma etapa posterior, a produção de um texto (ilustrado ou não com imagens) sobre o que se aprendeu com a atividade.
- O texto pode ser descritivo ou descritivo argumentativo (incorporando análises e opiniões à descrição). Também pode conter mapas e tabelas. E pode ser composto de várias partes redigidas por alunos ou grupos de alunos diferentes (por exemplo, quando a classe visita uma fazenda, alguns podem escrever sobre a paisagem e outros sobre os trabalhadores; alguns, sobre os animais de criação ou as plantações, outros, sobre como o local era no passado); essas partes compõem *eixos* e podem ser aprofundadas por pesquisas feitas na bibliografia disponível, em jornais antigos e atuais, em mapas, em fotos, em depoimentos complementares (é comum surgirem novas dúvidas e iniciarem-se novas buscas, a partir das reflexões feitas neste momento da atividade).
- Se houve divisão de tarefas, cada grupo deve apresentar suas conclusões e seu texto para os demais. O conjunto dos materiais produzidos será o *trabalho final*.

No processo de elaboração do trabalho final o professor pode incentivar discussões a respeito da credibilidade das fontes e documentos escolhidos para embasar as conclusões, bem como a identificação da influência das primeiras impressões no conhecimento produzido. O trabalho final, que abarca os textos, imagens e demais registros confeccionados por todos, pode incluir linguagens variadas (HQ, vídeos, desenhos, escritos, dramatizações, danças, fotografias etc.). Com esses procedimentos, buscamos movimentos contínuos de apropriação, "cruzamento" e criação de novos conhecimentos.

A proposta a seguir foi desenvolvida com alunos do 2º e 3º anos, com o objetivo de treinar a observação e a elaboração escrita de descrições de espaços e situações observadas. Sua efetivação permite conhecer melhor o espaço físico e humano onde os alunos estudam, convivem e passam boa parte de seu dia. Seus passos podem ser modificados de acordo com a realidade de cada classe e escola, a critério do professor.

ATIVIDADE 25

CONHECENDO MINHA ESCOLA
Indicadores de análise: 1, 2, 4, 7, 8.

Atividade adequada a alunos de 2º e 3º ano

Os alunos foram instigados a percorrer o ambiente escolar, tendo em mãos um roteiro (previamente elaborado em sala de aula) sobre o que deveriam observar e como deveriam registrar. Posteriormente, o professor pediu que descrevessem as informações sobre o local.

Exemplo de roteiro

Observar e anotar:
— Como é o ambiente da escola (conservação da pintura e outros aspectos físicos; se o cenário é agradável aos olhos; o que se vê quando se caminha pela escola).
— Se há pessoas trabalhando na escola, quem são elas e o que fazem.

– Quais são os espaços da escola (classes, salas administrativas, quadra, pátio, horta, viveiro, biblioteca, laboratório, parque etc.), como são organizados esses espaços e o que há neles (os alunos podem se dividir em grupos para essa tarefa, cada um descrevendo com detalhes um dos espaços da escola).

Refletir e anotar:
– Como eu me relaciono com as pessoas que trabalham na escola?
– Qual é o espaço da escola de que eu mais gosto? Por quê?
– Todos os meus colegas têm a mesma opinião sobre isso?

Exemplos de anotações feitas pelas crianças

"O ambiente da minha escola é muito bonito."
"Existem vários tipos de animais, os coelhos, galo, galinha, jabutis, tartarugas, porquinho-da-índia, taturana, aranhas, mariposa, borboleta, besouros."
"As pessoas que trabalham aqui na escola são legais, bravas, engraçadas e às vezes chatas. Porque elas brigam com a gente quando fazemos bagunça."

Depois de fazerem anotações, os alunos tiveram que escolher um local da escola que apreciam e fazer um desenho que o retratasse. Em seguida, divididos em grupo, conversaram sobre suas anotações e mostraram seus desenhos uns aos outros.

A partir disso, o professor mostrou aos alunos que eles tinham feito anotações de três tipos:
(1) descrições do ambiente escolar físico; (2) observações qualitativas sobre o local e sobre o comportamento das pessoas; (3) reflexões subjetivas do pesquisador (a palavra usada pelo professor foi "sentimentos"). E chamou-lhes a atenção para o fato de que os pesquisadores, em especial os historiadores, também fazem isso.

O professor ainda ajudou os alunos a perceberem que, a seu modo, eles haviam sido capazes de *analisar* o comportamento de pessoas (com as quais conviviam diariamente) e de *estabelecer uma relação* entre determinados atos e suas *consequências* ("O que os historiadores também fazem").

> Dando continuidade, o professor pediu aos alunos que observassem as semelhanças e diferenças de opinião existentes entre os colegas com relação ao que cada um deles havia considerado como seu ambiente preferido na escola. Para exercitar o convívio democrático e a compreensão das motivações dos outros, o professor pediu que os alunos tentassem explicar a ocorrência de diferenças de opinião entre alunos de uma mesma escola: "Por que existem opiniões diferentes?".
> Diante das respostas dadas, os alunos observaram que não era fácil aceitar a opinião do outro sobre qual o melhor lugar da escola. Então, o professor lhes perguntou se cada um deles costumava brincar somente nos espaços de que mais gostava. A resposta foi "não". O professor lhes perguntou "por quê?". E eles responderam que brincavam em diferentes espaços, porque gostavam "de brincar juntos". A partir daí, o professor conversou com a classe sobre a *convivência*, dizendo que ela pode abrigar diferenças individuais e, ao mesmo tempo, contemplar interesses comuns. A classe concluiu que *é possível haver diferentes opiniões sem que necessariamente as pessoas briguem entre si*.

Se a escola tiver condições e os pais autorizarem, sugerimos aos professores fazer com seus alunos do 3º ao 5º ano um estudo do meio que vise conhecer construções antigas e monumentos históricos do município onde a escola se localiza [**Atividade 26** – CONHECENDO MARCOS HISTÓRICOS DE MINHA CIDADE - Indicadores de análise: 1, 2, 4, 7, 8.] A ideia é levá-los a visitar lugares considerados relevantes para a História da cidade: estação ferroviária antiga; museus; construções e monumentos tombados pelo Patrimônio Histórico; locais com vestígios do trabalho escravo ou de algum tipo de trabalho artesanal que não mais é feito; a primeira escola fundada na cidade, entre outros espaços do tipo. Essas visitas devem contar com a presença de um guia que chame a atenção para as peculiaridades do local visitado e explique por que ele pode ser considerado "histórico". O próprio professor, tendo estudado previamente o assunto, também pode fazer o papel de guia em cada um dos locais. Os alunos devem fazer suas próprias anotações das informações que acharem mais interessantes no sentido de ajudarem *a compreender como era a vida dos habitantes daquela cidade no passado* (as impressões registradas devem ser levadas em conta nas conversas posteriores – em sala de aula – a respeito do estudo do meio feito, na medida em que refletem o que eles conseguiram compreender das explicações recebidas e o que conseguiram interpretar daquilo que observaram, com base em seus conhecimentos prévios e nas estruturas cognitivas que possuíam).

De volta à escola, ou como dever de casa, cada aluno prepara um relatório por escrito cumprindo uma sequência dada pelo professor com vistas a fazê-lo aplicar sua capacidade de síntese, estabelecer comparações, organizar informações em uma ordem lógica.

Aproveitando ainda o estudo do meio, o professor pode sugerir aos alunos que completem as informações obtidas, estudando mapas, livros e artigos escritos sobre algum aspecto do passado da cidade que foi destacado durante as visitas (por exemplo, a cidade ter recebido muitos imigrantes no início do século XX, a cidade ter se desenvolvido rapidamente depois da chegada da ferrovia, a cidade ter sido fundada por mineradores em busca de ouro, ou por jesuítas em busca de novos fiéis, ou por bandeirantes em busca de escravos, ou por colonos que se tornaram pequenos proprietários...).

O estudo do meio é apenas uma das formas de o professor trabalhar com os bens culturais do patrimônio histórico no processo ensino-aprendizagem. O fato é que o conceito de patrimônio histórico foi ampliado e, hoje, para tomar contato com ele, não se trata apenas de visitar monumentos e edifícios antigos. Com o desenvolvimento da historiografia, passou-se a valorizar como patrimônio cultural "toda produção humana, de ordem emocional, intelectual e material, independente de sua origem, época ou aspecto formal, bem como a natureza, que propiciem o conhecimento e a consciência do homem sobre si mesmo e sobre o mundo que o rodeia" (Godoy, p. 72, apud. Oriá, 2004: 132). Há quem classifique o patrimônio em três grandes categorias (Oriá, 2004: 133):

- os elementos pertencentes à natureza, ou seja, ao meio ambiente.
- o conhecimento, as técnicas, o saber-fazer, compreendendo toda capacidade de sobrevivência do homem em seu ambiente.
- toda sorte de coisas, objetos, artefatos, obras e construções, produzidas a partir do saber-fazer humano.

Assim, o patrimônio se estabelece num tripé indissociável com as seguintes dimensões: a natural ou ecológica, a histórico-artística e a documental. Por isso, os professores devem mostrar aos alunos que um determinado acervo deve ser preservado por ser uma referência da "construção de nossa identidade histórico-cultural" e por contribuir para "a construção da identidade cultural e o exercício da cidadania" (Oriá, 2004: 134-8). Trata-se, portanto, também de *memória*.

> [...] a memória dos habitantes [...] faz com que eles percebam, na fisionomia da cidade, sua própria história de vida, suas experiências sociais e lutas cotidianas. A memória é, pois, imprescindível na medida em que esclarece sobre o vínculo entre a sucessão de gerações e o tempo histórico que as acompanha. Sem isso, a população urbana não tem condições de compreender a história de sua cidade, como seu espaço urbano foi produzido pelos homens, através dos tempos, nem a origem do processo que a caracterizou. Enfim, sem a memória não se pode situar na própria cidade, pois perde-se o elo afetivo que propicia a relação habitante-cidade, impossibilitando ao morador de se reconhecer enquanto cidadão de direitos e deveres e sujeito da história. (Oriá, 2004: 139)

Por exemplo, fazem parte do patrimônio histórico das cidades paulistas de Americana, de Sumaré e de Santa Bárbara D'Oeste, respectivamente: a Estação Ferroviária (fundada em 27 de agosto de 1875, fundamental para o surgimento da cidade, tanto que o aniversário de Americana é comemorado na mesma data da inauguração da estação), a Orquídea Sumaré (flor que deu nome à cidade dez anos antes da emancipação político-administrativa do município) e o carro Romi-Isetta (o primeiro carro brasileiro, fabricado entre 1956 e 1961, pelas Indústrias Romi S.A., em Santa Bárbara D'Oeste).

Esses exemplos podem inspirar o professor a buscar em sua cidade, junto com seus alunos, os patrimônios históricos, que podem ser os já tombados, mas que também podem incluir os pontos que a população considera uma referência na cidade (uma praça, a rodoviária, a igreja matriz, o campo de futebol etc.), os produtos típicos (expostos em uma feira, por exemplo), as canções locais... Nessa busca também é possível encontrar e visitar pessoas que são "um patrimônio" pelos motivos mais diversos (conhecer histórias interessantes sobre o passado da cidade, ter testemunhado certos episódios etc.). Essa atividade adquire dupla importância: (1) o trabalho de levantamento e pesquisa que os alunos fazem; (2) o trabalho de trazer para a sala de aula aspectos da identidade local.

HISTÓRIA ORAL

Outra fonte importante de pesquisa histórica são as informações obtidas pela História Oral. Até pouco tempo, a História de muitas sociedades era transmitida apenas oralmente e, em algumas culturas, a tradição oral tem permanecido viva até hoje. "A tradição oral perpetua relatos do passado de um povo, as recordações populares, as crenças, os valores e os hábitos sociais compartilhados" (Cooper, 2002: 82). Mas mesmo em sociedades que vivem sob o império da escrita, as entrevistas e a coleta de depoimentos têm sido muito utilizadas como fonte de pesquisa histórica, pois proporcionam o acesso a testemunhos únicos, ampliando as possibilidades de interpretação do passado.

Não há porque não trabalhar com História Oral no ensino fundamental 1. A confecção de entrevistas que servem de base para esse tipo de História costuma provocar um grande envolvimento das crianças com o ensino-aprendizagem. Elas ficam entusiasmadas com o contato com pessoas mais velhas e seus relatos sobre acontecimentos passados e o cotidiano em outros tempos.

Quando tratamos do projeto "Escola, memória e muito mais...", mencionamos o desenvolvimento e os resultados de entrevistas feitas por crianças com adultos sobre a época em que estes haviam sido alunos (até 5 décadas atrás). No quadro a seguir, apresentamos o texto coletivo produzido por uma turma de 5º ano que entrevistou um fuzileiro que havia feito parte do Batalhão da Guarda Presidencial de Juscelino Kubitschek. À entrevista incluía-se um contexto de estudos sobre a trajetória do ex-presidente e a construção de Brasília. Entre os conteúdos desenvolvidos estiveram: o cotidiano de um fuzileiro, as funções do Exército Brasileiro, o impacto da "nova capital" na vida nacional.

Quadro 9 – Texto coletivo resultante de um trabalho com entrevista

IMPORTÂNCIA DO BATALHÃO DA GUARDA PRESIDENCIAL NA VIDA DO SR. WLADIMIR JOSÉ SANTAROSA

Turma do 5º ano

O Batalhão da Guarda Presidencial é um grupo de soldados que cuida das autoridades e de locais do Distrito Federal, contra vandalismo e pessoas mal intencionadas.

Esses soldados montam guarda no Palácio da Alvorada, Palácio do Planalto, Palácio Jaburu e Granja do Torto. Montam guarda também no Congresso Nacional.

Durante a formação do Batalhão da Guarda Presidencial, as autoridades escolheram 23 soldados de Americana para fazer parte. O Sr. Wladimir José Santarosa foi convocado em 1962 pelo Exército Brasileiro, pois apresentava boa aparência, boa escolaridade, tinha altura (conforme era pedido, 1,80m), bons dentes e não era filho único e não mantinha os pais e irmãos e assim ele fez parte da elite.

Os lugares que ele mais gostava de montar guarda eram atrás do Palácio Alvorada, porque ninguém invadia, tinha um lago com ponte e com águas cristalinas e ouvia o canto dos pássaros.

No Congresso Nacional, o Sr. Wladimir não gostava de montar guarda, porque chegavam muitas pessoas estranhas, visitantes que vinham conhecer Brasília e faziam muito barulho e, às vezes, bagunça.

Em Brasília, os soldados eram organizados em 1ª, 2ª 3ª, 4ª Companhia. O Sr. Wladimir fez parte de um dos mais importantes que era a 4ª Companhia, chamado 4ª Companhia de Fuzileiros do Exército Brasileiro, conhecido atualmente como "Pantera".

São infinitas as possibilidades de trabalhos de História que podem ser feitos a partir de entrevistas nos primeiros anos do ensino fundamental. Há, por exemplo, os que tratam do *cotidiano* com base em um *tema específico* ("Como era trabalhar na fábrica de tecidos Santa Maria nos anos 1940?"; "Como as crianças se divertiam em 1970?"; "Como era a vida no tempo em que não existia televisão? O que mudou com a chegada da TV nas casas?"). Há os que enfocam um determinado *acontecimento* ("Como a enchente/a guerra/a greve de 2001 afetou sua vida?"; "Qual sua participação no movimento pelas Diretas Já?"; "Conte como foi votar pela primeira vez para presidente..."). E há, ainda, os trabalhos que cobrem a trajetória do entrevistado que é levado, pelos alunos-entrevistadores, a contar sua "história de vida".

O planejamento, as estratégias e as etapas do trabalho com entrevistas (assim como sua relação com outras fontes de pesquisa) aparecem no capítulo "Atividades e procedimentos didáticos".

DIVERSOS TIPOS DE DOCUMENTOS

Muitas páginas foram escritas sobre o caráter dos documentos em História. Hoje está claro que as fontes, os testemunhos, os vestígios mais variados – de registros burocráticos a diários íntimos, de testemunhos orais a textos da imprensa, de utensílios domésticos a vídeos, enfim, tudo o que documenta a experiência humana – podem dar pistas para a reconstrução do passado em mãos experientes, ou seja, se forem estudados por pessoas treinadas para investigar a história. Para ter contato com reflexões atualizadas sobre a questão dos documentos históricos, o professor pode recorrer, por exemplo, às obras *Fontes históricas* (C. Pinsky, 2011) e *O historiador e suas fontes* (Pinsky e Luca, 2012), mas não achamos que seja o caso de ele passar a discutir os rumos da historiografia com os alunos em sala de aula. A proposta para o ensino fundamental é outra: colocar os alunos em contato com vários tipos de fontes históricas e mostrar-lhes, em termos bem gerais, como podem servir para o conhecimento do passado.

Convém lembrar que o objetivo não é fazer do aluno um "pequeno historiador". O trabalho do historiador é diferente do trabalho do aluno. Para o primeiro, os documentos são parte de seu ofício, e, quando ele estuda algo, já possui um conhecimento histórico sobre o assunto e domina conceitos e categorias fundamentais para a análise histórica. Nossos alunos estão aprendendo História e "não dominam o contexto histórico em que o documento foi produzido, o que exige sempre atenção ao momento propício de introduzi-lo como material didático, e à escolha dos tipos adequados ao nível e às condições de escolarização dos alunos" (Bittencourt, 2004b: 329).

Porém, a apresentação e o trabalho com documentos em sala de aula se justifica ao contribuir para despertar na criança o questionamento histórico, ao facilitar "a compreensão do processo de produção do conhecimento histórico pelo entendimento de que os vestígios do passado se encontram em diferentes lugares, fazem parte da memória social e precisam ser preservados como patrimônio da sociedade" (Bittencourt, 2004b: 333).

Ao atuar dessa forma – apresentar à classe um documento (qualquer documento) e mostrar suas possibilidades – o professor verá que seu papel muda um pouco: de mero transmissor do conhecimento, ele se transforma em orientador do aluno. Aqui, o documento passa "a ser instrumento didático para o professor", ajudando "a tirar o aluno de sua passividade" e reduzindo a distância entre sua experiência de mundo e a de "outros mundos e outras experiências descritas no discurso didático" (Schmidt e Cainelli, 2004: 92-3).

Na sala de aula, entretanto, o documento não pode ser um mero enfeite do conteúdo ensinado. Por isso é bom pensar bem no momento de escolher o que mostrar aos alunos e qual a melhor forma de se trabalhar com o documento escolhido dentre todos os tipos de fontes existentes (orais, materiais, visuais, escritas) em diversos estados de conservação.

Tipologia de fontes primárias

fontes	Descrição
Fontes materiais	Utensílios, mobiliários, roupas, ornamentos, armas, instrumentos de trabalho, construções (templos, casas, sepulturas), esculturas, moedas.
Fontes escritas	Registros paroquiais e civis, documentos jurídicos (constituições, códigos, leis, decretos), sentenças, testamentos, inventários, registros escritos de pronunciamentos e discursos, cartas, livros de contabilidade, livros (inclusive os próprios livros de História, biografias, novelas, romances), textos de imprensa, diários, crônicas, poemas, lendas anotadas, censos, estatísticas, mapas e gráficos, por exemplo.
Fontes visuais	Pinturas, caricaturas, fotografias, gravuras, filmes, vídeos, documentários, danças.
Fontes orais	Depoimentos, entrevistas, lendas contadas ou registradas em gravações, relatos de viva-voz, programas de rádio, canções.

(Baseado em Schmidt e Cainelli, 2004: 96-7).

Essa classificação não é muito rígida, pois para uma mesma fonte as mídias também podem variar: papel, gravação em disco (cassete, CD, pen-drive...), pergaminho, inscrição em pedra, pintura em mural etc. E também não basta ser algo *velho* para ser considerado pelos historiadores um documento histórico, pois não é *qualquer coisa* que deve merecer a atenção do pesquisador, pelo menos não no mesmo grau de intensidade. "Há fatores que tornam um documento mais importante do que outro. Esses fatores também variam no tempo e no espaço, mas sempre existem", pois "um documento é dado como documento histórico em função de uma determinada visão de uma época", ou seja, "o documento existe em relação ao meio social que o conserva" (Karnal e Tatsch, 2012: 21) e o encara como algo interessante *no momento* ("o presente") em que é analisado. Assim, documento histórico "é qualquer fonte sobre o passado, conservado por acidente ou deliberadamente, analisado a partir do presente e estabelecendo diálogos entre a subjetividade atual e a subjetividade pretérita" (Karnal e Tatsch, 2012: 24).

Além disso, os documentos não podem ser vistos isoladamente. O documento deve ser cotejado com o maior número de informações possível. Até mesmo o "documento escrito clássico", hoje em dia, é confrontado com outras fontes. "O documento escrito clássico passou a ser somado ao documento arqueológico, à fonte iconográfica, ao relato oral (quando possível), a análises seriais e a todo e qualquer mecanismo que possibilite a interpretação" (Karnal e Tatsch, 2012: 22).

Voltando aos alunos, que é o que mais nos interessa aqui, observamos que, para eleger algum documento para trabalhar em sala de aula, o professor deve levar em consideração alguns critérios, na sugestão de Circe Bittencourt (2004b):

- que ele seja atrativo para os alunos, respeitando-se a faixa etária (é importante lembrar que o lúdico faz parte do bom desenvolvimento das crianças durante todo o ensino fundamental);
- que possa ser trabalhado em um período de tempo viável e que esteja de acordo com a disponibilidade do professor;
- que esteja relacionado de modo claro ao assunto do currículo e aos conceitos que o professor pretende discutir com a classe;
- que permita sair de um contexto particular (por exemplo, o texto da Lei Áurea, 1888) para um mais geral (por exemplo, o estudo do processo que levou à abolição da escravidão no Brasil).

A seguir, apresentamos algumas ideias para aproximar os alunos das informações históricas que um documento pode fornecer por meio de perguntas. As perguntas podem ser ampliadas e modificadas de acordo com cada proposta de atividade. O importante é que o professor leve os alunos a pensar sobre o material que têm em mãos.

Orientação sobre como observar um documento

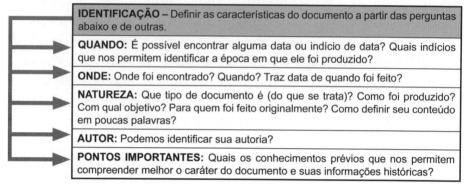

(Adaptado de Schmidt e Cainelli, 2004)

Depois de responder a essas perguntas básicas, deve-se prosseguir pensando em quê tal documento pode colaborar na compreensão da história, particularmente do assunto e da época que estão sendo estudados pela classe na ocasião. Lembrar que, quanto mais informações os alunos tiverem sobre o contexto histórico ligado à fonte em análise, mais informações conseguirão obter a partir do estudo da própria fonte. Se no decorrer da atividade de análise de um documento específico for observado que faltam informações adicionais, isso não representará um problema, pois elas podem ser buscadas a partir do estímulo dado pela própria atividade. Além disso, é importante que o professor ressalte que *cada documento conta apenas uma história parcial e que é sempre necessário compará-lo com outros para completar suas informações ou poder questioná-las.*

É claro que cada proposta pedagógica deve adaptar-se ao nível dos alunos. É certo também que, muitas vezes, é só no desenrolar do processo de ensino-aprendizagem que o professor percebe se a *sua* classe tem limitações com relação à determinada proposta de atividade ou se já está pronta para enfrentar desafios mais difíceis do que os que ele havia pensado em propor inicialmente. Com o trabalho com documentos, não é diferente. As orientações apresentadas no esquema anterior e as sugestões de atividades com documentos dadas em várias partes deste livro devem ser tomadas como inspiração para o trabalho em sala de aula, nunca como propostas fechadas a qualquer tipo de alteração, simplificação ou aprofundamento.

ATIVIDADE 27

PENSANDO COMO UM HISTORIADOR
Indicadores de análise: 1, 2, 4, 5, 6, 10.[5]

Alunos do 5º ano de uma determinada escola estudavam "Brasil Colônia" quando foram apresentados a um trecho de um texto de autoria do cronista Pero Magalhães Gandavo, publicado em 1576, que é parte de um livro chamado *História da província de Santa Cruz* sobre o Brasil feito para o governo português. A professora desafiou as crianças a pensarem "como um historiador", ou um detetive, tentando descobrir qual é o animal da fauna brasileira (desconhecido dos leitores europeus na época) descrito pelo autor. Para fins didáticos, o nome do animal (tatu) foi suprimido do texto que foi apresentado para os alunos da seguinte forma:

Imagine que você é um historiador que encontrou um documento da época do Brasil colonial. Você sabe que é a descrição de um animal, mas não consegue ler seu nome, porque o documento está puído e mal conservado. A partir dos fragmentos, tente descobrir de que animal o autor está falando.

> [...] o mais fora do comum dos outros animais [...] chamam-lhes .... E são quase como leitões: têm um casco como de cágado, o qual é repartido em muitas juntas como lâminas e proporcionadas de maneira que parece totalmente um cavalo armado. Têm um rabo comprido todo coberto do mesmo casco. O focinho é como de leitão, ainda que mais delgado e só botam fora do casco a cabeça. Têm pernas baixas e criam-se em covas como coelhos. A carne destes animais é a melhor e mais estimada que há nesta terra e tem o sabor quase como de galinha [...].

> Depois de ler o fragmento, cada aluno tentou desenhar o animal de acordo com a descrição. Para procurar responder "qual é o animal de que o autor fala?", os alunos conversaram com os colegas e apresentaram suas hipóteses. No caso da classe em que foi desenvolvida essa atividade, a professora colocou abaixo do texto a referência bibliográfica (que já fornece algumas pistas) e optou por incentivar os alunos a responder por conta própria as seguintes perguntas (complementando seus conhecimentos com pesquisas em livros sobre a História do Brasil Colônia):
>
> Qual a atividade principal de Pero Magalhães Gandavo?
> Para quem ele escreveu?
> Qual é o lugar a que se refere?
> Como você obteve estas informações?
>
> Ao final, a professora aproveitou a oportunidade para falar sobre a reação dos europeus diante das novidades apresentadas pela natureza do Novo Mundo (surpresa, admiração, incompreensão, entre outros); a relação dos colonizadores com o meio ambiente encontrado em terras brasileiras; as semelhanças e diferenças entre as culturas europeias e nativas em termos de alimentação (apreciar carne de tatu, por exemplo); as práticas e costumes reelaborados no Novo Mundo na busca por adaptar-se às condições naturais (da fauna e flora, climáticas...) das novas terras, entre várias outras possibilidades suscitadas pelo tema do documento.

Vários outros documentos podem ser trabalhados com alunos do 5º ano. Anúncios de jornal do século XIX sobre escravos fugidos são textos históricos atraentes, curtos e com grandes possibilidades de análise e discussão em sala de aula. Por sua vez, a descrição dos preparativos para o carnaval brasileiro, feita por Jean Baptiste Debret em *Viagem pitoresca e histórica ao Brasil: 1816-1831*, é capaz de proporcionar ricos debates em torno das comparações da folia do presente com o carnaval do passado, cuja maior diversão das pessoas era molhar umas às outras atirando limões-de-cheiro de fabricação caseira.[6]

Ao usar trechos de documentos antigos, o professor pode estudar com os alunos o vocabulário diferente do que estão acostumados ou escolher apresentar-lhes uma versão em linguagem adaptada.

No trabalho com documentos em sala de aula, o professor pode aproveitar para ampliar os horizontes culturais das crianças para além do conteúdo específico anotado na grade curricular. Aliás, isso está previsto na definição das políticas educacionais, visto que "a relação entre escola e cultura foi incorporada nas políticas educacionais visando três objetivos: o reforço da autoestima dos alunos; o fortalecimento das identidades sociais; e *a ampliação dos repertórios culturais*" (Napolitano, 2010: 74). Então, que tal fazer os alunos ter também contato com obras de arte (telas, pinturas rupestres, gravuras...), músicas e instrumentos de época, poemas, literatura – enfim, "heranças" (quando são bens culturais lembrados e monumentalizados) ou "resíduos" (quando estão praticamente esquecidos ou arruinados, mas ainda podem despertar interesse) da produção cultural humana?

Análises instigantes e criativas podem surgir, por exemplo, da leitura de um trecho de *O diário de Anne Frank* por alunos do 5º ano, capazes de se identificar com a personagem-narradora e estabelecer comparações interessantes entre a vivência escolar de uma garota em 1942 e a deles próprios.

> *[Amsterdã] 21 de junho de 1942.*
> *Querida Kitty,*
> *Toda nossa turma está agitadíssima. O motivo, claro, é a próxima reunião em que os professores vão decidir quem passará de ano e quem vai repetir. Metade da classe está fazendo apostas [...]. Da manhã até a noite é: "Você vai passar", "Não, não vou", "Vai sim", "Não, não vou" [...].*
> *Não estou tão preocupada com relação às minhas amigas e a mim. Nós vamos passar. A única matéria da qual não tenho certeza é Matemática. De qualquer modo, só podemos esperar. Até então, cada uma fica falando para as outras não desanimarem.*
> *Eu me dou bastante bem com os professores. Eles são nove, sete homens e duas mulheres. O Sr. Kessing, o velho turrão que dá aula de Matemática, ficou furioso comigo durante um tempo enorme porque eu falava demais. Depois de vários avisos, ele me passou um dever extra para a casa. Uma redação sobre o tema: "Uma tagarela". Uma tagarela, o que a gente pode escrever sobre isso? Decidi deixar para me preocupar mais tarde. Anotei no caderno, coloquei-o na pasta e decidi ficar quieta.*
> *Naquela tarde, depois de terminar o resto do dever de casa, [...] comecei a pensar no assunto enquanto mordia a ponta de minha caneta-tinteiro. Qualquer pessoa poderia embromar e deixar espaços grandes entre as palavras, mas*

*o truque era arranjar argumentos convincentes que provassem a necessidade de falar. Pensei, pensei, e de repente tive uma ideia. Escrevi as três páginas que o Sr. Kessing tinha mandado e fiquei satisfeita. [...]
O Sr. Kessing deu uma boa risada dos meus argumentos, mas quando comecei a falar na aula seguinte ele me mandou fazer outra redação. Dessa vez o tema seria "Uma tagarela incorrigível". Eu fiz e o Sr. Kessing não teve do que reclamar durante cerca de duas aulas inteiras, mas na terceira ele se encheu:
- Anne Frank, como castigo por falar na aula escreva uma redação chamada: "Quac, quac, quac, tagarelou a dona pata".*

[Trecho de *O diário de Anne Frank*, editado por Otto H. Frank e Mirjan Pressler (trad. Ivanir A. Calado), Rio de Janeiro, Editora Record, 2007, pp. 20-2.]

E OS PRÓPRIOS ALUNOS PRODUZEM...

A ideia dos três próximos itens é mostrar algumas situações em que os próprios alunos são levados a produzir documentos, narrativas e representações do passado.

Documentos

Os exemplos dados aqui são bem simples, aplicáveis a classes de alunos do 1º ao 3º ano. Mas, evidentemente, projetos mais complexos nesse sentido podem ser desenvolvidos em classes mais adiantadas.

Para mostrar aos alunos que eles próprios são capazes de produzir um documento, o professor pode partir de um registro bastante familiar, como a ficha que permite a confecção da "carteira da biblioteca". Para preenchê-la, o aluno deve buscar informações em outros documentos como sua certidão de nascimento e sua ficha de matrícula na escola. Além disso, deve trazer à escola uma foto sua 3x4. Não há porque não aproveitar essa atividade para produzir um documento realmente útil, ou seja, a ficha que de fato servirá para que o aluno possa emprestar livros da biblioteca escolar – nesse caso, ele deve ser orientado para entregar o material solicitado para o professor (ou diretamente ao bibliotecário) para que seja produzida a carteirinha oficial devidamente plastificada (ou não, conforme o costume da escola). Essa atividade pode ser feita em conjunto com a disciplina de Português.

ATIVIDADE 28

CARTEIRA DA BIBLIOTECA
Indicadores de análise: 1, 4, 14, 17.

Instruções para os alunos:
Com a ajuda da sua certidão de nascimento e sua ficha de matrícula na escola, preencha corretamente a ficha para a confecção da "carteira da biblioteca".

BIBLIOTECA ESCOLAR

RM:_____ANO: _____ FOTO

DATA DE NASCIMENTO: ___/___/____.

NOME:_____
RESPONSÁVEL:_____
ENDEREÇO: RUA: _____
BAIRRO: _____
CIDADE: _____ ESTADO: _____
TELEFONE:_____

Outro procedimento interessante nessa mesma linha é solicitar que os alunos confeccionem documentos similares aos utilizados pelos adultos como uma *carteira de identidade* ou um *título de eleitor* [**Atividade 29** – TÍTULO DE ELEITOR - Indicadores de análise: 1, 4, 14, 17]. Particularmente em ano eleitoral, os alunos costumam demonstrar bastante interesse com relação a este documento, ao ato de votar etc. O professor pode aproveitar e fazer em sala uma simulação de eleição do representante de classe – os candidatos são os próprios colegas – ou do mascote da escola. O professor deve chamar a atenção para as informações solicitadas e as maneiras pelas quais as crianças podem obtê-las.

As atividades que envolvem a produção de documentos que digam respeito a algum aspecto da identidade do aluno apresentam uma vantagem: a de ajudá-lo a tomar consciência de quem ele é com relação às suas origens familiares, ao local em que vive, à escola onde estuda, às marcas que o tornam único, mas também parte de comunidades e instituições. Dependendo das informações selecionadas e registradas, ele pode ser visto (e se apresentar) como filho, aluno, colega, leitor, cidadão, entre outras identidades.

A gama de documentos que podem ser produzidos pelos alunos é quase infinita: uma planta da escola, um registro de uma entrevista, um álbum fotográfico (com legendas) de uma festa escolar, um "mapa do tesouro". É também interessante que os documentos produzidos pelos alunos sejam comparados com outros existentes (a planta da escola produzida pelos alunos e a produzida por um engenheiro; a "certidão de nascimento" do animal de estimação e a certidão de nascimento de um bebê produzida em cartório oficial), para que possam ampliar sua própria noção de documento e ter uma ideia mais vasta das informações que podem ser obtidas a partir de sua leitura e interpretação.

Narrativas

As propostas de produção de texto, em especial, o narrativo, devem ser utilizadas largamente no ensino fundamental, porque auxiliam a organização mental da criança e a ampliação de conhecimento, palavras, significados, tão necessários para o desenvolvimento de competências de um aluno-leitor-escritor. No caso específico do ensino de História, para mostrar aos alunos que eles próprios podem produzir uma narrativa com conteúdo histórico, sugerimos uma atividade que os leva a pesquisar a história da família e, ao final, redigir um texto sobre o assunto para apresentar ao professor e aos colegas (antes de propor essa atividade, porém, o professor deve estar preparado para lidar com situações como a de alunos com pai desconhecido, ou órfãos, ou criados pela avó, ou ainda filhos de pais ou mães homossexuais, ou que têm algum parente na cadeia. Para isso, deve tentar conhecer previamente as características das famílias dos alunos e, conforme o caso, pedir orientação de pessoas mais qualificadas para tratar de psicologia infantil).

História da família

Concordando com a ideia de que é mais fácil levar o aluno a produzir uma narrativa de cunho histórico se ele próprio for o ponto de referência, sugerimos que o professor peça ao aluno que, ao levantar informações sobre sua família, parta de sua própria origem e, depois, amplie sua gama de informações sobre seus parentes próximos e, se possível, chegue até antepassados mais distantes (não é raro professores observarem a existência de alunos que não sabem o seu nome completo, ou mesmo o nome de seus familiares, por isso, precisam se prontificar a ajudá-los desde o início). Nesse sentido, são perguntas estimulantes: "Qual o seu nome?"; "Como ele foi escolhido? Por quem?"; "Qual o seu sobrenome?"; "Qual a relação entre seu próprio sobrenome e das outras pessoas do grupo familiar?"; "Onde você nasceu?"; "Onde nasceram seus pais?"; "Em que eles trabalham?"; "Como eles se conheceram?"; "Onde nasceram seus avós? Migraram? (Mudaram de cidade? De país?)".

O professor pode ajudar o aluno a organizar graficamente as informações de sua história familiar. Essa organização pode ser feita em uma tabela como a sugerida a seguir [**Atividade 30** – TABELA DA FAMÍLIA - Indicadores de análise: 2, 3, 4, 5, 17], lembrando que os dados serão usados, posteriormente, para a confecção do texto narrativo.

	Nome completo	Data de nascimento	Cidade e estado em que nasceu	Local onde passou a infância	Local onde viveu a adolescência	Onde se casou. E qual a data	Onde nasceram os filhos. Qual a data	Mudou de cidade? Quando?	Por que mudou?
Eu									
Mãe									
Avô									
Avó									
Bisavô									
Bisavó									
Pai									
Avô									
Avó									
Bisavô									
Bisavó									

A organização dos dados em tabela possibilita rápida visualização e facilita as comparações. As crianças vão se habituando a coletar e organizar informações de acordo com um determinado planejamento. Outra forma de organizarem os dados graficamente é montando uma linha do tempo, que, entre outras coisas, lhes permitirá – com a ajuda do professor – observar com mais facilidade quem é mais velho ou mais novo, qual a diferença de idade entre as pessoas da família e, por exemplo, diferenças na idade ao casar na geração dos bisavós (maternos e paternos), na dos avós (maternos e paternos) e na dos pais.

O professor pode auxiliar a criança a localizar em um mapa o local onde ela própria nasceu e os locais de origem de seus antepassados. Entrevistas com parentes sobre temas específicos (como o trabalho ou as ocupações que cada um teve ao longo da vida, dentro e fora de casa) também são bem-vindas como fontes. A narrativa da história da família será enriquecida se os alunos resgatarem memórias, registrarem costumes familiares, observarem fotografias antigas e, dependendo da maturidade, pesquisarem cartas, cartões postais, diários e objetos que lembrem pessoas falecidas e que sejam significativos para os membros da família.

O ponto alto do trabalho, como já vimos, é a confecção do texto narrativo. Cada aluno deve produzir por escrito o seu, que pode começar da seguinte forma: "Meus avós, pais de meu pai, se chamavam *Antonio Verde e Maria Augusta*. Eram de *Minas Gerais*, onde viveram durante toda a vida. Meu pai saiu de lá para trabalhar *no Sul*, onde conheceu minha mãe e se casou...". E continuar até o nascimento da criança que narra. O texto escrito pode ser parte de um livreto de algumas páginas ilustrado com recortes, desenhos, fotos, cópias de documentos sobre os membros da família, suas festas, suas ocupações etc. Cada ilustração deve ser acompanhada de uma legenda.

O conjunto das narrativas dos alunos pode servir para debates na sala de aula sobre as diferenças e semelhanças entre as trajetórias familiares (Entre as famílias dos alunos há muitos migrantes? Muitos descendentes de europeus? Asiáticos? Vários são netos de operários ou de camponeses? Os pais dos alunos têm idades parecidas? Profissões parecidas? etc.). Com as narrativas em mãos, os alunos também podem conversar sobre as diferentes maneiras de se contar essas histórias.

E, ainda, podem produzir coletivamente um texto em que narrem o processo de trabalho no desenvolvimento da atividade, incluindo as orientações didáticas dadas pelo professor ao longo do percurso, as dificuldades encontradas, as descobertas, as opções feitas para trazer a público a versão de cada um sobre a história da família. Essa proposta permite que os alunos percebam com mais facilidade o crescimento e envolvimento de todos na escrita da História.

História do lugar em que se vive

A fim de ampliar a ideia de identidade entre os alunos, é importante que eles aprendam a estabelecer relações mais estreitas com o lugar em que moram. "O lugar nos dá o sentimento de pertencer e concretiza a nossa identidade" (Zamboni, 1997). "O estudo do lugar [o nosso bairro, a nossa cidade] tem um papel essencial no ensino da História, como um espaço onde ocorre naturalmente a inter-relação dos elementos físicos, biológicos e humanos e como ponto de partida para a aquisição de novos conhecimentos" (Zamboni, 1997). O lugar em que se vive é, portanto, um ótimo ponto de partida para futuras compreensões das relações sociais e políticas estabelecidas com realidades mais distantes do mundo doméstico.

Aproveitando informações referentes às relações sociais que ocorrem na escola, no bairro, na cidade, os alunos poderão produzir *suas próprias narrativas* a respeito do local em que vivem. É claro que, nessa tarefa, o professor deve acompanhar de perto o trabalho dos alunos para que eles não se percam e desanimem diante das dificuldades. Cabe ao mestre selecionar algum tema ou recorte ligado ao cotidiano dos alunos (tarefa que parece simples, mas não é) para inspirá-los na tarefa de produzir uma narrativa coerente a respeito do local em que vivem. Alguns exemplos que podem servir como ponto de partida:

- Resgatar a história da casa em que se mora (Quem a construiu/comprou? Quando? Quem já morou lá? Quais as transformações por que passou (pinturas, reformas)? etc.).
- Descobrir a origem e o significado do nome da rua, do bairro ou da cidade.
- Comparar lembranças de antigos moradores sobre o bairro com a realidade atual.
- Comparar fotos atuais e antigas de determinado ponto da cidade, ou comparar uma imagem antiga como o próprio local que existe até hoje.

ATIVIDADE 31

AS FOTOS CONTAM HISTÓRIA
Indicadores de análise: 1, 4, 6, 8, 9, 10, 16, 18.

Atividade adequada a alunos de 3º a 5º ano

Instruções para o professor:

– apresentar aos alunos duas fotos de um mesmo local considerado importante para a História da cidade onde as crianças vivem (por exemplo, uma professora de Sumaré-SP mostrou aos alunos duas fotos da sede da fazenda Sertãozinho, o casarão é a construção mais antiga da zona rural do município. A primeira imagem é datada por volta de 1870. A segunda é de 2010.)
– fazer perguntas que incentivem os alunos a pensar sobre as mudanças sofridas pelo lugar. Por exemplo:

– Quais são as semelhanças e diferenças observadas nas duas situações? (as respostas, para organizar melhor as ideias, podem ser dadas em uma tabela) / Quais são as mudanças?
– O que pode ter acontecido com o lugar para estar, na imagem mais atual, diferente da imagem mais antiga?
– Você sabe o endereço desse lugar? Se não sabe, consegue descobrir?
– Observe o local com a ferramenta Google Earth. Observe o que há ao redor dele e anote.
– Você sabe ou consegue imaginar como era a região antes? Para responder, desenhe ou escreva.
– No que se transformou a área ao redor do casarão?
– Quais os aspectos positivos e negativos dessa mudança?
– levar os alunos para conhecer pessoalmente o local; o estudo do meio fornece mais informações sobre a história desse lugar e estimula novos questionamentos, hipóteses e verificações (no caso da experiência feita pela professora de Sumaré, os alunos descobriram que o local próximo ao casarão da fazenda havia se transformado em um condomínio fechado. Entraram em contato com os proprietários para obter novas informações sobre a mudança na paisagem e pedir autorização para fazer novas fotos. Mesmo apenas pelo Google Earth – um recurso interessante quando o estudo do meio é uma atividade inviável – foi possível visualizar o condomínio).
– concluir a atividade com a produção de um texto coletivo sobre as transformações ocorridas no local constatadas pelos pequenos "historiadores" e uma exposição dos desenhos dos alunos sobre o espaço nas duas épocas distintas e de fotos sobre a atividade de pesquisa.

Consideramos que a melhor maneira de trabalhar com História nos primeiros anos do ensino fundamental é partir dos recursos locais disponíveis e da realidade local, já que são contextos mais próximos da vida das crianças.

Para alunos do 4º e 5º anos, estudar as mudanças que foram ocorrendo ao longo do tempo no município amplia a compreensão com relação ao local em que moram. Para isso, é interessante que, com a ajuda do professor, as crianças pesquisem, por exemplo, se houve, na história da cidade, períodos em que ela recebeu muitas pessoas de outros locais, por quais motivos isso ocorreu e se esse movimento migratório transformou o município.

Um trabalho interessante nesse sentido [**Atividade 32** – IMAGENS DA PADARIA - Indicadores de análise: 1, 4, 6, 8, 9, 10, 16] foi feito por um professor na cidade de Sumaré. Ele mostrou aos alunos duas fotografias de padarias localizadas no centro da cidade, sendo a primeira da década de 1920 e a segunda de 2010. Solicitou, então, aos alunos que, a partir de sua observação, registrassem as permanências e mudanças ocorridas no espaço.

Padaria da década de 1920.

Padaria Silva no ano de 2010.

O procedimento adotado foi muito semelhante ao da **Atividade 31**. O professor preocupou-se em levar os alunos a obter elementos para compor uma narrativa sobre as mudanças ocorridas no local. Apresentou às crianças uma série de perguntas que as levaram a observar as duas imagens com maior atenção: "O que mudou e o que continua igual?"; "Como as pessoas estão vestidas em cada uma das imagens?"; "Quais os móveis que estão dentro da padaria?"; "O que uma padaria precisa para funcionar nos dias de hoje?"; "O que era vendido na padaria na década de 1920, e agora?". Em seguida, pediu para que cada um escrevesse um texto como se fosse para ser lido por um amigo. Nesse texto, a criança deveria contar todas as coisas que descobriu ao comparar as duas fotografias (ou seja, *tirar conclusões e apresentá-las com coerência*) e comentar sobre o que as fotos não informam (ou seja, *perceber as possibilidades e os limites de uma determinada fonte* de pesquisa).

Explicar como obteve as informações e como as articulou é um exercício que exige do aluno um bom esforço e muita reflexão. Mas os resultados compensam, pois buscar coerência lógica e expressar-se por meio de uma narrativa leva a criança a desenvolver várias competências referentes à leitura e à escrita importantes para o ensino de História, e também para o de Língua Portuguesa.

Ao constatar as modificações que ocorreram em locais de sua cidade, os alunos desenvolvem habilidades que lhes permitirão estabelecer comparações entre presente e passado e desenvolver uma narrativa histórica, ou seja, uma história que descreva e explique tais transformações no tempo. No futuro, tais habilidades poderão ser aplicadas a realidades e espaços mais distantes de seu dia a dia.

A história do aluno, da família, do bairro, da cidade, só tem sentido na escola se for uma narrativa em que se estabeleçam conexões com outras dimensões (por exemplo, cultura, língua, direitos, alimentação, instituições, valores), acontecimentos que se entrecruzam e temporalidades diversas. Cabe ao professor ajudar as crianças a perceberem conexões entre as trajetórias familiares e a história local, o cotidiano do aluno e a história do país, a cultura familiar e a nacional, entre tantas outras possibilidades.

Para alunos do 4º e 5º anos, o tema da narrativa a ser produzida pode girar em torno da questão do *trabalho*. Para estimulá-los e orientar sua produção escrita, o professor pode escolher determinada época (por exemplo, 1850 ou 1920) e compará-la com a realidade atual a partir do estímulo das seguintes perguntas:

- Qual a principal atividade econômica da cidade? (em determinada época e hoje – O que mudou? Como mudou?)
- Que tipos de trabalho existem no local? (em determinada época e hoje – O que mudou? Como mudou?).
- Qual a jornada de trabalho? Qual a rotina de determinada atividade produtiva? (em determinada época e hoje – O que mudou? Como mudou?) Qual o valor social atribuído a esse tipo de atividade econômica? (em determinada época e hoje – O que mudou? Como mudou?)
- Como os trabalhadores são remunerados (por dia ou mês, por produção; os que trabalham nas feirinhas, os que têm salário fixo; verificar se sempre foi assim ou se antes era de outra maneira).
- Com relação à questão do trabalho, ele ocorre (e ocorria) da mesma forma nas localidades próximas, outras cidades?

Lembrar que diversos tipos de fontes de pesquisa são válidos (bibliográficas, iconográficas, periódicos impressos etc.) e que o objetivo final é levar os alunos a produzirem, a partir de suas pesquisas e das conclusões tiradas em aula, um texto narrativo sobre algum aspecto relevante da história local.

Se, em vez do assunto *trabalho*, o professor de comum acordo com os alunos definir como recorte de pesquisa a *fala local* (o "jeitão de falar" dos habitantes), poderão surgir bons textos narrativos sobre as diferentes formas de se expressar pela fala, em épocas e lugares distintos. Por exemplo, no mesmo município entre os habitantes da área urbana e da área rural; as diferenças entre a linguagem mais formal usada cinquenta anos atrás e a mais informal usada hoje; gírias e expressões do passado que desapareceram ou permanecem até hoje (por exemplo: "Ele deu com os burros n'água", de uma época em que os burros eram um importante meio de transporte) entre muitos outros.

A evolução de determinada *festa* local, as pessoas que a prestigiam, a tecnologia envolvida, também pode ser outro mote para a aproximação dos alunos com a história local.

É claro que, antes de sugerir qualquer tema relacionado à história local, o professor deve se sentir muito à vontade com o assunto, tendo conhecimentos prévios o suficiente para orientar o trabalho das crianças. Isso não quer dizer que ele não terá surpresas ou não aprenderá com as informações trazidas em sala de aula, mas sim que poderá desenvolver seu trabalho com mais consistência e profundidade.

É importante que a atividade de ajudar os alunos a construir suas narrativas seja vista como um processo que inclui várias conversas em sala de aula sobre as descobertas, as dificuldades (e facilidades) encontradas por eles e as lacunas a serem preenchidas em cada etapa. Como em qualquer atividade desenvolvida em situações de ensino-aprendizagem em que se propõem dinâmicas, os alunos devem se sentir desafiados (a questionar e buscar soluções). Devem ter oportunidades de articular suas informações com as dos colegas e com as do professor, participando ativamente da elaboração do conhecimento em questão.

Em uma cidade do interior de São Paulo, os alunos foram levados a acompanhar o desenrolar de determinado episódio, a partir da leitura de reportagens de jornais locais, desde a denúncia feita por moradores prejudicados até as providências tomadas pela prefeitura com relação ao assunto. Toda a atividade resultou em uma lição de cidadania, além de ter estimulado a leitura, a análise de dados e a confecção de textos. Vejamos o que se passou, lembrando que esse trabalho, adequado a alunos de 3º e 4º anos, pode servir de exemplo para outros do mesmo tipo [**Atividade 33** – LIÇÃO DE CIDADANIA - Indicadores de análise: 1, 2, 3, 4, 5, 9, 15].

Semanalmente, os alunos traziam para a sala de aula matérias do jornal local e elegiam uma delas para analisar. Em uma determinada semana, a que mais chamou a atenção dos alunos relatava a denúncia que moradores haviam feito sobre o Clube de Tiro da cidade, dizendo que o chumbo das balas usadas pelos frequentadores era eliminado em um córrego, poluindo-o.

Acompanhando as notícias nos dias que se seguiram, os alunos souberam que a Vigilância Sanitária da Prefeitura da cidade foi acionada e orientou o clube sobre o tipo de pavimento adequado para a prática do esporte. Tempos depois, o processo foi finalizado com a alteração necessária feita pelo Clube de Tiro.

A mãe de um dos alunos estava acompanhando profissionalmente o caso, por ser bióloga e trabalhar na Prefeitura. Por essa razão, foi chamada para uma visita à escola, ocasião em que apresentou aos alunos o relatório de controle que demonstrava como a Prefeitura agia em casos como esse. E, finalmente, o professor pediu que os alunos redigissem, com base em diversas fontes de pesquisa (incluindo as matérias lidas), um texto contando a história do episódio.

Vários outros episódios ou acontecimentos podem ser acompanhados por meio de notícias de jornal, do seu início até a sua conclusão, provocando em sala de aula discussões sobre quem eram os envolvidos, se houve interferência ou não do poder público e qual sua função. Atividades como essa provocam reflexões sobre causas e consequências e, principalmente, sobre as responsabilidades dos cidadãos e do poder público. Por se tratar do âmbito local, pode facilitar a identificação dos alunos com os problemas destacados e sua responsabilidade pessoal em relação ao meio em que vivem. A elaboração de um texto com base nos objetivos aqui apresentados coroa o trabalho desenvolvido na área de História.

Dependendo de como o professor quiser aprofundar as reflexões em sala de aula, ele poderá aproveitar os textos produzidos para introduzir algumas ideias importantes sobre o caráter das narrativas históricas como, por exemplo, a de que *a História pode ter múltiplas faces e também ser escrita a partir de múltiplas perspectivas*. Ou que "podemos lembrar e dizer coisas a respeito do passado, mas os motivos, as emoções e os porquês se localizam sempre no momento atual em que as versões da narrativa histórica são criadas e transmitidas" (Morais, 2010: 201). Ou, ainda, que o estudo da História pode permitir "uma compreensão questionadora de valores e atitudes e de nosso próprio lugar em uma sociedade em mudança" (Cooper, 2002: 79). Ou que é preciso *observar as fontes de informação com um espírito crítico* que analise como os fatos são narrados e a partir de qual ponto de vista (Morais, 2010: 206). E, finalmente, se o nível dos alunos permitir, que *a história narrada deve ser o máximo possível uma História integrada*, em que se observam as conexões entre o local e o mundial, o particular e o geral.

Representações

Para mostrar aos alunos que eles próprios podem produzir representações sobre a história, para além da confecção de textos, por meio, por exemplo, da criação de imagens, peças de teatro, ilustrações, organização de exposições de objetos, pequenos filmes ou documentários, reprodução de diálogos e cenas do passado, o professor precisa criar um ambiente propício à troca de ideias e à criatividade e incluir tais atividades em seu planejamento curricular.

Uma das formas de incentivá-los nesse sentido é apresentando em classe materiais visuais (uma imagem de pintura rupestre, uma gravura do século XVIII, um vestido de 1900, uma ilustração ou réplica de armadura medieval ou artefatos indígenas, um filme de Chaplin, por exemplo) e textos (peças de teatro, descrições detalhadas de determinado evento, contos populares ou lendas publicadas etc.). Lembrar que os próprios alunos também podem "fazer a pesquisa e trazer os materiais" de casa.

Ao apresentar uma fotografia, por exemplo, o professor pode aproveitar para chamar a atenção dos alunos para o fato de que aquele retrato representa "uma realidade" que é marcada, entre outras coisas, pela intenção do fotógrafo que fez o registro em um momento determinado – ou seja, em todos os registros existe certo grau de subjetividade. Com isso, os alunos vão se capacitando para se posicionar criticamente diante das inúmeras representações utilizadas para referir-se a um fato histórico.

ATIVIDADE 34

AUTORRETRATO
Indicadores de análise: 1, 2, 3, 4, 5, 9, 10, 14, 15.

Atividade adequada para alunos de 2º a 4º ano

Instruções para o professor:

– trazer para a classe (ou pedir que os alunos pesquisem e tragam) imagens de autorretratos feitos por diferentes pintores em épocas distintas (por exemplo, Rembrandt, Paul Klee, Van Gogh).
– pedir aos alunos que analisem e façam inferências sobre qual a mensagem que cada pintor quis passar sobre si mesmo retratando-se daquela maneira, com determinada expressão facial, aquelas cores (e não outras), naquele cenário específico, cercado por aqueles objetos... O objetivo é mostrar que existe um grau de subjetividade importante mesmo quando se trata de produzir uma representação de determinada realidade conhecida, no caso, o rosto do próprio pintor. Perguntas que podem ajudar:

▷ Quais as cores predominantes? Como o rosto é destacado? Ele é um retrato fiel, ou o pintor criou algo diferente? Como é o fundo da pintura? Percebe-se algum efeito diferente feito com o pincel? Como está a expressão do artista? Como está a posição de suas sobrancelhas? O que se percebe em seu olhar? A expressão facial demonstra suas emoções? Compare os autorretratos de Rembrant feitos em diferentes épocas, há diferenças e/ou semelhanças? Quais?

Se o professor quiser aprofundar a atividade, pode, por exemplo:
– pedir a cada aluno para fazer o seu autorretrato.
– questioná-lo sobre suas escolhas (por exemplo, um garoto que se desenhou segurando uma bola de futebol, ou uma menina que se desenhou com um largo sorriso no rosto – o que quiseram passar com isso?).

Aproveitando o possível interesse dos alunos pelos artistas mencionados, o professor pode acrescentar nas aulas informações sobre a biografia de cada um, a técnica de pintura utilizada, o público-alvo de seus quadros. A história dos artistas também ajuda na análise das possíveis motivações dos autorretratos (por exemplo: ser ou não bem-sucedido ou reconhecido quando vivo, ter ou não passado por sofrimentos, ter tido ou não problemas de saúde).

Observar representações feitas por outros autores ajuda os alunos a confeccionar com mais atenção as suas próprias.

A representação que o aluno construirá individualmente ou em um grupo de colegas deve ser baseada em fontes de informações que podem ser textos didáticos, fotos, registros orais e escritos (aqui se incluem documentos), desenhos, e tantas outras fontes que serão relacionadas entre si e com os conhecimentos de mundo que o aluno já dispõe. Ao desenvolver algum tipo de representação do assunto tratado nas aulas, o aluno percebe mais facilmente que a sua representação (como *toda e qualquer* representação) não é uma cópia da realidade ou dos materiais analisados, mas sim *o resultado das relações que o sujeito estabelece com as informações que lhe são disponibilizadas.*

Em meio ao desenvolvimento das atividades propostas, o professor deve aproveitar para chamar a atenção dos alunos para o fato de que, no passado, "pessoas tinham atitudes e valores distintos dos nossos, os fundamentos de seus conhecimentos eram diversos e também eram diferentes as limitações políticas, sociais e econômicas em que viviam" (Cooper, 2002: 35). Portanto, no momento de construir uma determinada representação do assunto aprendido em aula, os alunos precisam ser lembrados de que não podem simplesmente transpor valores atuais para outras épocas ou cometer anacronismos – como, por exemplo, retratar uma senhora nobre da Idade Média fazendo "compras com o entusiasmo de uma consumidora compulsiva em um *shopping center* moderno" (J. Pinsky, 2010: 26). Por outro lado, é bom que saibam que existem comportamentos e sentimentos atemporais (como medo, coragem, amor...), os "supra-históricos", na definição do historiador Jaime Pinsky (J. Pinsky, 2010: 27).

Dito isso, apostamos em situações nas quais o jogo simbólico e as representações sejam incentivadas nas aulas de História, pois auxiliam os alunos a criar suas próprias interpretações baseadas não só no que sabem, mas também no que aprendem na escola. Com suas representações, eles reconstroem cenas interessantes, além de metáforas de suas próprias vidas, preocupações, interesses, construindo e reconstruindo significados (Cooper, 2002: 35).

As representações feitas sob a supervisão (e mediação) de um professor atento e interessado permitem que as crianças compreendam melhor os conteúdos ensinados, além da hierarquia das relações políticas, da dinâmica das relações sociais e, conforme desenvolvem sua capacidade de abstração, de conceitos (produtos da cultura) como justiça, democracia, responsabilidade social, respeito mútuo, entre outros. O ideal é que as representações sejam obra dos próprios alunos, mas sem dúvida alguma "o professor precisa acompanhar esse processo" e tomar a iniciativa de propor atividades (Zamboni, 1998). Além disso, o professor, ao favorecer e incentivar as elaborações por parte dos alunos, deve considerar e, na medida do possível, fazê-los perceber que a História é passível de inúmeras críticas e contradições, pois depende sempre da intenção de quem a registra e transmite. Ou seja, *História não é algo estagnado, mas que muda conforme as preocupações de cada presente.*

A seguir, algumas sugestões de atividade em que, ao final, os alunos constroem suas representações. Na primeira, por meio de HQ, na segunda com uma maquete, na terceira com uma peça de teatro.

ATIVIDADE 35

HISTÓRIA EM QUADRINHOS COMO SURGIU O MUNDO
Indicadores de análise: 1, 2, 3, 4, 8, 14, 15.

Atividade adequada para alunos de 4º e 5º ano

Instruções para os alunos:

Você já teve curiosidade em saber como surgiu o mundo? Pense a respeito e escreva a resposta em seu caderno. Compare a sua resposta com a de seus amigos. São diferentes? São parecidas? Em quê?
Você sabia que muitos povos deram suas versões para a origem do mundo? Uma versão finlandesa, por exemplo, explica como surgiu o mundo com a narrativa da "Águia dos ovos de ouro". Leia e compare com aquela que você descreveu em seu caderno ou outra versão que você talvez conheça. Reproduza a narrativa da "Águia dos ovos de ouro" em forma de HQ (história em quadrinhos).
Se você também quer contar sua própria versão, faça isso por meio de outra HQ.
Leia a respeito de outras versões criadas por povos distintos em épocas distintas sobre o mesmo tema: "Como surgiu o mundo".

O professor pode sugerir pesquisas na mitologia greco-romana, japonesa, de alguma tribo indígena brasileira, de algum grupo africano, entre outras. Nesse caso, cada aluno (ou grupo de alunos) pode produzir uma HQ a partir de uma narrativa diferente. E, depois, passar para que os colegas leiam e comparem, além do conteúdo em si, *as formas escolhidas para exibir o conteúdo* em cada produto final. Durante toda a atividade, o professor não deve se esquecer de chamar a atenção da classe para a questão das diferentes possibilidades de representação.

ATIVIDADE 36

MAQUETE O COTIDIANO NO ENGENHO
Indicadores de análise: 1, 2, 3, 4, 8, 14, 15.

Atividade adequada para alunos de 4º e 5º ano feita com o auxílio das aulas de Artes

Com base no conteúdo das aulas e em imagens e textos selecionados pelo professor (em obras de Gilberto Freyre e em ilustrações feitas por viajantes, por exemplo), os alunos constroem uma maquete de um engenho de açúcar da época do Brasil Colônia contendo a casa-grande, a senzala, a casa do engenho, a plantação. Os personagens (senhor, senhora, escravos...) e cenas do cotidiano podem ser incorporados. O professor deve organizar a atividade e distribuir as tarefas conforme a capacidade e os talentos dos alunos, lembrando que o resultado deverá ser fruto do trabalho coletivo. Ao final, a classe pode expor sua maquete para convidados (pais, funcionários, outras turmas). Os textos e imagens usados como base do trabalho também podem fazer parte da exposição.

ATIVIDADE 37

ENCENAÇÃO – ENCONTRO DE CULTURAS
Indicadores de análise: 1, 2, 3, 4, 8, 14, 15.

Atividade adequada para alunos de 4º e 5º ano feita com o auxílio das aulas de Artes

O professor divide a classe em dois grupos, A e B. O grupo A fará o papel de um *povo nativo*. O B representará um *grupo de viajantes exploradores*. O grupo A deve agir como se não soubesse nada sobre o grupo B e vice-versa.

Para os alunos do grupo A, o professor oferece fantasias (ou fantoches) e pede que se vistam com elas para parecerem bem diferentes. Pede também que se comuniquem em uma língua própria. Os alunos desse grupo também podem inventar um jeito próprio de se locomover e de se cumprimentar, criar uma música especial, definir sua alimentação e sua forma de morar inspirados por sua imaginação (esse é um exercício importante: estimula a criatividade, leva os alunos a se colocarem "na pele do outro" e a pensar na existência de modos de vida alternativos).

Para os alunos do grupo B o professor pede que se comportem como se estivessem organizando uma expedição a um território desconhecido (façam mapas, planejem a viagem, escolham seu meio de transporte e o caminho a percorrer, definam quem é o líder e quem fará o registro da aventura como escrivão, desenhista, o que levarão na bagagem etc.).

Num momento posterior, o professor promove o encontro desses grupos com culturas diferentes no "novo mundo" descoberto pelos viajantes. Os alunos, então, devem encenar esse encontro com base na orientação do professor que lhes chama a atenção para o fato de que, "quando os dois grupos se encontram, descobrem que não falam a mesma língua, não se vestem da mesma maneira, não comem a mesma comida, mas precisam se conhecer já que irão dividir o mesmo espaço".

É importante dar lugar à imaginação, mas o professor pode estimular as crianças com perguntas instigantes do tipo: "O que ocorre no primeiro encontro? Curiosidade? Medo? Hostilidade?"; "Eles tentam se comunicar? Por meio de mímica? Gestos? Troca de presentes, mostrando querer a paz? Mostrando as armas como forma de ameaça?"; "E depois, o que ocorre? Eles começam a se entender e conviver em paz? Um quer experimentar a comida do outro? Um quer roubar, dominar ou escravizar o outro? Eles começam a lutar?"... A cada estímulo, os alunos podem encenar a possibilidade apresentada, observando que, num encontro de culturas, há muitas formas de reagir.

Após o exercício de dramatização, os alunos podem escrever um texto narrativo, contando a história do encontro de acordo com a versão que escolherem, lembrando-se de incluir observações sobre os sentimentos envolvidos no contato com pessoas estranhas e as formas de resolver os problemas surgidos nesse encontro.

Um desdobramento desta atividade pode ser a criação de uma peça de teatro em que os alunos encenem o encontro de portugueses e índios no Brasil em 1500. Essa proposta faz sentido especialmente se os alunos estiverem estudando o Descobrimento do Brasil e tiverem uma ideia do que ocorreu na ocasião: quem eram os personagens e como reagiram (como os portugueses registraram o encontro – trecho da *Carta* de Caminha, quais eram suas intenções e interesses, como os índios viviam, se vestiam, se alimentavam e se comportavam...). O professor pode propor uma discussão sobre quais as fontes de informação que podem auxiliar na reconstituição do encontro. Nesse caso, os alunos percebem que podem *construir uma representação com base em documentos históricos e no trabalho de pesquisadores especialistas no assunto.*

NOTAS

[1] Disponível em: <http://noticias.uol.com.br/album/bbc/2013/04/01/pertences-mais-preciosos-revelam-drama-de-refugiados-sirios.htm.> Acesso em: 30 out. 2013.

[2] A equilibração é um dos fatores do desenvolvimento cognitivo e organiza os outros três (maturação, experiência física ou lógico-matemática e ação do meio social) num todo coerente. A equilibração pode se regular mais ou menos rapidamente seguindo a atividade do indivíduo, ou do aluno. Isso significa que o aluno deve ser estimulado a superar desafios, pois, quando se depara com uma nova situação, ocorre o desequilíbrio (das estruturas cognitivas diante do novo) e, imediatamente, a busca de um equilíbrio (pois são organizados os conhecimentos já existentes num todo coerente e que, ao buscar as soluções para os novos desafios, desencadeia uma ampliação dos conhecimentos e da capacidade em resolvê-los). Dessa forma, o ideal da educação não é levar a criança a aprender ao máximo, mas é, antes de tudo, levá-la a aprender a aprender: aprender a se desenvolver na escola e aprender a continuar a se desenvolver depois da escola (Piaget, 1977).

[3] Uma criança de 6 (ou 7) anos tem uma memória menos precisa do que uma de 10 (ou 12) anos, no entanto, as características são as mesmas, ou seja, as crianças falam dos acontecimentos do passado, presente e futuro misturando-os.

[4] As ideias de parágrafos que compõem esse item foram extraídos de Oliveira et al., 2005.

[5] Esse procedimento foi elaborado pelas autoras a partir das anotações das aulas da disciplina de Metodologia e Conteúdo de História ministrado por Ernesta Zamboni, em 2002.

[6] Os anúncios de jornais podem ser encontrados na coletânea feita por Maria de Fátima R. das Neves (2002). A descrição da fabricação de limões-de-cheiro usados nas brincadeiras de carnaval pode ser encontrada em Jaime Pinsky et al. (1991).

O currículo

O terceiro capítulo é dedicado ao planejamento curricular. Nele são apresentados os objetivos gerais do ensino de História e as expectativas para cada ano do fundamental 1. Acreditamos ser importante que, no momento de definir um currículo anual, o professor faça um estudo criterioso da realidade na qual a escola está inserida e discuta amplamente com todos os envolvidos no processo de educação dos alunos para obter o melhor resultado possível.

PLANEJAMENTO CURRICULAR

O esquema a seguir destaca o caráter dinâmico do ensino-aprendizagem de História e sublinha o papel central que o aluno deve ter nesse processo, cujo objetivo final é transformá-lo em sujeito ativo da história.

Dimensão didática e conceitual do ensino de História

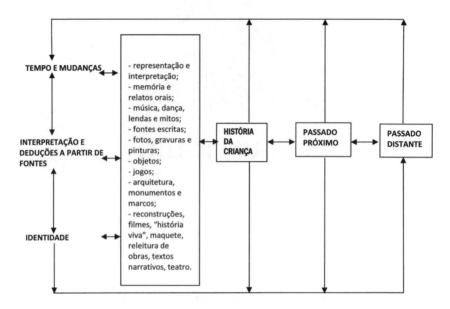

Não vamos repetir tudo o que já foi dito e detalhadamente explicado nos capítulos anteriores sobre as propostas do PCN de História. Basta lembrar aqui que é de acordo com elas que agora apresentamos os objetivos gerais e específicos e nossa sugestão de planejamento curricular do 1º ao 5º ano do fundamental. Para facilitar a leitura, agrupamos os objetivos de tipo semelhante.

OBJETIVOS DO 1º AO 5º ANO

- Conhecer as regras de convívio social e se conduzir de acordo com elas. Respeitar os colegas e professores. Identificar e diferenciar patrimônio público do privado e agir com civilidade na sua utilização.
- Compreender que as pessoas podem ter necessidades, culturas e crenças diferentes.
- Aprender a respeitar a diversidade, reconhecendo-a como um direito dos povos e indivíduos e como um elemento de fortalecimento da democracia.
- Adotar atitudes solidárias.
- Aprender a resolver conflitos interpessoais, utilizando-se de recursos como o diálogo e o debate.

- Conhecer modos de vida de diferentes grupos sociais, em suas manifestações culturais, econômicas, políticas e sociais, observando semelhanças e diferenças entre eles (saber, por exemplo, diferenciar trabalho escravo de trabalho livre).
- Conhecer e identificar formas de viver em distintas épocas.
- Ser capaz de escutar histórias, fazer perguntas, responder questões e fazer comentários relevantes.
- Reconhecer marcas do passado na paisagem da cidade e seus espaços de memória (museus, monumentos, obras tombadas pelo patrimônio).
- Saber utilizar a linguagem relacionada à História; compreender a noção de tempo histórico, e aprender a reconhecer semelhanças e diferenças no tempo, permanências e mudanças (incluindo relações entre hábitos culturais tradicionais e recentes); compreender o significado de duração e a ideia de simultaneidade.
- Situar acontecimentos, documentos e objetos em ordem cronológica.
- Conhecer e utilizar marcadores de tempo de média e longa duração (anos, décadas, séculos).
- Estabelecer relações entre diferentes tempos e espaços.
- Organizar repertórios histórico-culturais que permitam localizar acontecimentos numa multiplicidade de tempos.
- Compreender as diversidades de causas de determinadas mudanças.
- Conhecer o caráter dinâmico da história e das trocas sociais ao longo do tempo.
- Identificar os sujeitos envolvidos nos diferentes tipos de acontecimentos (familiares, escolares, relativos à história da comunidade, de determinados grupos sociais, do país, da humanidade).
- Aprender a "ler" e interpretar diferentes documentos: registros escritos, iconográficos, sonoros, monumentos. Desenvolver a capacidade de síntese narrativa sobre o que for investigado.
- Aprender a pensar historicamente.
- Tomar contato com fontes históricas e aprender a identificar informações históricas úteis em textos, imagens, objetos, mapas urbanos e edificações.
- Confrontar informações sobre um mesmo tema colhidas em registros diferentes.
- Aprender a narrar, seguindo a sucessão correta dos acontecimentos.
- Ser capaz de redigir textos, individual e/ou coletivamente, sobre as informações aprendidas; simples e mais complexos, analíticos, descritivos e narrativos.

- Aprender também a produzir registros ligados à História (recolher oralmente informações sobre o passado mais próximo, organizar arquivos familiares e pessoais, identificar fontes históricas).
- Perceber a existência de diferentes representações e interpretações do passado e a existência de versões diversas a respeito de fatos históricos. Procurar construir visões próprias e representações (de diferentes tipos) a respeito dos assuntos estudados.

- Valorizar o patrimônio histórico, étnico-cultural e artístico como forma de preservação e construção de memórias e identidades.
- Conhecer aspectos da história local e estabelecer relações entre a história local e a história mais geral (desde o Brasil Colônia até o presente).
- Saber questionar a própria realidade, identificando alguns de seus problemas, refletindo sobre suas possíveis soluções e reconhecendo formas de atuação política (institucionais, individuais, coletivas, como sociedade civil).

EXPECTATIVAS DE ACORDO COM OS ANOS

Aqui são apresentadas as expectativas de acordo com o ano letivo, lembrando que algumas delas, como, por exemplo, as que dizem respeito ao aprendizado de condutas sociais, devem ser uma constante no planejamento do professor em todos os anos. Identificamos aqui os resultados esperados de acordo com os anos para dar uma ideia do momento adequado (de acordo com a etapa de desenvolvimento da criança) para que o professor introduza determinadas noções e ajude os alunos a adquirir determinadas capacidades. Com isso, esperamos colaborar para que o professor faça seu planejamento e identifique a partir de que ano escolar pode trabalhar com esta ou aquela questão e por quantos anos ele deve insistir nela.

Expectativas	1º ano	2º ano	3º ano	4º ano	5º ano
Noção de tempo histórico					
Comparar, reconhecer diferenças e semelhanças entre situações e objetos próximos ao cotidiano do aluno (por exemplo, brincadeiras)	X	X	X		
Reconhecer os diferentes períodos do dia (manhã, tarde e noite) e as atividades mais comuns correspondentes a eles	X				
Reconhecer quando uma coisa é atual ou antiga	X	X	X		
Compreender que o tempo passa	X	X			
Identificar características que indiquem época, idade, tempo	X	X	X	X	X
Organizar coleções em ordem cronológica	X	X			

➜ Conhecer diferentes medidas de tempo e diferentes maneiras de registrar o tempo					X
Localizar acontecimentos de curta, média e longa duração e saber representá-los				X	X
Comparar acontecimentos no tempo, tendo como referência anterioridade, posterioridade e simultaneidade	X	X	X	X	X
Construir uma "linha do tempo" simples	X	X	X		
Construir "linhas do tempo", relacionando a história local, regional e estadual, e nacional				X	X
Compreender a necessidade do planejamento	X	X	X	X	X

Construção do saber histórico					
Investigar e extrair dados de documentos pessoais e imagens simples	X	X	X		
Analisar e comparar diferentes documentos		X	X	X	X
Refletir sobre a função dos documentos no resgate da história		X	X	X	X
Constatar a importância de consultar diferentes fontes históricas para a escrita da História		X	X	X	X
Conhecer o trabalho arqueológico			X	X	X
Reconhecer nos documentos estudados informações sobre *fatos históricos*				X	X
Reconhecer a existência de diferentes interpretações sobre um mesmo fato			X	X	X
Aprender a recolher informações de diferentes fontes históricas para análise e reflexão sobre os temas abordados			X	X	X
Perceber semelhanças e diferenças, permanências e mudanças que auxiliem na compreensão da passagem do tempo			X	X	X
Estabelecer relações entre passado e presente	X	X	X	X	
Relacionar momentos significativos da história local, regional e estadual			X	X	X
Aprender a ler um mapa	X	X	X	X	X
Aprender a confeccionar um mapa (com legendas, cores e demais representações)			X	X	X
Reconhecer uma história simples e saber narrá-la (ex., a da origem de seu nome e do nome dos colegas)	X	X			
Redigir coletivamente textos simples sobre as informações e noções aprendidas	X	X	X	X	
Expressar por meio de desenhos as informações e noções aprendidas	X	X	X	X	X
Redigir textos descritivos simples, ilustrá-los, utilizar legendas para as ilustrações.			X		
Redigir textos narrativos (individual ou coletivamente)	X	X	X	X	X
Fazer pesquisa bibliográfica e saber sintetizar os dados dessa pesquisa				X	X
Representar ideias por meio de resumos e sínteses			X	X	X
Criar representações diferentes sobre o conteúdo aprendido, tais como peças de teatro, maquetes, álbuns fotográficos etc.			X	X	X
Identificar fontes históricas sobre a história do Brasil (incluindo elementos da atualidade que testemunhem esse processo)				X	X

Do particular para o geral: família... Brasil					
Família					
Conhecer as origens, as características, os personagens e um pouco da história das famílias (sua e dos colegas)	X	X			
Saber representar as relações de parentesco	X	X			
Identificar permanências e mudanças na organização familiar ao longo do tempo	X	X			
Atribuir responsabilidades no cotidiano familiar sem discriminação de gênero	X	X	X	X	X
Reconhecer diferentes atribuições sociais de pessoas próximas (da família, da escola, do bairro)	X	X	X		
Reconhecer a influência da família na transmissão de valores, costumes e cultura	X	X	X		➜

Escola

Identificar e reconhecer o conceito de escola e o espaço escolar	X				
Conhecer os direitos e deveres dos alunos	X				
Conhecer a história da escola em que estuda	X				
Reconhecer diferenças e semelhanças entre diferentes escolas na atualidade e entre escolas de diferentes épocas	X				
Observar e identificar transformações e permanências nas instituições escolares em diferentes tempos e espaços.	X	X			
Reconhecer as semelhanças e as diferenças da educação do passado e do presente	X	X			
Aprender a importância de se preservar o ambiente escolar, cuidando dos materiais individuais e coletivos	X	X	X	X	X

Bairro

Resgatar a história por meio de depoimentos orais e valorizar as pessoas que representam a memória viva do bairro	X	X			
Conhecer as origens do bairro	X	X			
Reconhecer a rua e o bairro como espaços públicos importantes para a comunidade. Conhecer os locais significativos do bairro	X	X			
Identificar a infraestrutura presente no bairro e compará-la com o que havia no passado	X	X			
Identificar, a partir do bairro, as profissões que existem ou não e sua importância para o atendimento das necessidades da população	X	X			

Cidade

Analisar as transformações da ação do homem na paisagem		X	X	X	X
Refletir sobre o conceito de cidade		X			
Conhecer os símbolos da cidade		X			
Conhecer a história da cidade em que se vive. Compará-la com a de outras cidades. Saber a origem das pessoas que habitam o município		X	X		
Comparar a "linha de tempo" que representa sua história pessoal com a "linha de tempo" que representa a história da cidade		X			
Conhecer algumas particularidades culturais de sua cidade	X	X	X		
Comparar as diferentes festas de sua cidade		X			
Compreender a importância social das festas		X			
Conhecer a tradição *regional* com relação às festas, à culinária, às músicas, às danças. E as transformações e permanências com relação às vivências culturais da coletividade no tempo				X	X
Conhecer manifestações artísticas da cidade		X	X	X	
Analisar diferentes tipos de habitação, comércio e serviço público existentes em diferentes momentos da história		X	X	X	
Identificar, na cidade, locais e atividades de lazer, de arte e de preservação da memória (museus, monumentos tombados pelo patrimônio)		X	X	X	
Caracterizar o espaço urbano e sua relação com o desenvolvimento do atendimento de serviços		X			
Compreender o conceito de serviço público e identificar os principais serviços públicos de responsabilidade do município		X			
Identificar no tempo e no espaço a instalação de serviços públicos e seu atendimento à população		X			
Caracterizar a organização político-administrativa do município. Identificar as atribuições e o local de atuação de cada um dos três poderes e as funções de seus representantes		X			

Trabalho

Conhecer diferentes profissões e/ou ocupações e notar a existência de alterações em suas características ao longo do tempo	X	X	X		

→ Identificar as principais atividades econômicas (e seus produtos) da cidade, dos municípios vizinhos e do estado (no presente e no passado)				X	X
Estudar a respeito de trabalho escravo e trabalho livre				X	X
Identificar o trabalho como um dos fatores principais dos deslocamentos populacionais			X	X	X
Direitos e deveres					
Reconhecer a importância de normas e regras que pautam a convivência		X			
Saber o que é uma Constituição e ter informações gerais sobre a Constituição brasileira. Interpretar trechos da Constituição				X	X
Conhecer os símbolos estaduais: bandeira, brasão, hino				X	
Refletir sobre a importância das eleições					X
Compreender a função das leis			X	X	X
Conhecer os direitos e deveres da criança e do adolescente; dos idosos; dos afro-brasileiros e indígenas			X	X	X
Conhecer os direitos e deveres do consumidor				X	X
Aprender a respeitar diferentes experiências e culturas e a combater o racismo, os preconceitos e as desigualdades sociais	X	X	X	X	X
Valorizar as memórias, experiências e saberes de pessoas mais velhas	X	X	X	X	X
Valorizar a defesa dos direitos humanos				X	X
Reconhecer a importância dos movimentos sociais pela igualdade de direitos				X	X
Brasil					
Saber quem eram e como viviam os primeiros habitantes do Brasil				X	X
Estudar o contexto e as motivações das grandes navegações portuguesas e do descobrimento do Brasil				X	X
Perceber as diferenças culturais entre o modo de vida indígena e o do europeu					X
Reconhecer os movimentos populacionais que ocuparam o país na época colonial e entender os conflitos decorrentes do processo de colonização do território					X
Identificar deslocamentos populacionais locais, no passado e no presente, nas migrações regionais e nacionais.				X	X
Analisar e observar as transformações da ação do homem na paisagem brasileira				X	X
Conhecer aspectos da arte no Brasil			X	X	X

AVALIAÇÃO

O ato de avaliar deve ser coerente com o processo de desenvolvimento cognitivo do aluno. É importante, portanto, o professor observar as conquistas diárias das crianças com relação ao saber histórico e usar tais observações para repensar constantemente os caminhos escolhidos, as possibilidades de avanço em termos de conceitos e conteúdos e os tipos de atividades práticas que podem ser introduzidos em cada classe. Nesta visão, a avaliação perde seu caráter quantitativo e rígido, tornando-se um instrumento orientador da ação do professor, auxiliando-o na investigação dos conhecimentos dos alunos, fundamentando suas opções por esta ou aquela estratégia e permitindo-lhe verificar melhor os avanços pontuais, individuais e gerais. Além disso, demonstra se determinado aprendizado pode servir para outras situações.

Três dimensões devem ser contempladas na avaliação: diagnóstica, formativa e somativa.

- *diagnóstica* – consiste em diagnosticar os conhecimentos dos alunos (observando-os, dialogando com eles, solicitando que as crianças expressem e registrem de alguma forma o que sabem ou pensam sobre determinado assunto). Essa avaliação auxilia bastante, especialmente nas escolhas iniciais (por onde começar, que direção seguir, o que falta ensinar...).
- *formativa* – deve ocorrer ao longo do processo de ensino-aprendizagem e incidir sobre cada objetivo específico. Ela favorece a constatação de alguns problemas no decorrer do percurso e permite a retomada de alguns conteúdos específicos conforme o caso.
- *somativa* – é feita com vistas a obter um diagnóstico sobre o aprendizado do aluno depois de um período mais longo de ensino. É interessante que coincida com o término de uma unidade, ou de um bimestre ou semestre.

Em se tratando de uma ou outra avaliação, considerando-se sua finalidade, é necessário pensar a maneira como esse instrumento será elaborado.

Com relação à avaliação do ensino de História viva, real, e tendo o aluno como sujeito ativo no processo, deve-se escolher instrumentos de coleta de dados que permitam a verificação de ideias iniciais sobre fatos ou conceitos e que, depois, também permitam a observação dos avanços nas concepções e conhecimentos dos alunos.

Desse modo, quando se pensa em avaliação em História, é necessário considerar os avanços em relação aos seguintes recortes: tempo, memória, identidade, documento, representações.

	Indicadores para a avaliação
Tempo	O instrumento utilizado para a avaliação deve permitir verificar se e como o aluno compreende os conceitos relacionados ao tempo histórico (por exemplo: se ele consegue elaborar sínteses narrativas, organizar quadros comparativos, ordenar acontecimentos, analisar histórias considerando as referências temporais, observar e estabelecer relações causais)
Memória	O instrumento utilizado para avaliação deve permitir verificar se e como o aluno reconhece traços relativos à memória em diferentes registros
Identidade	O instrumento utilizado para avaliação deve permitir verificar se e como o aluno consegue localizar-se como sujeito histórico (em vários níveis) e estabelecer relações entre o seu presente e a história

Documento	O instrumento utilizado para avaliação deve permitir verificar se e como o aluno consegue explorar um determinado documento (no sentido amplo e atual de fontes históricas) obtendo algumas informações de sua análise
Representações	O instrumento utilizado para avaliação deve permitir verificar se e como o aluno é capaz de fazer abstrações, estabelecer relações e representar os conceitos e conteúdos aprendidos (por meio de desenhos, textos escritos, mapas, diagramas, e outros recursos)

Os instrumentos utilizados para a avaliação em História, portanto, precisam ser variados (e ir muito além dos antigos questionários com perguntas que se limitavam a verificar se o aluno sabia de cor determinadas informações). Algumas sugestões:

- Observar a participação do aluno em sala de aula e suas contribuições para o desenvolvimento do conteúdo, nos momentos de debate e nos momentos de produzir material oral ou escrito, coletivo ou individual.
- Sempre que possível, pedir que os próprios alunos explicitem o que entenderam ou pensaram sobre certo conteúdo tratado na sala (muitas vezes, parece que os alunos estão entendendo o que está sendo tratado, mas seu entendimento pode conter equívocos, portanto, nada melhor do que pedir que eles tentem "traduzir" por escrito o que aprenderam). Isso também auxilia o próprio estudante a coordenar suas ideias e perceber suas dificuldades.
- Propor diferentes atividades de modo a revelar diferentes talentos entre os alunos e demonstrar a existência de diferentes maneiras de representar um conteúdo aprendido em aula (exemplo: solicitar que elaborem uma história em quadrinhos, que façam um desenho, que escolham um símbolo, que montem esquetes para apresentar para os colegas etc.).

Por meio de distintos procedimentos de verificação de avanços, acreditamos ser possível acompanhar a incorporação por parte das crianças dos conceitos e conteúdos específicos de História. Tal variedade de procedimentos também contribui para o processo de desenvolvimento cognitivo do aluno, num ambiente escolar que lhe permita reconhecer que sua participação efetiva é realmente importante e considerada.

Atividades e procedimentos didáticos

O quarto capítulo colabora com o professor no sentido de diversificar o trabalho em sala de aula por meio do uso de diversas estratégias e do emprego de diferentes linguagens (contando, inclusive, com a interdisciplinaridade), como, por exemplo:

- montagem de sequências cronológicas;
- entrevistas;
- elaboração de textos escritos;
- estudo de periódicos;
- trabalho com literatura infantil, quadrinhos, filmes, documentários, desenhos animados;
- trabalho com imagens (desenhos, pinturas, fotografias) e com objetos (artesanato, arte);
- trabalho com música e com dança;
- estudos do meio;
- jogos;
- observação de monumentos, casas, prédios;
- visitas a museus.

O ensino de História tem, desde a década de 1980, apresentado grandes novidades por conta da crescente apropriação de práticas pedagógicas que se incorporam ao saber-fazer do professor. Dentre elas, observa-se, no processo de ensino-aprendizagem, a utilização de materiais e linguagens diversificados com o objetivo de tornar a compreensão do processo histórico mais pertinente e significativo. Observa-se também um grande empenho dos professores em possibilitar que o aluno tenha contato com "uma diversidade de pontos de vista, que saiba problematizar situações [...], garantindo a construção de sentidos dentro do espaço escolar" (Fermiano, 2006). Pois, se a História é definida por um fazer orgânico, seu exercício pedagógico também o é. Ensinar História deve ser, portanto, uma atividade submetida a duas transformações permanentes: do objeto em si, do fato histórico e da ação pedagógica. Se há mudança no fazer histórico e na escola, então, é imperativo pensar que a renovação do ensino de História deva ser trazida constantemente à tona (Karnal, 2003).

Hoje, os professores têm a sua disposição uma gama variada de bibliografia com sugestões de como usar o cinema, a música, as novas linguagens, o teatro, o jornal, a literatura infantil em sala de aula.[1] Mas, também, os próprios professores acostumados a essa nova postura têm condições de identificar e produzir materiais de ensino. É importante compreendermos que a utilização de "novas linguagens" não só motiva os alunos, mas auxilia no trabalho do professor. Porém, temos que ter ciência de que este tipo de linguagem "não deve ser tomada como panaceia para salvar o ensino de História [...]". Muito menos deve ser vista como a substituição dos conteúdos de aprendizado por atividades pedagógicas fechadas em si mesmas. Todo cuidado com a incorporação das "novas linguagens" é pouco, principalmente numa época de desvalorização do conteúdo socialmente acumulado pelo conhecimento científico (Napolitano, 2004: 149). Dito isso, é só tomar os devidos cuidados, levar em conta o "interesse do aluno e a responsabilidade social do ensino de História" (C. Pinsky, 2010: 9) e não ter medo de ousar, de ser criativo.

É interessante também procurar desenvolver atividades atreladas a outras áreas (Língua Portuguesa, Matemática, Ciências, Artes, Educação Física, Geografia, Inglês). Além de ampliar as possibilidades das aulas de História com o trabalho integrado interdisciplinar transversal, mostra aos alunos que as áreas do conhecimento não são estanques, fechadas em si mesmas.

ATIVIDADES DE HISTÓRIA: COMO ELABORAR E O QUE OBSERVAR

Ao longo deste livro já apresentamos vários procedimentos didáticos, experiências realizadas e técnicas testadas, assim como sugestões de atividade relacionadas a determinados objetivos como forma de ilustrar as propostas teóricas. Aqui neste capítulo, veremos outros, com mais detalhes, esperando que possam servir de inspiração a quem encara de boa vontade o desafio de ensinar História no fundamental 1.

A base de tudo é fazer perguntas estimulantes. Assim, as propostas de atividade feitas aos alunos devem proporcionar situações em que eles:

- *Descrevam*
Ex.: Quem são os personagens retratados nessa tela? O que fazem? Onde estão?

- *Coloquem em ordem (estabeleçam uma sequência)*
Ex.: É possível estabelecer uma ordem cronológica para essas fotografias do centro da cidade tiradas em diferentes épocas?

- *Localizem acontecimentos*
Ex.: Quando sua família mudou de casa? Quando nasceu sua irmã? O que acontecia em sua cidade no ano em que você nasceu? E no mundo?

- *Comparem*
Ex.: Este objeto é mais novo ou mais antigo que o outro? Qual a diferença entre o trabalho escravo e o trabalho livre?

- *Justifiquem suas conclusões e posicionamentos*
Ex.: O que o levou a tal conclusão? Como sabe que sua resposta está correta? O que você pensa sobre a escravidão? Por que pessoas se revoltaram contra ela?

- *Pensem sobre a organização temporal*
Ex.: Diante de uma fotografia de duas crianças: qual a idade delas? Elas mudaram de aparência da época em que fizeram a foto até hoje? Como você sabe? Diante de uma "linha do tempo": a ordem está correta? Por quê?

- *Analisem diferentes situações e sua simultaneidade*
Ex.: O que você está fazendo agora e o que a merendeira está fazendo nesse mesmo momento? Na época da escravidão, o que ocorria com os negros no Brasil e o que ocorria na África?

- *Percebam a ocorrência de mudanças em uma sequência e as expliquem*
Ex.: Quais as transformações ocorridas nas condições de vida nas cidades no início do século XX? E no início do século XXI? Por que elas ocorreram? Diante de livros didáticos de épocas distintas: o que mudou em termos de aparência e conteúdo? Por quê?

- *Percebam as consequências de determinados fatos e atos*
Ex.: Como a lei que aboliu a escravidão afetou a vida das pessoas (dos trabalhadores, dos grandes fazendeiros, das senhoras donas de casa, das crianças negras)? Como a descoberta da vacina contra a pólio mudou a vida das crianças no Brasil?

- *Encontrem pistas a respeito do passado em diversos tipos de documento*
Ex.: Quais pistas sobre o passado você pode ter a partir dessa música de carnaval (ou dessa gravura de Debret, ou das roupas utilizadas pelos homens pré-históricos para resistir ao frio, ou do trecho escolhido do diário de Anne Frank)?

- *Diferenciem materiais utilizados*
Ex.: Quais eram os materiais usados pelos indígenas para confeccionar suas roupas (ou casas, ou armas) em 1500? Eram os mesmos que os portugueses usavam para confeccionar suas roupas (ou casas, ou armas) na mesma época?

- *Caracterizem objetos de diferentes épocas*
Ex.: Diante de imagens de tipos de roupas: quais as roupas que correspondem às de ilustrações antigas? Quais poderiam ser utilizadas hoje em dia para ir à escola ou ao trabalho? No que elas se parecem com sua própria roupa?

- *Trabalhem com diferentes documentos*
Ex.: O que você pode pesquisar para conhecer a história de sua família? (Depoimentos, passaportes, certidões de nascimento, fotografias, móveis, vídeos...)

- *Redijam diferentes tipos de textos*
Ex.: Como você redigiria tais informações, se seu texto fosse para um jornal (se fosse um relatório, se fosse um poema, se fosse uma peça de teatro...)?

- *Produzam narrativas, tabelas, mapas, desenhos, painéis ou esculturas*
Ex.: Como você retrataria a colonização portuguesa na América em um mapa (em um desenho, em um painel)? Como você contaria a História da colonização portuguesa a um garoto de sua idade que nunca estudou o assunto? Como você contaria a História da colonização portuguesa do ponto de vista dos negros escravizados?

- *Busquem informações para sustentar argumentos*
Ex.: Como era viver na casa-grande no tempo dos engenhos do Nordeste que produziam açúcar com o trabalho escravo? Onde é possível você pesquisar sobre isso (em quais livros, em quais sites confiáveis da internet) e que tipo de informações você deve procurar (características da arquitetura, formas de obtenção de água e luz, detalhes sobre os interesses das famílias da elite açucareira, seus hábitos, gostos, crenças...)?

- *Elaborem sínteses*
Ex: Quais são os pontos principais desse artigo de jornal sobre as crianças pobres obrigadas a trabalhar para ajudar no sustento da família? Como você resumiria as ideias desse livro que você leu sobre a escravidão no Brasil?

- *Utilizem diferentes tecnologias*
Ex.: Como você contaria a história de seus avós em um filme documentário de 10 minutos?

A seguir, apresentamos a lista de *indicadores de análise de qualidade* das atividades. Essa lista auxilia professores, coordenadores e gestores na elaboração, acompanhamento e execução de propostas didáticas no cotidiano das aulas de História.

Ao longo do livro, apresentamos algumas sugestões de **Atividades** acompanhadas dos respectivos *indicadores de análise* identificados com números. A seguir está a explicação dos números.

Indicadores de análise da qualidade de atividades de História

	A atividade solicita que o aluno:	ATIVIDADE
1	Descreva	
2	Coloque em ordem (estabeleça uma sequência)	
3	Localize acontecimentos no tempo e no espaço	
4	Compare informações	
5	Justifique conclusões e posicionamentos	
6	Pense sobre a organização temporal e justifique seu pensamento	
7	Analise diferentes situações e sua simultaneidade	
8	Perceba a ocorrência de mudanças	
9	Perceba as consequências de determinados fatos e atos	
10	Encontre pistas a respeito do passado	
11	Diferencie materiais utilizados	
12	Caracterize objetos de diferentes épocas	
13	Trabalhe com diferentes documentos	
14	Redija diferentes tipos de texto	
15	Produza narrativas, tabelas, mapas, desenhos, painéis ou esculturas	
16	Busque informações para sustentar argumentos	
17	Elabore sínteses	
18	Utilize diferentes tecnologias	

Uma tabela como essa facilita o trabalho do professor no momento de identificar se a atividade que ele pensa em propor aos alunos é realmente relevante. Como critério de relevância, orientamos para que cada atividade contemple, pelo menos, três indicadores.

SEQUÊNCIAS CRONOLÓGICAS

Os alunos começam a sequenciar acontecimentos, descrevendo um padrão que segue a percepção que têm de suas próprias vidas, por exemplo, sabem que quando se é bebê, se engatinha, ou que "não conheci meu avô, porque ele morreu antes de eu nascer". Essa dinâmica também os ajudará a observar a sequência de acontecimentos em relatos que o professor apresentar em sala de aula. Porém, a passagem de uma coisa para a outra não é algo imediato. Há narrativas que se mostram mais fáceis ou difíceis nesse sentido, dependendo da forma do relato, do número de acontecimentos relatados, da clareza com que os eventos se sucedem e da complexidade das causas e consequências envolvidas na história. Assim, concordando com Cooler, sugerimos que os alunos, para aprender sobre sucessão cronológica, sejam estimulados pelo professor a ordenar, segundo a cronologia, fotos, objetos e informações advindas de relatos orais e histórias ouvidas em classe. No momento em que desenvolvem tais atividades, o professor os desafia e ajuda com *boas perguntas*. (Cooler, 2004: 57-8, 62).

Cooler, com suas sugestões, orienta o professor no momento de este elaborar suas *boas perguntas* para os alunos de acordo com o nível em que as crianças se encontram.

Sugestões de Cooler para a elaboração de perguntas

- Observe quais aspectos (tecnológicos, sociais, estéticos) são mais fáceis de ser notados e ilustrados para que as crianças compreendam que houve mudanças em determinado período de tempo.
- Defina qual a melhor forma de representar em sequência uma determinada mudança (por meio de objetos de uso doméstico, de fotos de família, de frases extraídas de relatos).
- Ao propor qualquer atividade em que os alunos tenham que estabelecer uma sequência cronológica, pense na melhor forma de trabalhar com períodos de tempo diferentes (por exemplo: o tempo da própria vida do aluno e o passado mais distante, não vivido; fatos relacionados à história da família do aluno e fatos da história mundial).
- Procure estender as sequências, partindo do simples e óbvio para, aos poucos, incorporar informações mais complexas (por exemplo: "colocar roupas em sequência por tamanho, do menor para o maior" e, depois, acrescentar um brinquedo correspondente à idade da pessoa que provavelmente usaria tal roupa, como "um macacão de bebê de 8 meses e um chocalho").
- Ao escolher imagens (de objetos ou que representem determinados acontecimentos) para que os alunos as coloquem em ordem cronológica, pense antes na capacidade daqueles alunos específicos de compreenderem as ilustrações escolhidas. Pense também na quantidade mais adequada para que eles não se percam com uma carga muito grande de informações nem se aborreçam se o desafio for muito fácil.
- Tente saber de antemão como os alunos explicariam as transformações notadas em uma determinada sequência cronológica (por exemplo, as fases da vida de uma pessoa; os avanços nos meios de transporte; as mudanças na paisagem urbana) para aproveitar seus conhecimentos prévios e, se for preciso, corrigir rumos do trabalho feito em aula.

Sugestões para o trabalho com "sequências históricas"

TEMA	ATIVIDADES PARA O ALUNO	POSSÍVEIS PERGUNTAS
História pessoal	Observar fotografias suas e de seus irmãos de diferentes épocas. Arrumar as fotos uma ao lado da outra, de acordo com a época/data em que a foto foi tirada. Escolher entre as fotos trazidas as que mostram também casas, carros ou objetos e ordenar cronologicamente essas imagens identificando os critérios usados para estabelecer essa ordem.	Quem está na foto? O que faz? Onde está? É possível perceber diferenças na mesma pessoa em diferentes épocas? Quais são essas diferenças? Quais fotos foram tiradas antes? Como você pode saber isso? Além das pessoas, o que mais se observa nas fotos? A casa em que você mora hoje é igual à que aparece na foto? O carro de sua família é o mesmo? O que você está levando em conta para colocar esta foto aqui nesse lugar da sequência? Quando o aluno disser que a ordenação está pronta, continuar os questionamentos: o que você encontrou nessa foto que demonstra que ela foi tirada antes das outras?
	Observar roupas ou objetos pessoais usados quando se era mais novo e montar uma coleção. Organizá-los numa ordem cronológica. Entrevistar os pais perguntando-lhes sobre a história de sua própria vida, pedindo que contem um ou mais fatos importantes de cada etapa. Tentar se lembrar de seu passado.	Os bebês usam esses objetos? Você é capaz de arrumar essas roupas ou objetos numa sequência em linha reta de acordo com a ordem em que esses objetos são utilizados no decorrer da vida da criança? Você identifica os acontecimentos que foram mais importantes na vida deles? A partir da entrevista, você consegue contar a história deles por escrito? Quando você engatinhou? Tomou leite em copo? Aprendeu a andar de bicicleta sem rodinhas? O que você se lembra de: quando era bebê? E quando tinha 3 ou 4 anos de idade? Quando entrou na escola? Quando ingressou no ensino fundamental?
	Dividir uma folha de papel em 4 partes e, em cada uma delas, fazer um desenho de (1) como você é hoje, (2) como você era aos 5 anos, (3) aos 3 anos de idade e (4) no tempo de bebê, respectivamente. Separar as 4 partes com a ajuda de uma tesoura e colocá-las em uma sequência, começando pelo tempo mais antigo/distante e seguindo em direção à época atual.	Antes de o aluno iniciar o desenho: quantos anos você quer mostrar que tem em cada parte da folha? O que você vai desenhar? Por quê? Quais os brinquedos ou alimentos adequados para cada fase da infância?
	Como legenda das imagens, escrever informações sobre o que você se lembra (ou sabe por ouvir contar), sobre como você era em cada uma dessas épocas de sua vida.	Como você era quando bebê? Chorava muito? Tinha medo de formiga? Comia terra? Como você era aos 3 anos de idade? Tinha todos os dentes? Sabia falar? Sabia cantar? Comia sem fazer muita sujeira no chão? Andava de bicicleta?

Recordações familiares	Observar fotos de crianças mais novas de sua família (irmãozinhos, priminhos...).	Qual a idade das crianças? Quem são elas? Em que elas se parecem e em que são diferentes?
	Observar fotos em que sua mãe aparece (tiradas em épocas diferentes da vida dela).	Sua mãe mudou muito desde a época em que tirou essa foto? Em quê? Por quê?
	Entrevistar a mãe a respeito de sua infância. Pedir-lhe que mostre objetos ligados a seu passado.	O que você sabe sobre a infância de sua mãe? O que gostaria de perguntar para ela sobre o tempo em que ela tinha sua idade? Ela tinha brinquedos favoritos? Quais? Como era a escola que ela frequentava? Como eram os cadernos dela? Como ela se vestia aos 5, aos 15 e aos 20 anos? Quais as músicas que ela gostava de cantar?
	Escrever um texto para um jornal, fazer uma gravação para um programa de rádio, fazer um painel ou contar oralmente para os colegas como sua mãe era quando criança.	Como fará para contar? O que é importante contar? O que havia de diferente na infância de sua mãe em comparação com a sua? Os brinquedos eram os mesmos? A escola dela era igual à sua?
Lugares, trabalho, produtos e serviços	Diante de imagens antigas de uma rua comercial da cidade:	
	Escolher um estabelecimento comercial inaugurado há anos. Pesquisar sobre o local na biblioteca municipal, em arquivos e documentos antigos. Entrevistar pessoas que possam informar sobre como esse estabelecimento funcionava no passado.	Como era antes? Como era a fachada? Como eram as instalações? Que produtos e serviços ele oferecia? Como as pessoas pagavam por eles? O que é caderneta? Havia cheque? Havia cartão de crédito? Quem trabalhava no local? Qual o horário de funcionamento? Será que nessa época o comércio do local, comparado ao atual, era igual ou pior? Como podemos saber isso?
	Sequenciar e explicar as mudanças relativas ao que se vendia, aos anúncios publicitários, ao atendimento dos fregueses, ao empacotamento, às condições de trabalho, às necessidades dos clientes, às formas de pagamento.	
	Observar os meios de transporte que aparecem nas imagens.	Quais eram os meios de transporte urbanos utilizados nessa época? Cavalo? Carroça? Ônibus? Bonde? Quais são utilizados ainda hoje na rua comercial mais movimentada da sua cidade? Mudou alguma coisa nesse sentido? Há meios de transporte que praticamente não são usados nas cidades atuais? Por quê?
	Estudo do meio em uma granja ou sítio que tenha uma horta ou uma plantação de frutas.	Como era o trabalho nesse local antigamente? Como é hoje? Como eram as instalações? As ferramentas? Como se abasteciam os comedouros das aves? E, atualmente, como esta atividade é realizada? O que se fazia com as fezes dos animais? Hoje, como as utilizam? Quais eram os cuidados com a saúde do agricultor? E hoje? Existe preocupação com a saúde dos animais? Das plantas? Como os animais e as plantas eram tratados? Nesses cuidados, utilizavam-se produtos químicos? Havia pragas e doenças?
	Visitar uma granja ou uma horta, ou um sítio que produz frutas. Observar as instalações, as ferramentas e as atividades desenvolvidas no local.	
	Entrevistar alguém que possa contar sobre como era a produção no passado.	
	Confeccionar uma tabela comparativa do passado com o presente, incluindo informações como quantidade produzida, ferramentas utilizadas, condições de higiene, preocupações ambientais, condições de trabalho.	

TEMAS	ATIVIDADES PARA O ALUNO	POSSÍVEIS PERGUNTAS
Roupas	Montar uma coleção com imagens de roupas antigas (retratadas em fotos, pinturas, anúncios, desenhos). Separar por tipo de traje (esportivo, de noiva, de festa, de trabalho, de praia, feminino/masculino, uniforme escolar). E ordená-las de acordo com as diferentes épocas em que foram feitas e as alterações da moda.	É possível colocar em ordem as ilustrações? Quais roupas correspondem às de ilustrações antigas? Por que acredita que esta ordem está correta? Quais dessas roupas poderiam ser utilizadas hoje em dia e quais não? No que se parecem diferentes de sua própria roupa? Quais as semelhanças e as diferenças entre o mesmo tipo de roupa (esportiva) de épocas diferentes? Por que a aparência das roupas muda? As atitudes, os costumes, os problemas do cotidiano e o trabalho das pessoas influenciam na maneira de elas se vestirem? Por que as roupas usadas na praia nos dias de hoje não são as mesmas usadas pelos banhistas nos anos 1920?
	Classificar cortes de tecidos naturais (pele, lã, couro, algodão, linho) e sintéticos. Averiguar como os tecidos eram fabricados (os métodos têxteis) na atualidade e no passado. Dar uma explicação para as mudanças. Conversar com pessoas mais velhas (acima de 50, 60 anos) e perguntar qual tipo de tecido era mais usado em roupas quando elas tinham 20 anos. Experimentar tingir tecidos com tintas naturais e tintas fabricadas industrialmente.	Os materiais com que se confeccionam roupas mudaram com o tempo? Em quê? O modo de produzir as roupas também mudou? Como? Como as pessoas coloriam os tecidos no século XVI? Qual o papel do pau-brasil nesse processo? Por que hoje em dia não tingimos mais tecidos com o pau-brasil? Quais são os tecidos naturais e quais são os sintéticos? Quando estes surgiram e por quê? Em que isso afetou a vida das pessoas comuns?

ATIVIDADES E PROCEDIMENTOS DIDÁTICOS **147**

Casas	Observar edifícios ou casas distintos e classificá-los em antigos ou novos.	Como podemos saber o ano em que esse prédio foi construído? Por que é importante saber a data das construções? O prédio antigo ainda é utilizado ou habitado? Existe nele energia elétrica? Água encanada? Desde quando essas instalações existem? Foram colocadas recentemente? Por quê? Em que se diferenciam os materiais de construção?
	Obter várias imagens de casas e ordená-las: (1) casas novas, (2) casas antigas, (3) casas muito antigas.	Por que colocou essa imagem no conjunto das "casas muito antigas"? Em que a aparência das casas é diferente de um grupo para outro?
	Desenhar ou fotografar três casas da cidade: (1) uma construída há muito tempo, (2) outra um pouquinho mais recente e (3) uma bem nova. Colocar as imagens em ordem cronológica da época de construção de cada uma e justificar sua opção.	
	Assistir a um filme (ou trecho) que mostre pessoas vivendo em uma casa no século XIX.	Como as pessoas faziam para obter água, manter-se aquecidas, ter luz para ler ou costurar à noite? Como eram os móveis? Como eram os ambientes? Como era a cozinha? Que mudanças ocorreram das casas daquela época em comparação com as casas de hoje? Como as pessoas se divertiam dentro de casa? E hoje, como temos água e luz em casa? Como podemos ouvir música? Como são as cozinhas? Como as pessoas se divertem dentro de casa?
Escolas	Pesquisar como eram as escolas no tempo de seus avós.	Você é capaz de descrever as mudanças ocorridas nas instalações escolares? Nos materiais escolares usados pelos alunos? No modo de o professor disciplinar as crianças ou dar aulas? Há mudanças de tipografia, textos e ilustrações nos livros? A linguagem usada é diferente?
	Pesquisar livros didáticos, mapas e outros tipos de material escolar usados pelos alunos de outros tempos.	
Museus	Visitar um museu histórico e elaborar um relatório sobre o que aprendeu com a visita.	Onde o museu está instalado? O que expõe? Que tipo de história ele conta? O que ele ensina?
	Organizar na escola uma exposição tal como faz um museu histórico a partir de um tema como "escola" (ou moda, utensílios de cozinha, ferramentas de trabalho na roça, máquinas fotográficas, aparelhos de som...).	O que podemos colocar na nossa exposição? Como iremos organizar e apresentar os objetos? Como podemos obter mais informações sobre eles e como poderemos passar essas informações a quem vem visitar nossa exposição?
Lazer	Colecionar e sequenciar postais, recortes de revista, imagens de pinturas do século XVIII e XIX, e atuais que demonstrem espaços e formas de lazer (como festas, praias, praças, viagens, jogos) de diferentes épocas.	Que mudanças podem ser observadas nas formas de entretenimento? E no tipo de pessoas com acesso a elas? No século XIX todas as pessoas que trabalhavam tinham férias? As mulheres podiam viajar e se divertir da mesma forma que os homens?

(Adaptado de Cooper, 2002: 66-8)

ENTREVISTAS

A entrevista pode ser largamente utilizada no ensino-aprendizagem, associada ou não a outros procedimentos como o estudo do meio e o trabalho com documentos escritos. Rapidamente os alunos aprendem que *entrevistar* é uma forma de pesquisar e que as pessoas às quais têm acesso podem ser fonte de informação e dar testemunhos de fatos históricos. Introduzir a prática de entrevistar é também uma maneira de desenvolver atitudes de respeito da parte dos alunos com relação às experiências de vida do "outro". Se os resultados das entrevistas forem ricos, eles permitirão que os alunos observem que *o resgate do passado pode ser feito também a partir de diferentes relatos*, que incluem impressões subjetivas frutos do contexto emocional vivido por cada entrevistado. Outra vantagem do trabalho com entrevistas é desenvolver nos alunos o sentimento de identidade e ampliar sua capacidade de reconhecer a si mesmos e aos outros como sujeitos históricos. Além disso, os alunos são treinados a fazer perguntas pertinentes, a ouvir com respeito e a registrar com cuidado e organizadamente as informações colhidas, um aprendizado muito valioso também para o seu futuro.

Cumprida a etapa da entrevista, vem a da organização das informações; em seguida, a da análise e, finalmente, a da apresentação das informações obtidas. Depois, ainda, os alunos poderão comparar as diferentes narrativas sobre o mesmo assunto.

Os professores devem auxiliar os alunos a se preparar para as entrevistas, a planejar sua execução e a refletir sobre as informações obtidas. O trabalho com entrevistas pode ser feito também por alunos não alfabetizados, porém, nesse caso, o professor deve elaborar junto com as crianças as perguntas a serem feitas para os entrevistados (várias, mas não muitas) que, depois, serão transcritas pelo professor em um papel que será levado por cada aluno para ser entregue ao entrevistado; os alunos deverão tentar se lembrar das respostas para poder apresentá-las em classe.

Planejamento da entrevista

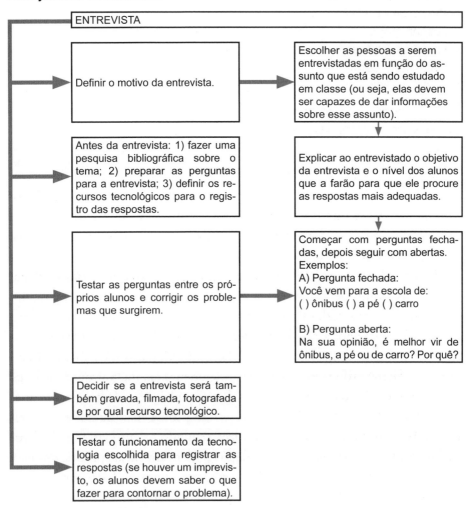

Mesmo sem recursos tecnológicos de gravação e filmagem e mesmo com alunos que ainda não escrevem muito bem, é possível trabalhar com entrevistas. Por exemplo, se o objetivo da entrevista for "Comparar o modo de vida de sessenta anos atrás com o de hoje", observando as mudanças ocorridas e as permanências, o questionário pode ser feito com alternativas prévias de resposta:

O que as pessoas faziam à noite, depois de jantar, em um dia comum de trabalho ou de escola?
( ) batiam papo
( ) jogavam cartas
( ) iam direto dormir
( ) ouviam rádio
( ) outros_____

(Questionário adaptado de Portella e Chianca, 1999)

Tendo em mãos os resultados das entrevistas, os alunos deverão organizar os dados, refletir sobre eles e, finalmente, divulgar suas conclusões. Se for uma pesquisa em que o entrevistado foi levado a escolher entre respostas prévias (do tipo sim ou não, ou do tipo apresentado no exemplo anterior), será necessário tabular os dados.

Independentemente do tipo de questionário feito, diante das respostas obtidas, os alunos devem avaliar se o objetivo do trabalho foi atingido, por exemplo, se os resultados lhes permitem "saber como era a vida das pessoas comuns sessenta anos atrás" e estabelecer comparações "com a vida cotidiana de hoje, a que os alunos conhecem". Se o questionário tiver incluído perguntas subjetivas (do tipo "A vida de antigamente era melhor que a de hoje? Por quê?"), os alunos terão condições de responder: "A vida há sessenta anos era melhor que a de hoje? Quantos disseram isso? A maioria dos entrevistados?". Avançando, também podem dizer, segundo os entrevistados, "O que melhorou? O que piorou?". E, finalmente, podem emitir sua própria opinião. Com um trabalho como esse aqui sugerido, os alunos poderão aprender sobre diferentes épocas, perceber que *as pessoas podem pensar de modo distinto sobre as mesmas coisas*, e notar que hábitos e paisagens podem mudar ou se manter iguais ou, ainda, que *há coisas que podem mudar na aparência, mas se mantêm na essência*.

Nas duas imagens a seguir, vemos os resultados de uma entrevista feita por alunos do 2º ano com a diretora sobre as origens da escola em que estudavam. A primeira delas mostra as anotações de um aluno específico. A segunda, o texto produzido posteriormente, em grupo, sob a coordenação da professora.

Conhecendo nossa escola

Para conhecer melhor a história de nossa escola vamos entrevistar algumas pessoas que trabalham nela.

Entrevistada: **ADRIANE SANTAROSA**

Cargo: **DIRETORA E COORDENADORA DO ENSINO FUNDAMENTAL**

PERGUNTAS:

1- De onde vem o nome "Colégio Americana"?
2- Quando nossa escola foi fundada e qual é sua idade?
3- Onde foi o primeiro endereço da nossa escola?
4- O que mais te marcou na história da nossa escola?
5- Conte um pouco da história do "Colégio Americana".
6- QUANTOS ANOS VOCÊ TEM?

– UMA FAMÍLIA DEU SUGESTÕES SOBRE O NOME DA ESCOLA.
– NOSSA ESCOLA SURGIU 1994 ELA COMEÇOU A FUNCIONAR 1995 A ESCOLA TEM 14 ANOS.
– FOI NA RUA DOS GIRASSOIS DEPOIS DAS ROSAS DEPOIS ON PEDRO SEGUNDO. DEPOIS CABO OSWALDO DE MORAIS.
– O QUE MAIS TE MARCOU A ABERTURA DO INCINO UNDAMENTAL E A EXPOZISÃO DO DIA DAS MÃES.
– ELE FOI FUNDADO PARA SER UMA ESCOLA DE FERETE É UMA ESCOLA QUE ENSINA E FAS AS CRIANÇAS ELIZ. ESA ESCOLA ENSINA USANDO BRINCADEIRAS OGOS, LIVROS, PACEIOS QUE SERVEM DE ESTUDOS.
– A ADRIANI TEM 39 ANOS.

> Estou no 3º ano C.
>
> A história do Colégio Americana.
>
> Estudo no "Colégio Americana". A escola tem este nome pois foi feita uma pesquisa entre pais de alunos e foi sugerido por eles.
> Nosa escola surgiu em 1.994 no dia 18 de outubro e começou a funcionar em 1995 Ela tem 14 anos.
> O primeiro local da escola foi no bairro Cidade Jardim, na Rua dos Girassóis. Depois a escola mudou para a Rua das Rosas. Após um tempo Dom Pedro II, onde ficou até 2.008, quando mudou para o prédio próprio, na Rua Cabo Grubaldo de Morais, nº 152.
> No início a escola só tinha educação infantil. Em 2005 mudou o nome para Colégio Americana e começou a ter o ensino fundamental, do 1º ano ao 5º ano.
> A escola foi fundada para ser uma escola diferente que ensina com brincadeiras, jogos, passeios que servem como estudos e fazendo histórias.
> A filosofia do Colégio Americana é através dos conteúdos escolares, das informações e dos conhecimento do mundo físico e social e do desenvolvimento

Schmidt e Cainelli (2004: 128) elencam diversos assuntos que podem ser estudados a partir de entrevistas feitas pelos alunos (sendo estas somadas ou não a outras fontes de pesquisa): a história do próprio aluno; a autobiografia de alguém (uma pessoa idosa da localidade, alguém conhecido dos alunos); a história de famílias do bairro; a história da escola ou a da localidade (a partir de depoimentos de nativos do local ou de pessoas que vivem ou trabalham lá há muito tempo); a história das mulheres (de uma família, de um determinado local de trabalho); a história dos migrantes ou a dos imigrantes; a história de um acontecimento local importante; as origens da indústria local; as tradições locais (receitas culinárias, brincadeiras, festas locais, canções, técnicas de trabalho artesanal); a vida cotidiana (alimentação, vestuário, lazer); a história (econômica) da produção, circulação e consumo de determinados produtos e mercadorias.

É obvio que as entrevistas não se esgotam em si mesmas. Em cada assunto, é preciso complementar as informações com aulas expositivas dadas pelo professor, mas também com pesquisas bibliográficas (Schmidt e Cainelli, 2004: 129). Voltando ao tema de pesquisa que demos como exemplo – "o modo de vida das pessoas sessenta anos atrás" –, para complementar as informações obtidas por meio das entrevistas, os alunos podem estudar (e cotejar as informações obtidas em outras fontes), como eram na época: os brinquedos e os jogos mais populares; as formas de entretenimento de adultos e crianças; as hierarquias familiares e o relacionamento dos membros de uma família; os castigos; os namoros; as profissões; o imaginário em torno do papel da mulher ou do nascimento, ou da morte; a educação escolar; a alimentação.

Quando os alunos fizerem suas primeiras entrevistas, é bom terem em mãos um roteiro organizado pelo professor. Com o tempo e a maior familiaridade das crianças com os procedimentos de entrevista, esse roteiro pode ser elaborado em conjunto na classe ou ainda em pequenos grupos com mais autonomia, tendo como base um assunto predeterminado. Os exemplos de atividade a seguir reproduzem perguntas de roteiros estabelecidos pelo professor.

Quanto à forma de registrar as respostas dos entrevistados: isso também tem que ser estabelecido antes. Pode ser por escrito (o mais aconselhável, já que exercita a escrita), mas também em vídeo ou gravação. Em cada um dos casos, os alunos deverão saber de antemão o que farão com esses registros em sala de aula, ou seja, como o material será trabalhado em classe. Obviamente, antes de registrar as respostas, os alunos devem anotar dados do entrevistado e da entrevista (por exemplo: nome; idade; identificação do entrevistado – mãe, pai, funcionário da escola, padeiro...; local da entrevista; data da entrevista).

Sobre a forma de apresentar as conclusões, existem várias: relatórios, tabulações de dados e análise, vídeo editado etc. Isso também deve ser combinado previamente, bem como deve ficar claro o que se espera aprender com o resultado da análise das entrevistas. Se, ao final, os alunos perceberem que faltam informações para que possam cumprir os objetivos, devem fazer novas entrevistas ou pesquisar sobre o mesmo tema em outras fontes.

ATIVIDADE 38

ENTREVISTA SOBRE BRINQUEDOS
Indicadores de análise: 1, 2, 4, 8, 10, 12, 17, 18.

Atividade adequada a alunos de 2º e 3º ano

Instruções para o professor:

– Pedir a cada aluno que escolha um adulto para entrevistar sobre o assunto "brinquedos de infância".
– Fornecer o roteiro de entrevista como no exemplo:

1) Você brincava quando era criança?
2) Quais os seus brinquedos e brincadeiras favoritos?
3) Como seus irmãos, primos e amigos brincavam antigamente?
4) Como seus filhos ou sobrinhos brincam hoje?
5) As brincadeiras e os brinquedos se modificaram?
6) Por quê?

– Combinar previamente com os alunos como as respostas deverão ser registradas e, posteriormente, como serão apresentadas em classe.
– Explicar que a entrevista faz parte de um contexto maior de estudos sobre brinquedos do passado e do presente, que procura saber o que mudou e por quê. Avisar que as informações obtidas servirão para a confecção de um relatório com a participação de todos os alunos.
– Com o resultado das entrevistas em mãos, o professor pode fazer os alunos avançarem propondo-lhes novos desafios:
  • algum dos brinquedos mencionados pelos entrevistados e pesquisar sobre suas origens e evolução. Procurar imagens, publicidade impressa ou vídeos publicitários desse brinquedo em revistas antigas ou na internet.
  • escolher alguma brincadeira antiga e confeccionar um livrinho ilustrado com suas regras e um pouco de sua história. Esse livrinho servirá como base para que as crianças experimentem a brincadeira antiga com os colegas na escola.

ATIVIDADE 39

ENTREVISTA SOBRE ALIMENTAÇÃO
Indicadores de análise: 1, 2, 4, 8, 10, 12, 17, 18.

Atividade adequada a alunos do 2º ano

Instruções para o professor:

– Pedir a cada aluno que escolha um adulto para entrevistar sobre o assunto "consumo e produção de alimentos" (a escolha pode ser orientada no sentido de selecionarem alguém próximo ao assunto, como uma cozinheira ou cozinheiro, um padeiro, um pizzaiolo, um chapeiro, uma doceira, uma merendeira).
– Fornecer o roteiro de entrevista como no exemplo:

1) Que tipo de comida você gosta de comer?
2) Quais os alimentos que você mais consome atualmente?
3) Que tipo de comida você faz?
4) Quando você compra um alimento ou ingrediente, o que costuma observar em sua embalagem, aparência, cheiro?
5) Quais os utensílios mais antigos que você tem na sua cozinha? E os mais novos?
6) Quais receitas você mais gosta de fazer?
7) Qual ingrediente você mais usa em sua cozinha?
8) Qual a receita mais antiga que você tem e utiliza?
9) O que aprendeu mais recentemente a fazer?

– Orientar os alunos para organizar as respostas obtidas nas entrevistas conforme as sugestões adaptadas de Schmidt e Cainelli (2004: 132):

1) Relacione os tipos de alimentos que aparecem nas entrevistas, elaborando uma tabela em que conste o alimento e a frequência com que ele aparece nas respostas dos entrevistados. A partir dessa tabela, qual sua conclusão?

2) Relacione as informações sobre o que os entrevistados costumam conferir nas embalagens e observar nos alimentos que compram e consomem. Ex: se olham marca, local de produção, ingredientes, data de validade, outros dados. Diante desses dados, qual sua conclusão?
3) Liste os utensílios mais antigos e os mais novos que apareceram nas respostas (se possível, diferencie por tipo de comida feita). Diante dessa lista, qual sua conclusão?
4) Quais receitas apareceram nas respostas? Elas se repetem em respostas de diferentes entrevistados? Por quê?
5) Monte uma tabela com duas colunas, uma com os ingredientes mais usados na cozinha e outra com os menos usados. A partir dessa tabela, qual sua conclusão?

Destacamos que a "alimentação" é um exemplo de assunto com inúmeras possibilidades para o ensino de História. Justificamos sua escolha com base nas observações feitas por Fábio Ramos (Ramos, 2010) que demonstra ser possível observar a história a partir da "evolução dos hábitos e costumes alimentares", com a vantagem de que o estudo do assunto possibilita "um contato direto com a realidade comum a qualquer educando, independentemente de sua classe social ou condição cultural".

> A dona de casa, ao selecionar o cardápio do dia, ou o garoto, ao eleger o seu lanche favorito, ambos fazem escolhas que estão baseadas em opções historicamente desenvolvidas. Ao mesmo tempo, definem demandas por determinados alimentos que interferem na economia e na ocupação agrícola das terras cultiváveis, implicando em ajustes nos planos governamentais e nas dinâmicas do comércio internacional para dar conta da sociedade e do mercado. (Ramos, 2010: 100)

A temática auxilia o educando a reconhecer as semelhanças e diferenças entre seus hábitos e o de seus antepassados, em relação aos colegas e às pessoas mundo afora, pois os hábitos alimentares dizem muito sobre quem somos e nossa integração a contextos mais amplos. O estudo da miséria e da fome (ou do desperdício), por exemplo, também pode contribuir para a formação de indivíduos críticos (Ramos, 2010: 95, 99). E um último argumento:

A identidade de uma nação, de uma região ou de um grupo, em larga medida, pode ser observada pelas suas características gastronômicas, seus rituais de consumo de alimentos, sua padronização no compartilhamento da comida, nos assessórios e mobiliários utilizados durante a refeição e uma série de outras características que envolvem a temática. (Ramos, 2010: 100)

Uma pesquisa simples sobre "comidas típicas", por exemplo, pode encaminhar os alunos a desenvolver esta percepção.

Recomendamos vivamente, portanto, esse recorte temático aos professores.

TEXTOS ESCRITOS

As fontes escritas são privilegiadas no trabalho do historiador e não há por que ser diferente na escola. Aliás, quanto mais os alunos tiverem oportunidade de *ler*, melhor será seu aprendizado.

Cooler (2002: 145-6) fez um levantamento de documentos interessantes ao alcance dos professores e alunos que podem ser trabalhados nas aulas de História sem grandes dificuldades:

- documentos do próprio aluno (por exemplo: "livro do bebê", sua carteira de vacinação, sua certidão de nascimento);
- documentos da família do aluno;
- documentos da escola (por exemplo: o livro de incidências da escola, que registra as faltas, os castigos impostos aos alunos no passado);
- anúncios em paredes antigas ou placas de granito, cimento, bronze, de lugares que já não estão mais em atividade;
- informações afixadas em ônibus, táxis;
- inscrições em monumentos, estátuas, placas comemorativas, lápides;
- cartazes de campanhas governamentais ou com textos de propaganda;
- matérias de jornais ou revistas antigas (sobre os assuntos mais diversos: desastres ecológicos, inaugurações, festas, notícias sobre artistas e exposições de arte, problemas urbanos etc.).

O trabalho com textos escritos deve ser orientado pelo professor de forma a se tornar mais eficaz em termos de ensino-aprendizagem.

Orientação para o trabalho com texto escrito

1ª etapa	Leia o texto e decomponha seus elementos	- identifique as palavras cujo significado você desconheça (e procure descobrir o que querem dizer – perguntar ao professor ou ver no dicionário, dependendo do nível da classe); - identifique os nomes próprios; - identifique as palavras-chaves ou as que você considera importantes para a compreensão do texto; - identifique as passagens que falam de acontecimentos e as que falam de personagens; - resuma as ideias essenciais de cada parágrafo.
2ª etapa	Analise o documento	- **QUANDO** – O texto se reporta a uma época que não seja a atual? Como você percebe isso? - **ONDE** – Qual o lugar/espaço a que o texto se refere? - **QUEM** – Quem é o autor? Qual seria sua profissão? Seu testemunho é direto ou indireto? - **DE QUÊ** – De quê ou de quem o texto trata? - **QUAL A NATUREZA DO TEXTO** – Para quem o texto foi escrito? Ele é jurídico, literário, político, artigo, anúncio publicitário, de uso pessoal (como um diário), familiar?
3º etapa	Opine sobre o documento	- estabeleça relações entre o conteúdo do texto e seus conhecimentos históricos; - organize as ideias em duas colunas: | Ideias do texto | Minha opinião | |---|---| | | | | | | - Fundamente e justifique sua opinião.

(Adaptado de Schmidt e Cainelli, 2004: 108).

Nunca é demais lembrar que todo o documento deve ser contextualizado, ou seja, de um modo ou de outro, os alunos devem saber quem é o autor, quando foi escrito e com quais objetivos. A **Atividade 40**, por exemplo, tem sentido quando desenvolvida em meio a uma série de trabalhos com os símbolos nacionais em uma classe em que os alunos já sabem o que é um regime republicano, como se deu sua instalação no Brasil e qual a importância histórica disso. Nesta proposta, o professor chama a atenção das crianças sobre o significado simbólico de um hino, da mensagem que ele tenta passar e do sentimento de identidade que procura criar entre os compatriotas que o entoam.

ATIVIDADE 40

O HINO DA PROCLAMAÇÃO DA REPÚBLICA
Indicadores de análise: 1, 4, 10, 17.

Atividade adequada a alunos de 4º e 5º ano

Instruções para o professor:

– dividir a classe em pequenos grupos, propondo que cada um deles estude o Hino da Proclamação da República (inteiro ou uma das partes) e responda as questões apresentadas nas duas primeiras etapas do quadro de "Orientação para o trabalho com texto escrito".
– entregar a cada aluno uma folha de papel com a letra toda do hino e uma lista com a explicação do vocabulário que considera ser difícil para as crianças (por exemplo: "labéus: desonras", "régias: reais", "outrora: em outro tempo") e ainda explicar o significado do sinônimo de algumas palavras (como, por exemplo, "desonras").
– pedir que os alunos identifiquem as ideias principais do texto e tentem transcrevê-las com suas próprias palavras.
– promover uma discussão sobre as interpretações dadas pelos alunos.
– ensinar as crianças a cantar o hino com ritmo e energia, explicando que se trata de uma música feita para ser cantada em ocasiões especiais (principalmente na comemoração da Proclamação da República, dia 15 de novembro) como forma de unir os brasileiros em torno da ideia de que somos um povo livre (sem reis), de cidadãos (e não súditos), capaz de decidir sobre seu destino.

– discutir com a classe sobre a importância de se comemorar datas históricas nacionais (que remetem a uma memória e fazem parte da construção da identidade nacional).

> Questões que podem ser feitas, entre outras:
>
> – Você sabia que em escolas do Brasil inteiro as crianças aprendem o Hino da República? Você sabe por quê?
> – O que você sente ao cantar o Hino da República junto com seus colegas? O que você sente ao cantar o Hino Nacional junto com muitos outros brasileiros (nos feriados da pátria, nos eventos esportivos, nos eventos escolares)?
> – Você acha importante que as pessoas se lembrem da data da Proclamação da República? Por quê?

Além de documentos de época, insistimos para que os alunos tenham contato com *textos paradidáticos* escritos com grande preocupação com a linguagem adequada e a clareza de ideias e atualizados em termos historiográficos.

Na **Atividade 41**, os alunos se deparam com dois tipos de texto escrito (um trecho de um livro elaborado por um historiador nos dias de hoje e um trecho de poema feito no século XIX) e uma imagem (obra de um artista viajante do século XIX). Todos tratam de um mesmo assunto (navio negreiro), que faz parte dos estudos sobre um tema curricular mais amplo (no caso, a escravidão). Portanto, antes de ter contato com esses três documentos, os alunos já detêm determinados conhecimentos que lhes ajudarão na compreensão dos textos e da imagem (por exemplo, já aprenderam por que os europeus resolveram usar mão de obra escrava na América; já estudaram que os negros eram capturados na África para serem comercializados pelos traficantes que os levavam escravizados até o litoral do Atlântico e depois para o Brasil; já ouviram dizer que a viagem pelo mar era feita em navios chamados "negreiros"...).

ATIVIDADE 41

NAVIO NEGREIRO
Indicadores de análise: 1, 4, 10, 12, 13.

Atividade adequada a alunos de 4º e 5º ano

Instruções para os alunos:

Aqui você tem dois textos que falam de um mesmo assunto.
O primeiro foi escrito em 2001 por um historiador chamado Jaime Pinsky com o objetivo de contar aos estudantes brasileiros sobre a escravidão no Brasil.
O segundo, publicado em 1868, foi escrito por um poeta chamado Castro Alves, que queria denunciar a violência da escravidão e levar as pessoas a lutar para que ela tivesse fim.

Observe como foram escritos de maneira diferente. Anote suas observações.

Leia com atenção cada um deles, grife as palavras que não conhece, procure saber o seu significado. Leia novamente e converse com seus colegas sobre o que cada um entendeu dos dois textos.

> [...] filhos de tribos pastoras ou agricultoras, habitantes de savanas ou florestas, os negros eram [...] aprisionados, vendidos, revendidos, conduzidos ao porto e embarcados. Para uma longa viagem [...].
> Tudo começava ainda em terra. Para fazer com que o navio negreiro não perdesse demasiado tempo tocando de porto em porto até completar sua carga humana, construíram-se feitorias junto aos ancoradouros. Sua função era reunir um grupo de cativos que ficavam aguardando o navio e não o contrário. Os negros eram aglomerados num depósito, constituído de barracos de madeira ou pedra. [...]

Chegando o navio negreiro procurava-se embarcar os escravos de acordo com a ordem de sua chegada ao depósito. O temor de uma revolta dos negros estava sempre presente – o que deixa claro que não se tratava de rebanho cordato, mas de seres humanos orgulhosos – e imaginava-se que ninguém deveria ficar tempo demais nos depósitos, para não semear o gérmen de uma rebelião.
[...] [o homem negro reduzido à condição de escravo] era, durante a viagem, marcado a ferro no ombro, na coxa ou no peito.
[...] [também era preso com ferros, pelo menos até o navio se distanciar da costa africana] [...]
O número de escravos por navio era... o máximo possível. Uns 500 numa caravela, 700 num navio maior – cerca de mil toneladas – iniciavam a viagem que demorava de 35 a 50 dias a partir de Angola até Recife, Bahia ou Rio de Janeiro, numa viagem normal. Calmarias ou correntes adversas podiam prolongar a travessia até 5 ou mesmo 6 meses, tornando mais dantescas as cenas de homens, mulheres e crianças espremidos uns contra os outros, vomitando e defecando frequentemente em seus lugares, numa atmosfera de horror que o calor e o mau cheiro se encarregavam de extremar. (Jaime Pinsky, 2001: 34-6)

*****

Ontem a Serra-Leoa,
A guerra, a caça ao leão,
O sono dormido à toa
Sob as tendas da amplidão
Hoje... o porão negro, fundo,
Infecto, apertado, imundo,
Tendo a peste por jaguar...
E o sono sempre cortado
Pelo arranco de um finado
E o baque de um corpo ao mar...
(Castro Alves, *Navio negreiro*, in Pinsky, 2001: 26)

Escreva com suas próprias palavras o que você aprendeu com o primeiro texto. E com o segundo?

Observe a ilustração "Negros no porão do navio", uma litografia de autoria de Johann Moritz Rugendas, publicada pela primeira vez em 1865.

Descreva o que você observa nessa obra: Quem são essas pessoas? Onde estão? O que estão vestindo? O que estão fazendo? Onde se sentam e se deitam (quais são os objetos/os móveis)?

Agora, pense nas coisas que não podem ser vistas. Quanto tempo essas pessoas passarão nesse lugar? Como chegaram aí? Para onde elas estão indo? Quais as necessidades que as pessoas podem ter (urinar, comer, dormir, tomar remédios) e como farão para satisfazê-las nas condições em que se encontram?

Sabendo que durante a viagem os escravos eram marcados com ferro quente, ficavam presos até que o navio se distanciasse da costa, comiam muito pouco e mal, apanhavam, eram misturados com gente de outras tribos que falavam outras línguas, viajavam amontoados e que muitos pegavam doenças e muitos morriam (os corpos eram jogados no mar), tente responder:

– Em que condições os que sobreviviam chegavam ao Brasil? (com muito medo, doentes, arrasados, tristes, com saudades de casa, fracos, machucados, confusos, sem entender direito o que estava acontecendo...)

– Qual sua opinião a respeito da forma como os negros chegavam ao Brasil?

Imaginando que você tenha sido um dos negros que aparecem no quadro, conte como foi sua vida. Depois faça uma ilustração para sua história.

Periódicos

São muitas as vantagens do trabalho com periódicos (jornais ou revistas, impressos ou disponibilizados na web) nas aulas de História. As matérias, artigos e notícias hoje são considerados fontes importantes para a recuperação do passado ainda que contenham (ou melhor, mesmo porque contêm) registros "realizados sob o influxo dos interesses, compromissos e paixões" (Luca, 2011: 112). Será talvez difícil para as crianças criticar um artigo de jornal ou identificar os interesses empresariais envolvidos na divulgação desta ou daquela notícia política, por exemplo. E não é isso que propomos aqui. No ensino fundamental já é suficiente que os alunos leiam e compreendam uma notícia simples ou uma matéria jornalística e saibam extrair delas conteúdos de História.

São úteis na aula de História tanto textos antigos como atuais. Se o assunto for escravidão, por exemplo, os alunos poderão ter contato com notícias de fuga de escravos, anúncios extraídos de jornais do século XIX pagos por pessoas que procuram ou oferecem escravos para as mais diversas tarefas (como marceneiros, amas de leite etc.).

ATIVIDADE 42

ANÚNCIOS DE JORNAIS DO SÉCULO XIX
Indicadores de análise: 1, 4, 10, 12, 13.

Atividade adequada a alunos do 5º ano

Instruções para os alunos:

Aqui você tem quatro exemplos de anúncios de jornal publicados no Brasil no tempo da escravidão.[2] Observe as datas e os nomes dos jornais. Leia com atenção cada um deles, grife as palavras que não conhece, procure saber o seu significado. Leia novamente e converse com seus colegas sobre cada um dos textos.
Para cada um dos textos procure responder:
– Quem está anunciando?
– O que está anunciando?
– O que deseja obter fazendo o anúncio?

> Escreva uma pequena frase que explique o que trata cada anúncio.
>
> Atenção. Vende-se uma preta de idade 30 e tantos anos, sabendo cozinhar, lavar e engomar, tendo um filho de três meses de idade; também se venderá uma filha da mesma que tem de 13 a 14 anos de idade. Para tratar na rua Direita nº 2. (*A Província de São Paulo*, 16 ago. 1876)
>
> Escravo. Vende-se um, perfeito cozinheiro de forno e fogão, na rua das Educandas nº 4. (*A Província de São Paulo,* 23 jan. 1876)
>
> Atenção: Precisa-se de uma ama-de-leite na rua da Boa Vista nº 34. Paga-se bem porém deseja-se que o leite seja novo. (*A Província de São Paulo,* 9 jan.1876)
>
> Venda de escravos. De ordem do Ilmo. Sr. Dr. Juiz de Órfãos, faço público que tendo sido oferecida por dois proponentes a quantia de 1:800$000, pelo escravo Elesbão, pertencente ao espólio da finada Ana Dionízia da Silva, recebem-se até o dia 09 do corrente mês, novas propostas para a venda do referido escravo, as quais serão abertas no dia 10 do corrente ao meio-dia na sala das audiências públicas, e a venda efetuada com quem maior lance oferecer. (*Correio Paulistano,* 8 maio 1870)
>
> Procure em jornais atuais se há esse tipo de anúncio. Existem anúncios semelhantes? Explique quais as diferenças entre um anúncio atual que fale sobre o trabalho de alguém e os três primeiros anúncios anteriores. Por que você acha que essas diferenças existem?

Observar anúncios de jornais de outras épocas permite aos alunos fazerem comparações com o contexto atual, por exemplo, na questão da oferta de mão de obra e na das relações de trabalho. Complementando a **Atividade 42**, as crianças podem, por exemplo, tomar contato com a problemática da existência de trabalho análogo ao escravo em pleno século XXI. Porém, é importante o professor estar atento para evitar anacronismos, explicando, por exemplo, que escravizar pessoas hoje em dia é crime.

Antes de fazer perguntas sobre uma matéria jornalística, o professor deve ajudar os alunos a compreender o texto, contextualizando as informações, resolvendo dúvidas de conteúdo e vocabulário e fazendo com a classe um resumo de seu conteúdo. Também deve chamar a atenção para elementos que caracterizam o estilo jornalístico; para a autoria do texto; para os seus objetivos; para as suas diferentes partes.

ATIVIDADE 43

DENÚNCIA DE TRABALHO ESCRAVO
Indicadores de análise: 4, 7, 13, 17, 18.

Atividade adequada a alunos do 5º ano

Instruções para os alunos:

"Flagrantes mostram roupas da Zara sendo fabricadas por escravos" – esse texto faz parte de uma matéria jornalística publicada em 2011. Leia com atenção, procure saber o que significa a expressão "condições análogas a de escravos" e responda as perguntas a seguir.

**Flagrantes mostram roupas da Zara
sendo fabricadas por escravos**

Por três vezes, equipes de fiscalização do governo federal flagraram em São Paulo trabalhadores estrangeiros submetidos a condições análogas à escravidão produzindo peças de roupa da badalada marca internacional Zara, do grupo espanhol Inditex. Na mais recente operação que vasculhou subcontratadas de uma das principais "fornecedoras" da rede, 15 pessoas, incluindo uma adolescente de apenas 14 anos, foram libertadas de escravidão contemporânea de duas oficinas, uma localizada no Centro da capital paulista e outra na Zona Norte. Para sair da oficina, que também era moradia, era preciso pedir autorização.

[...] A investigação da Superintendência Regional do Trabalho e Emprego de São Paulo (SRTE/SP) – que culminou na inspeção realizada no final de junho – se iniciou a partir de uma outra fiscalização realizada em Americana (SP), no interior, ainda em maio. Na ocasião, 52 trabalhadores foram encontrados em condições degradantes; parte do grupo costurava calças da Zara. As informações puderam ser liberadas agora para não prejudicar os trabalhadores e o processo de fiscalização.
[...] A ação serve também para mostrar a proximidade da escravidão com pessoas comuns, por meio dos hábitos de consumo. "Mesmo um produto de qualidade, comprado no shopping center, pode ter sido feito por trabalhadores vítimas de trabalho escravo." O quadro encontrado pelos agentes do poder público [...] incluía contratações completamente ilegais, trabalho infantil, condições degradantes, jornadas exaustivas de até 16h diárias e cerceamento de liberdade (seja pela cobrança e desconto irregular de dívidas dos salários, o truck system, seja pela proibição de deixar o local de trabalho sem prévia autorização). Apesar do clima de medo entre as vítimas, um dos trabalhadores explorados confirmou que só conseguia sair da casa com a autorização do dono da oficina, só concedida em casos urgentes, como quando levou seu filho ao médico.
Quem vê as blusas de tecidos finos e as calças da estação nas vitrines das lojas da Zara não imagina que algumas delas tenham sido feitas em ambientes apertados, sem ventilação, sujos, com crianças circulando entre as máquinas de costura e a fiação elétrica toda exposta. Principalmente porque as peças custam caro. Por fora, as oficinas parecem residências, mas todas têm em comum as poucas janelas sempre fechadas e com tecidos escuros para impedir a visão do que acontece do lado de dentro das oficinas improvisadas.
As vítimas libertadas pela fiscalização foram aliciadas na Bolívia e no Peru. Em busca de melhores condições de vida, deixam os seus países em busca do "sonho brasileiro". Quando chegam aqui, geralmente têm que trabalhar inicialmente por meses, em longas jornadas, apenas para quitar os valores referentes ao custo de transporte para o Brasil. Durante a operação, auditores fiscais apreenderam dois cadernos com anotações de dívidas referentes à "passagem" e a "documentos", além de "vales" que faziam com que o empregado aumentasse ainda mais a sua dívida. Os cadernos mostram alguns dos salários recebidos pelos empregados: de R$ 274 a R$ 460, bem menos que o salário mínimo vigente no país, que é de R$ 545. [...]

> **Outro lado**
> Em resposta a questões sobre os ocorridos [...], a Inditex – que é dona da Zara e de outras marcas de roupa com milhares de lojas espalhadas mundo afora – classificou o caso envolvendo a AHA e as oficinas subcontratadas como "terceirização não autorizada" que "violou seriamente" o Código de Conduta para Fabricantes. De acordo com a Inditex, o Código de Conduta determina que qualquer subcontração deve ser autorizada por escrito pela Inditex. A assinatura do Código de Conduta é obrigatória para todos os fornecedores da companhia e foi assumido pelo fornecedor em questão (AHA).

Fonte: <http://noticias.uol.com.br/cotidiano/ultimas-noticias/2011/08/17/flagrantes-mostram-roupas-da-zara-sendo-fabricadas-por-escravos.htm>. Acesso em: 17 mar. 2014.

– Qual a importância de denunciar a existência de trabalhadores em condições "análogas a de escravos"? Quais são os direitos dos trabalhadores no Brasil que não estavam sendo respeitados nas oficinas clandestinas? Pesquise sobre isso.
– O que é Carteira de Trabalho? (o professor pode mostrar uma para os alunos ou pedir que eles tragam alguma para a escola ou vejam um exemplar em casa). Qual a importância da Carteira de Trabalho para as pessoas que trabalham?
– Qual a versão dos responsáveis pela marca?
– Por que essa investigação foi conduzida pela Polícia Federal?
– Você conhece algum fato no Brasil que seja semelhante ao descrito?
– O que quer dizer a expressão "sonho brasileiro"? Você sabia que ela já foi utilizada em outras épocas? Pesquise sobre isso.

Outros trabalhos podem ser feitos com jornais nas aulas de História, como, por exemplo: visitar a redação de um jornal (e sua gráfica) e aprender como ele é produzido hoje (e como era produzido no passado); tomar contato com exemplares de jornais e revistas antigos (guardados em museus ou bibliotecas) e ver como eles tratavam determinado assunto; organizar uma hemeroteca (arquivo com textos selecionados de fontes escritas sobre um ou diversos temas); organizar um jornal-mural com o assunto que está sendo estudado no momento; debater uma notícia de jornal particularmente polêmica; observar opiniões distintas sobre um mesmo assunto.

O professor da classe também pode achar interessante que os alunos conheçam diversos jornais e saibam identificar a suas características (distribuição do conteúdo, editorial, opinião, preço, tiragem, propagandas, periodicidade etc.). Depois de fazê-los organizar essas informações em uma ficha, pode propor um assunto do currículo – por exemplo, "A mineração no Brasil Colônia do século XVIII" – para que os alunos confeccionem, eles próprios, um jornal dedicado a ele.

ATIVIDADES E PROCEDIMENTOS DIDÁTICOS **169**

ATIVIDADE 44

FAZENDO UM JORNAL
Indicadores de análise: 4, 7, 13, 17, 18.

Atividade adequada a alunos de 4º e 5º ano

Instruções para o professor:

O objetivo dessa atividade é levar os alunos a confeccionarem seu próprio jornal, com diversas partes, em torno do assunto "A mineração no Brasil Colônia do século XVIII". Antes de fazer a proposta para a classe, é necessário solicitar que os alunos pesquisem sobre o assunto que irão escrever e troquem informações sobre ele com os colegas. As crianças precisam também conhecer a estrutura de um periódico jornalístico (reportagens, classificados, manchetes, propagandas) para poderem tentar reproduzi-la em seus próprios termos. O professor deve estar presente o tempo todo, orientando os alunos em sua observação das características de cada tipo de texto existente em um jornal.

Alunos de 4º ano visitam a sede de um jornal, conhecem uma redação e observam as diferentes partes que compõem o periódico.

Ao solicitar, finalmente, que os alunos façam "o seu jornal", deve acompanhar de perto todo o processo de escrita, edição e apresentação do material por parte das crianças ainda sem experiência em redigir um texto em "linguagem jornalística".

Uma estrutura simples como a esboçada a seguir pode ajudar as crianças a distinguir os espaços da manchete, do texto e da ilustração de uma matéria.

Estrutura para escrever uma matéria de jornal.
(1) colocar o título, (2) escrever o texto e (3) ilustrar a matéria.

Literatura infantil

Os textos literários são vistos por muitos "historiadores como materiais propícios a múltiplas leituras, especialmente por sua riqueza de significados para o entendimento do universo cultural, dos valores sociais e das experiências subjetivas de homens e mulheres no tempo" (Ferreira, 2012: 61). Não é possível esperar, porém, que estudantes do ensino fundamental tratem a literatura, mesmo a infantil, como fonte histórica. Além de ser uma tarefa muito difícil, o uso da literatura de ficção como documento é polêmico e provoca intensos debates entre os historiadores.

Nossa proposta aqui é outra. Acreditamos que a literatura infantil pode ser utilizada amplamente em qualquer ano, especialmente nos dois primeiros, como forma de desenvolver entre os alunos a capacidade de recordar narrativas;

reproduzir com suas próprias palavras um relato (ouvido ou lido) seguindo uma determinada ordem; acompanhar um argumento, descrevendo as sucessões do tempo; criar imagens de acontecimentos distantes de seu cotidiano. Crianças pequenas acostumadas a ter contato com enredos infantis, contos adequados a sua idade, lendas narradas em linguagem simples, demonstram capacidade crescente de guardá-los na memória e de falar sobre acontecimentos sucessivos com uma convicção cada vez maior, além de terem bastante imaginação. Conforme os alunos desenvolvem suas capacidades cognitivas, os exercícios com base na literatura infantil podem ficar cada vez mais sofisticados, por exemplo, fazê-los conhecer outra versão de uma mesma história e observar as semelhanças e diferenças entre as duas versões. Com livros ilustrados, as possibilidades aumentam no sentido de exigirem observações visuais que também podem ser estimuladas pelo professor (as roupas e penteados dos personagens, a aparência das construções, a paisagem, os meios de transporte).

Que fique bem claro: o trabalho com literatura de ficção no ensino fundamental é uma ferramenta para desenvolver nos alunos competências e habilidades necessárias ao aprendizado de História. O conteúdo desse material não se confunde com o conteúdo curricular, o histórico propriamente dito (e, se o professor perceber que os alunos estão fazendo confusão, deve corrigir os rumos de seu trabalho imediatamente). Em outras palavras, como bem lembra H. Cooper: "A compreensão que os alunos tenham da História não pode ser avaliada mediante contos de fantasia" (Cooper, 2002: 83).

Dito isso, concordando com o próprio Cooper, defendemos o trabalho com literatura infantil em sala de aula por considerar que é uma forma interessante de apresentar aos alunos outros tempos e lugares (mesmo imaginários, irreais), auxiliando-os para que "se descentrem". Esse tipo de literatura ativa a imaginação e as emoções e ajuda as crianças a refletirem sobre suas próprias experiências e sua forma de ver os demais. Ela também as ajuda a terem contato com "emoções perenes que estão presentes em toda tradição oral" e culturas de outros países e continentes (no caso de serem apresentadas a enredos africanos, chineses, japoneses etc.); ocupam-se da agricultura e dos sistemas econômicos (os mercados da África Ocidental estão cheios de batatas, mandioca e milho, e na Europa há nabos, vacas, porcos); falam de ameaças como o vento, o fogo, as inundações (grandes preocupações em diferentes lugares); referem-se às viagens, aos sistemas de comunicação por mar e por terra – ampliando os horizontes dos ouvintes e leitores.

O trabalho com contos populares, por exemplo, apresenta a vantagem de transmitir a tradição oral. Esses contos evoluem em torno de conceitos-chave organizadores que subjazem ao centro de todas as sociedades. Tratam de valores e crenças que constituem um marco de referência: o heroísmo, a compaixão, o sacrifício de si mesmo, a coragem, a traição, o castigo duro e justo, os relatos de criação e a força espiritual (Coller, 2002: 90).

É de se esperar que, ao escutar diferentes versões de uma mesma história, os alunos as compreendam de acordo com o nível de estrutura mental e de coordenação de pontos de vista que são capazes de realizar; o mesmo se aplica quanto ao julgamento das ações dos personagens. Muitas vezes, eles se identificam com os personagens, de acordo com a experiência pessoal. De qualquer modo, o trabalho com diferentes versões auxilia o desenvolvimento do pensamento inferencial, pois os alunos têm a oportunidade de raciocinar e dialogar em contextos diferentes (Cooler, 2002: 84).

O uso da literatura infantil também pode servir para estimular os alunos a narrar histórias. Essa é uma capacidade que se constrói pouco a pouco. Às vezes, o aluno consegue encadear os acontecimentos, mas sem dar-lhes sentido concreto, sem estabelecer relações causais entre eles. Outras vezes, na narrativa de uma criança "pode existir um ambiente, mas sem personagens ou problemas, ou pode haver uma ação, sem um entorno concreto". É devagar que os alunos aprendem a compreender a estrutura de uma história e a ver os vínculos entre o *problema*, a *causa* e a *ação*. Isso independe da idade ou do ano em que estejam. O fato de os alunos serem mais velhos não garante que tiveram experiências adequadas para o desenvolvimento dessas habilidades e competências (Cooler, 2002: 113). E saber narrar, como vimos, é uma das exigências do aprendizado de História.

A **Atividade 45** oferece uma oportunidade de resgate das relações familiares, permite o contato com relatos orais e escritos (bem como a comparação entre eles) e incentiva a leitura e a exploração de livros literários.

ATIVIDADE 45

AS HISTÓRIAS DE NOSSAS AVÓS
Indicadores de análise: 4, 7, 10,14.

Atividade adequada a alunos do 2º ano

Instruções para o aluno:

Converse com sua mãe, sua avó, para saber se elas conhecem alguma história contada pela mãe delas quando tinham a sua idade.
Peça para que contem para você.
Pesquise para saber se existe algum livro que conta a história com o mesmo título.
Leia o livro. E depois desenhe ou escreva no que a história contada por sua mãe ou avó é semelhante e/ou diferente da história que tem no livro.

A **Atividade 46** parte de um texto de ficção para crianças – a história de *O gato de botas* – para tratar os conteúdos que se referem ao tema "cidade", parte do currículo do 3º ano. Ela desenvolve a observação de assuntos específicos (a caracterização de um espaço num determinado tempo, com costumes próprios) dentro de uma narrativa e solicita comparações com a realidade do aluno.

ATIVIDADE 46

LITERATURA INFANTIL – O GATO DE BOTAS
Indicadores de análise: 4, 7, 10,14.

Atividade adequada a alunos do 3º ano

Instruções para o aluno:

Leia o livro *O gato de botas*. A partir dessa leitura, escreva como viviam as pessoas da época retratada no livro.
1 - Onde moravam:_____
2 - O que comiam:_____
3 - Quais os meios de transporte que usavam:_____
4 - Como se comunicavam:_____
5 - Em que trabalhavam:_____
Agora, responda os mesmos itens com informações sobre a sua vida. Compare as informações do livro com as de sua vida. O que é diferente? O que permanece igual?

A **Atividade 47** é um dos desdobramentos possíveis do trabalho que leva os alunos a construir a linha do tempo referente à história de sua vida sinalizando, pelo menos, um acontecimento importante ocorrido em cada ano de vida. Alunos de 1º ano que, para contar sua história, trazem para a escola objetos relacionados a passagens significativas de suas vidas (como brinquedos, chupeta, livrinhos, peças de roupa, fotos) podem ser levados a construir uma narrativa simples sobre seu passado a partir de um objeto pessoal, no caso, um de seus pares de sapato.

ATIVIDADE 47

O MEU SAPATINHO
Indicadores de análise: 4, 7, 10,14.

Atividade adequada a alunos do 1º ano

Instruções para o aluno:

Você conhece a personagem Cinderela e sabe o papel importante que seu sapatinho de cristal teve em sua história. Você também tem ou teve um sapatinho favorito. Escreva um texto contando qual a importância dele para a sua vida. Depois, conte sua história para os colegas na classe.

Exemplo de um texto apresentado por uma menina do 1º ano, escrito em casa, com a ajuda da mãe:

HISTÓRIA DO MEU SAPATINHO
A história do meu sapato, ou melhor, da minha sandalhinha é a seguinte: foi um presente de uma tia que eu amo muito que me deu de aniversário para meu pezinho respirar, que usava em passeios com a mamãe, papai e vovós, no parque ecológico, no shopping, e até mesmo na escola. Um presente que usei no verão todo e foi muito proveitoso.

A **Atividade 48**, também inspirada em *Cinderela,* pode ser proposta para o 4º ano, quando se realiza o estudo sobre profissões ou as principais atividades econômicas (e seus produtos) da cidade, do estado e da região, no presente e no passado.

ATIVIDADE 48

PROFISSÕES ANTIGAS E ATUAIS
Indicadores de análise: 4, 6, 8, 10, 12, 14.

Atividade adequada a alunos do 4º ano

Instruções para o aluno:

Você já leu a história de Cinderela. Agora, discuta com o seu grupo e preencha o quadro a seguir.

	NA HISTÓRIA...	E SE FOSSE NOS DIAS DE HOJE...
Profissão da Cinderela		
Quais tarefas ela fazia?		
Que equipamentos ela utilizava?		
Recebia salário?		
A Cinderela tinha férias? Por quê?		
Ela sabia ler e escrever?		
Se ela se machucasse no trabalho, onde seria socorrida?		
Onde ela conseguia as roupas que usava?		

A partir das anotações da tabela, escreva uma versão atual da história da Cinderela. Depois, conte sua versão para os colegas na classe.

A **Atividade 49** pode ser aplicada com alunos do 1º ano (quando estudam a história da sua própria vida), do 2º ano (quando pesquisam sobre infraestrutura do bairro: coleta de lixo, arborização, manutenção das calçadas, iluminação, transporte público disponível) e do 3º ano (quando caracterizam a cidade em que moram). Conforme sobe o nível, o professor pode esperar respostas mais complexas e exigir análises de acordo com as questões curriculares em pauta.

ATIVIDADE 49

CHAPEUZINHO VERMELHO NOS DIAS ATUAIS
Indicadores de análise: 4, 6, 8, 10, 12, 14.

Instruções para o aluno:

Você já leu a história de *Chapeuzinho Vermelho*. Agora, discuta com o seu grupo e preencha o quadro a seguir.

	NA HISTÓRIA...	E SE FOSSE NOS DIAS DE HOJE...
Onde Chapeuzinho morava?		
Como ela foi para a casa da vovó?		
Quais os perigos enfrentados no caminho até a casa da vovó?		
Quais os conselhos da mamãe?		
Quem ajuda Chapeuzinho?		

A partir das anotações dessa tabela, escreva uma versão atual da história da Chapeuzinho. Depois, leia sua versão para os colegas na classe.

DATAS

Tradicionalmente, o ensino de História nos anos do fundamental estava atrelado a datas comemorativas. Sua lembrança é prática arraigada no cotidiano escolar e atravessa os espaços da escola. Isso estaria superado?

Sabemos que a inutilidade de um ensino voltado para decorar nomes e datas e para comemorar feitos de heróis duvidosos foi amplamente propalada e concordamos com isso, mas concordamos também com Circe Bittencourt: "Queiramos ou não, as datas são suportes da memória". Elas podem ser "entendidas como formas de registros do tempo que se ligam à memória dos indivíduos e das sociedades e se tornam marcos [...] transformadas em comemorações, passam a ter poder, a ser referências" (Bittencourt, 2007: 11-2).³

Assim, propomos aqui que as efemérides sejam, sim, comemoradas na escola, mas de uma nova maneira. Para definir quais datas devem ser consideradas, é importante que o professor de História adote os seguintes procedimentos.

1º	Discutir com o grupo de professores o planejamento de História e decidir quais são as datas mais importantes para serem trabalhadas com os alunos.
2º	Escolher datas de modo que não se repitam as mesmas do 1º ao 5º ano.
3º	Decidir quais serão os conceitos que devem ser trabalhados tendo como inspiração ou mote a data escolhida.
4º	Aproveitar a oportunidade da data para o trabalho com os temas transversais.
5º	Colaborar com seus conhecimentos históricos para ajudar os demais professores a contextualizar historicamente as datas comemorativas (entender suas origens, suas diferentes leituras feitas por distintos grupos sociais e/ou em diferentes épocas, sua importância ou não para a história e a sociedade brasileira).

A escolha das datas depende de muitos fatores que vão desde as necessidades da matéria (que está sendo estudada em classe naquele determinado momento) até os interesses da escola, passando pela lembrança estabelecida pelos feriados nacionais (estaduais e municipais). Porém, outras considerações se impõem, sendo a principal delas a *função do ensino*. E é por isso que os critérios de escolha devem ser debatidos com seriedade no espaço escolar.

Apresentamos, então, algumas ideias que podem ser levadas em conta nessa etapa de definições.

Se a escola é um espaço laico, não é adequado que enfoque datas religiosas.

Se um dos objetivos da escola é formar cidadãos, faz muito sentido eleger datas que comemorem lutas e conquistas sociais relacionadas aos direitos humanos. Como por exemplo: Abolição da Escravatura; Dia da Consciência Negra; Promulgação do Estatuto da Criança e do Adolescente; Dia Mundial do Trabalho; Dia Internacional da Mulher.

Se História faz parte do currículo, não há porque ignorar datas históricas e/ou ligadas a personagens históricos (ver adiante o item deste capítulo sobre "Personagens"). O importante é que sejam contextualizadas, ou seja, localizadas historicamente.

Com relação aos personagens (que podem ser da História universal, do Brasil, do município, do bairro), é importante que seus atos sejam destacados, mostrando aos alunos que *há pessoas que fazem* ou *fizeram a diferença em determinada área de atuação*. Esse tipo de conhecimento é chamado de conhecimento social, que é aprendido pela transmissão cultural e, nesse ponto, a atuação da escola é muito importante para que os alunos ampliem o que sabem e compreendam a importância da ação de sujeitos históricos. Isso também é aprender História, mas com mais significado.

Em relação a datas históricas – como Dia da Independência, Dia de Tiradentes, Descobrimento do Brasil e outras – temos a considerar dois aspectos. O primeiro é que, quando trabalhamos com tais datas sem considerar o processo e o contexto nos quais os fatos ocorreram e, depois, tiveram sua importância reconhecida, estamos perpetuando um ensino descontextualizado, que foge às orientações do PCN. O segundo é que os alunos precisam conhecer fatos da história e esses fatos fazem parte de um tempo e estão cronologicamente organizados. As datas representam acontecimentos marcantes em nossas vidas (ou na da cidade, ou na do país) e, como tal, não podem ser ignoradas.

Uma sugestão é confeccionar uma linha do tempo de forma que fique visível na sala de aula durante o ano todo. Nessa linha, no decorrer do ano, vão-se acrescentando datas de maneira a enfatizar determinados conceitos históricos que podem estar relacionados com elas: liberdade, luta pelos direitos humanos, luta por direitos civis, contribuições relacionadas à arte, à cultura, à ciência etc. Nessa linha do tempo, também é possível mencionar os personagens históricos de relevo regional e nacional.

Alguns exemplos de datas ainda pouco lembradas nas escolas, mas que são de grande importância para a História cultural do Brasil: Inauguração da Semana de Arte Moderna (que destaca a necessidade da livre expressão por meio da pintura, escultura, música, literatura), Dia do Livro Infantil, Dia Internacional da Alfabetização.

Quanto às datas como Dia das Mães, Dia dos Pais e outras que envolvem a família, lembramos que nem todas as famílias são constituídas de forma padrão. Esse padrão faz parte das representações que elaboramos com base na mentalidade de outros tempos. Hoje os retratos da família no Brasil apresentam uma diversidade muito grande. Portanto, é preciso tomar cuidado no momento de eleger datas como estas para se tratar na escola. Uma abordagem possível (e bem mais construtiva que as tradicionais, que idealizam as mães ao mesmo tempo em que desconsideram suas dificuldades concretas no exercício da maternidade) é conversar com os alunos sobre os papéis familiares assumidos pelas (ou atribuídos às) pessoas que vivem em sua casa. Essa é uma maneira de levar as crianças a compreenderem (e valorizarem, se for o caso) o que cada membro de sua família faz dentro e fora de casa e como contribui para o grupo familiar, sem atribuir, por exemplo, à mãe o papel de única provedora de afeto e carinho ou a única responsável pelas tarefas domésticas (mesmo porque a mãe pode ter falecido, abandonado o filho, ser violenta etc.). De todo modo, se decidir tratar desse tipo de assunto, o professor deve estar preparado para ouvir sobre eventuais sentimentos de raiva, desilusão, tristeza, que precisa reconhecer como legítimos, ou seja, não deve desqualificá-los.[4] Ainda em relação ao Dia das Mães ou ao Dia das Crianças, por exemplo, existe o aspecto da exploração comercial da comemoração. Discutir em classe a questão dos interesses (de todos os tipos) em torno da data também é um exercício de cidadania.

ATIVIDADE 50

O DIA INTERNACIONAL DA MULHER NO ENSINO DE HISTÓRIA
Indicadores de análise: 4, 5, 9,16.

Atividade adequada a alunos de 4º e 5º ano

Há muitas formas de aproveitar essa data (ou mesmo fora dela, vinculando o assunto dos *direitos das mulheres* a outros conteúdos do currículo) para ensinar História.[5] Em primeiro lugar, o professor pode deixar claro que a comemoração da data não é um presente para as mulheres, ela representa, sim, a luta por igualdade de direitos com relação aos homens. Depois, de acordo com o nível da classe, pode introduzir atividades que tratem de preconceitos de gênero e discriminação sexual.

O professor pode propor aos alunos:
– pesquisar sobre a origem da data;
– discutir sua importância nos dias de hoje.

Pode ensinar que houve épocas em que as mulheres não tinham os mesmos direitos legais que os homens (não podiam estudar em escolas e universidades, nem votar e ser votadas, nem exercer determinadas profissões ou chefiar a família em pé de igualdade com o homem) e solicitar que:

– pesquisem sobre a história dessas conquistas, no mundo e no Brasil;
– comparem os direitos legais das mulheres no passado (escolher uma época) e nos dias de hoje;
– identifiquem situações do presente em que esses direitos não são reconhecidos (por exemplo: diferenças salariais e o número desproporcional de homens e mulheres empregados; a violência doméstica contra as mulheres) e os motivos que explicam a persistência de desigualdades entre homens e mulheres.

Também pode tratar mais especificamente da questão do preconceito, solicitando que os alunos identifiquem e discutam a respeito de situações em que preconceitos de gênero se manifestam, levando, muitas vezes, a discriminações. O trabalho de reconhecimento de situações de preconceito pode ser feito a partir de entrevistas e pode incluir a comparação entre presente e passado.

Fazer a pergunta "Você conhece piadas ou frases preconceituosas contra a mulher?" é uma maneira de introduzir o assunto. É possível também passar um trecho de programas humorísticos ou de propagandas que trazem imagens pouco valorizadoras da mulher e provocar um debate sobre seu conteúdo em classe (atenção: o professor deve tomar cuidado ao tratar de piadas para que o efeito da atividade não seja o oposto do esperado).

Fazer a pergunta "Você já viveu alguma situação em que pôde reconhecer preconceito e discriminação sexual (em casa, no trânsito, na escola)?" é uma maneira de levar o aluno a tentar reconhecer a existência de preconceito e discriminação em seu cotidiano.

O professor pode ainda provocar uma reflexão a partir de uma matéria jornalística (ou documentário) a respeito da condição feminina em países nos quais as mulheres não podem andar nas ruas sem se cobrir dos pés à cabeça (com véus, burca etc.), não podem sair de casa, trabalhar fora ou fazer compras sem a autorização do marido, não podem dirigir automóveis, não podem estudar em universidades ou manifestar-se em público, ou estão proibidas de exercer determinadas profissões *pelo fato de serem mulheres* (lembramos que esse tipo de discussão poderá ser proposto apenas ao 5º ano e necessita do direcionamento do professor para que os alunos não confundam *defesa dos direitos humanos e da liberdade de escolha* com preconceito religioso).

Para abordar a questão de gênero de uma maneira bastante próxima das crianças, sugerimos a **Atividade 51**, inspirada em uma proposta de Carla Bassanezi Pinsky. Ela exercita a capacidade de observação e interpretação de situações do cotidiano. E ainda leva os alunos a pensarem e proporem soluções sobre uma situação que está ao seu alcance – o que não deixa de ser uma boa lição de cidadania.

ATIVIDADE 51

CRIANÇAS BRINCANDO
Indicadores de análise: 4, 5, 9,16.

Atividade adequada a alunos do 2º ano

Instruções para o professor:

O professor propõe aos alunos que observem crianças brincando, e respondam às seguintes questões:

> *"Na brincadeira escolhida, meninos e meninas participam juntos ou a atividade é considerada apropriada a apenas um sexo? Por quê? Quando algum garoto quer xingar o outro, ele o chama de "mariquinha" ou algo parecido? Por que isso é ofensivo? Quando alguma menina se aproxima para jogar com os meninos e é impedida, quais são os argumentos empregados? E o que acontece quando uma garota não se comporta conforme as expectativas para o seu sexo?"* (C. Pinsky, 2010a: 33).
>
> Enquanto as respostas são debatidas em classe, o professor deve chamar a atenção dos alunos para situações em que o preconceito de gênero fica evidente (ele não precisa empregar a palavra *gênero*, um conceito talvez difícil para os alunos; o fundamental é que as crianças compreendam *a ideia* da existência do preconceito de gênero e saibam identificá-lo em um contexto que lhes é familiar).
> Em seguida, pode solicitar aos alunos que apresentem soluções para que esse preconceito seja combatido *e não se manifeste mais no espaço escolar*.
> Depois, deve pedir que eles escrevam um texto sobre o assunto (ou representem suas ideias por meio de um desenho) e tentem aplicar *na prática* as propostas de solução levantadas por eles mesmos.

"É imperativo levar a discussão sobre os direitos humanos para o interior das salas de aula de nível fundamental" (Mondaini, 2010: 56). No currículo são muitas as oportunidades para tratar dessa questão em sala de aula. Uma delas é a própria comemoração do Dia Internacional dos Direitos Humanos. O professor pode se valer dessa data internacional para abordar o assunto em classe [**Atividade 52** – O DIA INTERNACIONAL DOS DIREITOS HUMANOS NO ENSINO DE HISTÓRIA[6] - Indicadores de análise: 4, 5, 9,16.] De fato, a data, instituída internacionalmente em 1950, é um bom gancho para introduzir ou aprofundar o assunto da luta histórica pela promoção do respeito aos direitos fundamentais para todas as pessoas. Particularmente para o ensino fundamental 1, é interessante trabalhar com questões relativas aos direitos das crianças e dos adolescentes; às leis que protegem os idosos e às leis contra a discriminação racial, étnica, sexual, em virtude de doenças, entre outras, e com discussões que remetam, às realidades mais próximas ao cotidiano dos alunos.

IMAGENS

As imagens transmitem mensagens. Estamos cercados por peças publicitárias, obras de arte, fotografias, esculturas, gravuras, filmes (imagens em movimento), ilustrações de todo o tipo, que visam distintos objetivos e baseiam-se em técnicas diferentes. Existem imagens produzidas para serem entendidas rapidamente e outras que demandam mais tempo de observação. Formas e cores também adquirem significados especiais em cada tipo de imagem. Além de informar, as imagens podem provocar emoções e contar histórias.

É importante que desde cedo as crianças tomem contato com imagens no espaço escolar e aprendam que existem distintas maneiras de observá-las e compreendê-las: a partir de conceitos, da lógica intuitiva e imaginativa. A interpretação da pintura de um artista, por exemplo, supõe uma interação dinâmica entre o criador e o espectador. Até quando os alunos "brincam" com as ideias provocadas por uma obra de arte, são capazes de criar algo seu a partir delas.

Os livros que têm como alvo o público infantil costumam ser repletos de ilustrações, e o trabalho em sala de aula com elas pode ser uma boa maneira de introduzir os alunos na prática de decodificá-las. Diante de uma ilustração (que faz parte de um contexto maior: o conteúdo do livro, o assunto tratado, a legenda etc.), o professor pode chamar a atenção para as ideias e os humores e sentimentos que a referida imagem desperta e mostrar às crianças de que maneira isso tudo pode ser descoberto (a partir das linhas, das formas e das cores, por exemplo, mas também das expressões faciais das figuras que aparecem na imagem ou da linguagem corporal que dá pistas sobre o que os retratados "pensam, sentem ou expressam" – Cooler, 2002).

Por exemplo, diante de uma imagem que representa uma feira (pode ser atual ou até uma feira medieval, por exemplo), os alunos podem ser incentivados a fazer perguntas para obter informações sobre a forma de viver da comunidade que participa dela (quais os produtos comercializados? São comprados com dinheiro, moedas ou simplesmente trocados por produtos de outra espécie? Quais as condições de higiene do local da feira? Que tipo de pessoas está envolvido nessa atividade? Por quais meios de transporte os produtos chegaram ao local da feira? Os produtos são embalados? Como? etc.). Diante de duas imagens de feira realizadas em épocas bem distantes, os alunos podem ser estimulados a fazer comparações que ressaltem as mudanças históricas com relação ao sistema econômico, condições de higiene, tipo de produtos, meios de transporte, entre outros.

A **Atividade 53** é um bom treino de observação e deve ser proposta às crianças como parte de um conjunto de trabalhos cujo objetivo é aprender a fazer *boas perguntas*.

ATIVIDADE 53

O QUE AS FOTOS NOS DIZEM?
Indicadores de análise: 1, 4, 5, 7, 8, 10.

Atividade adequada a alunos de 3º a 5º ano

Instruções para o professor:

O professor apresenta aos alunos dois retratos de igrejas diferentes sem qualquer legenda, como nos exemplos a seguir.

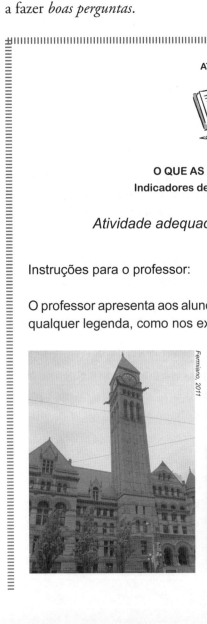
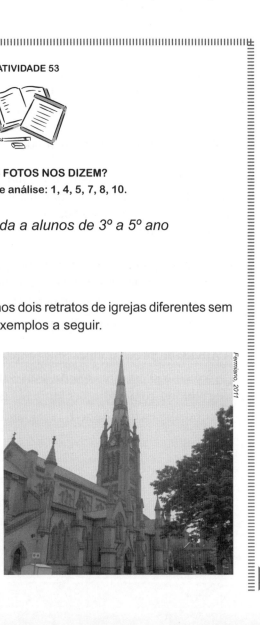

E pede que respondam:

O que vemos nessas fotos?
Trata-se de construções grandes ou pequenas? (Como você sabe? Pelo número de portas...) Por que foram feitas desse tamanho? Para que servem esses prédios retratados?
É possível saber a data em que foram tiradas? E a época em que essas construções foram feitas?
Onde elas foram feitas (de que local foram tiradas essas fotos)? As fotos foram tiradas do mesmo lugar? Você conhece esse lugar?

Os alunos perceberão que podem fazer inferências e que até conseguem responder algumas das perguntas, mas notarão que lhes faltam dados. Aí, então, vem a segunda etapa que é quando o professor lhes desafia a elaborar *boas perguntas* (precisas, adequadas, diretas, relevantes) que lhes permitam obter as informações necessárias.

Que informações estão faltando? Quais as perguntas que você pode fazer para conseguir identificar e caracterizar o conteúdo dessas imagens? Quais os caminhos possíveis para conseguir saber exatamente do que se trata?

O objetivo aqui não é identificar com precisão as construções, e sim aprender a investigar; em outras palavras, o importante nessa proposta é o percurso, e não a linha de chegada.

A **Atividade 54** exemplifica uma proposta em que o trabalho com imagens é complementado por um com músicas – duas valiosas fontes de pesquisa. O tema escolhido ("comemorações juninas") também é bastante atraente e próximo ao cotidiano escolar, ou seja, tem grandes chances de empolgar os alunos.

ATIVIDADE 54

FESTAS JUNINAS DE DIFERENTES ÉPOCAS
Indicadores de análise: 1, 3, 4, 6, 11, 13, 18.

Atividade adequada a todos os anos

As festas juninas são uma tradição antiga no Brasil. Atualmente, embora sejam mais populares no Nordeste e no interior do país e raras nas grandes cidades, continuam a ser comemoradas nas escolas. O professor pode aproveitar a aproximação da data das festas para o ensino de História pedindo aos alunos que:

– pesquisem no acervo de discos/CDs da escola (ou dos pais, dos amigos) ou em sites específicos da internet as músicas (e suas respectivas letras) que costumam ser tocadas nas festas da região em que vivem.
– pesquisem músicas (buscando por título ou nomes de compositores e intérpretes como Luiz Gonzaga, Tonico e Tinoco, Sérgio Reis, Raul Torres, João Pernambuco e Catulo da Paixão Cearense, Inezita Barroso, Tião Carreiro e Pardinho) distinguindo entre as mais tradicionais e as incorporadas mais recentemente (que estão "na moda", tocam nas rádios do momento) – "Os ritmos mudam?", "O conteúdo das letras é diferente?"
– aprendam a cantar algumas delas e compreendam o que dizem (aqui, todas as etapas de leitura e interpretação de texto são importantes: pesquisar o vocabulário desconhecido, discutir com os colegas o sentido as letras...).
– identifiquem as temáticas recorrentes (os santos mencionados, fogueira, balão, dança, roça, boi, luar, cobra, chuva...) e procurem explicar sua presença (a relação com o mundo rural e suas diferenças com relação ao cotidiano urbano).

- pesquisem imagens (foto e vídeo) de pessoas dançando em festas juninas (na internet, no acervo da própria escola).
- identifiquem as roupas típicas e procurem saber o que elas retratam (o caipira, a sinhazinha, o vaqueiro...) e por que retratam dessa maneira (botas para lidar com o gado e trabalhar na roça, chapéu para enfrentar o sol, remendos nas vestes, bochechas coradas...).
- respondam "Quais as semelhanças e diferenças entre as roupas que as pessoas estão usando na festa junina da foto e as que usam para ir a outras festas?"
- identifiquem os personagens envolvidos na quadrilha (os noivos, o pai da noiva, o padre...) e seu papel no enredo (se o professor achar adequado).
- entrevistem alguns adultos e observem fotografias de festas juninas do passado para preencher a seguinte tabela comparativa:

	A FESTA JUNINA NOS TEMPOS ATUAIS	A FESTA JUNINA DE ANTIGAMENTE
Roupas		
Decoração		
Músicas tocadas		
Comidas		

O professor pode propor atividades semelhantes a esta, utilizando outras festas características de sua cidade, como, por exemplo, o carnaval. A atividade pode ser complementada, solicitando que os alunos estabeleçam as semelhanças e diferenças entre as festas juninas e as carnavalescas. É bom lembrar que o trabalho com imagens, para ser mais rico, deve fazer parte de um contexto que inclua informações obtidas a partir de outras fontes (aulas expositivas, pesquisa bibliográfica, entrevistas, estudo do meio etc.).

FOTOGRAFIAS

A fotografia tem inúmeras aplicações no ensino de História, porque, além de "congelar uma cena" do passado, também transmite uma mensagem (conforme ou não a intenção do fotógrafo). Hoje em dia, a fotografia é um recurso de fácil alcance dos professores para ser usado como material didático de diversas maneiras (ver alguns dos exemplos já dados neste livro). Porém, temos observado que um bom número de livros didáticos apresenta uma grande diversidade de imagens, o que há vinte ou quinze anos não era possível, mas em geral eles não conseguem propor maneiras inteligentes e adequadas para o trabalho com elas em classe. Assim, se por um lado há uma grande disponibilidade iconográfica, por outro, boa parte das atividades propostas nestes mesmos livros é óbvia demais, ou muito longa e aborrecida, ou, se somadas a textos escritos, redundante e, no limite, desnecessária. Para evitar essas armadilhas, propomos ao professor trabalhos com fotografias que desafiem a ação mental do aluno e proporcionem situações em que as crianças observem, ouçam, sejam ouvidas e mostrem o que têm a dizer.

O trabalho com fontes fotográficas deve, sobretudo, ser uma oportunidade de investigação e descoberta. Ao sistematizar informações e estabelecer metodologia de análise e pesquisa para compreender o seu conteúdo, permite trazer à tona a realidade que a originou. Ao observar uma foto, é impossível para aquele que efetua a sua "leitura" fazê-lo sem os seus referenciais emocionais, culturais, sociais e buscar aproximações à sua realidade, imaginada ou não. Podemos dizer o mesmo daquele que é responsável por sua produção. Para compreender o que diz uma foto é preciso saber quais os motivos que fizeram com que ela fosse tirada, para quem, quando, onde, buscando os difíceis "porquês" e "comos" envolvidos (Fermiano, 2004a; Oliveira, 2004). Nesse exercício, inicia-se a discussão sobre a verdade, por quem ela é sustentada e em que está sustentada, possibilitando mais de um olhar sobre a mesma imagem. Com isso vem a flexibilidade de julgar, observar, resolver ou solucionar problemas, criar e brincar com os espaços concretos e imaginários. Em qualquer trabalho que o professor proponha, espera-se que avance para além do "observe e responda" e alcance outros sentidos que as fotos colocam em circulação.

Dicas para trabalhar com fotos no ensino de História

- Descrever a foto (pode-se dividir a foto em planos para facilitar a análise: o que está próximo/longe). Verificar se ela foi feita com algum objetivo.
- Qual o tema da foto? (retrata uma festividade, uma ocasião comum, uma pessoa, uma atividade, uma paisagem, um recurso natural...).
- Classificá-la entre outras fotos. Depois, comparar as fotos de uma mesma categoria (se a categoria for temática, o aluno poderá comparar fotos de um mesmo tema de diferentes épocas). É muito melhor trabalhar com séries documentais do que com uma única imagem, pois assim é possível estabelecer padrões.
- Listar as informações que podem ser obtidas com a observação das fotos.
- Trabalhar com fotos de época somadas a outros materiais e recursos dessa mesma época (por exemplo, uma foto de pracinhas brasileiros do tempo da Segunda Guerra Mundial em desfile, orgulhosos, e uma canção que eles costumavam entoar – aqui, imagem, conteúdo e som são usados para recriar uma atmosfera e um momento histórico).
- Organizar legendas ou redigir textos-sínteses de análise ou comentário sobre o que foi retratado.

A **Atividade 55** é um exemplo de proposta de trabalho com fotos de uma mesma categoria temática, no caso, "família". Mantendo-se a temática e observando imagens de diferentes momentos do ciclo de vida familiar, é possível reconhecer as mudanças que ocorrem com a passagem do tempo (a família aumenta com os nascimentos, diminui com os falecimentos; casamentos ocorrem, as pessoas mudam de casa, de cidade, de emprego...). Um trabalho que envolve a questão permanência/mudança em um contexto próximo ao do aluno (ele também faz parte de uma família) colabora significativamente para a compreensão da construção de conceitos históricos.

ATIVIDADE 55

FOTOS DE PESSOAS DE UMA MESMA FAMÍLIA
Indicadores de análise: 1, 4, 8, 10, 13.

Atividade adequada a alunos de 1º a 3º ano

Instruções para o professor:

– Selecione e apresente aos alunos 4 ou 5 fotografias em que apareçam pessoas de uma mesma família em diferentes momentos do ciclo de vida familiar. As fotografias devem ser apresentadas em sequência cronológica, mas sem data aparente, pois, nesse caso, a ausência das datas serve ao propósito didático de levar a criança a perceber por si só a sequência temporal.
– Peça-lhes que as observem e sigam as instruções.

Acervo da família Belintane Fermiano.

Instruções para o aluno:

Escreva uma frase descrevendo o que você observa em cada uma das fotos e faça uma legenda para cada uma delas.
- Por que algumas pessoas não aparecem juntas nas fotos?
- O que as fotos têm em comum e o que têm de diferente?
- Elas foram tiradas em momentos diferentes, você pode dizer quais são eles?
- A partir das fotos que você observou, invente uma história para essa família. Desenhe ou escreva essa história.

Se quiser adaptar a **Atividade 55** para alunos do 5º ano, o professor pode perguntar:

- O que está presente em todas as fotos e o que não está? Qual o motivo das mudanças? E das permanências? O que você pode dizer sobre esta família?
- Quais as 3 fotos que você selecionaria para apresentar a história da sua família?

As **Atividades 56** e **57** utilizam cartões-postais com imagens de locais de cidades para trabalhar com a identificação de espaços representativos que ajudam a construir, às vezes por décadas e até séculos, referências simbólicas das cidades retratadas. A **56** também os aproveita para levar os alunos a comparar mudanças ocorridas na aparência de um mesmo local. E, finalmente, servem como gancho para uma discussão sobre a utilização do cartão-postal como um meio de comunicação e a mudança de hábitos em relação a esse recurso – contemplando questionamentos que envolvem "o que", "como" e "por que".

ATIVIDADE 56

PRODUÇÃO DE UM CARTÃO-POSTAL
Indicadores de análise: 1, 8, 13, 15.

Atividade adequada a alunos do 1º ano

Instruções para os alunos:

– Descubra o que é um cartão-postal e descreva sua aparência.
– Converse com alguns adultos e tente conseguir cartões-postais emprestados para você trazer para a escola (o professor também trará alguns).
– Observe os cartões que você e seus colegas trouxeram; anote quais são os temas que aparecem nas imagens (paisagens, pessoas, animais...).
– Produza seu próprio cartão-postal.
– Para isso, você e seus colegas vão selecionar um local da cidade onde é possível brincar (os alunos poderão, inclusive, ir até lá e aproveitar as atrações oferecidas pelo espaço).
– Em sala de aula, faça um desenho do local de um lado do cartão; do outro lado desse mesmo cartão, escreva uma mensagem como se fosse enviá-lo para um colega. Nessa mensagem, você contará detalhes sobre o local (e o que fez por lá).
– Passe seu cartão para os colegas verem o que você fez e confira o que eles fizeram.

Exemplos de cartões-postais produzidos por alunos:

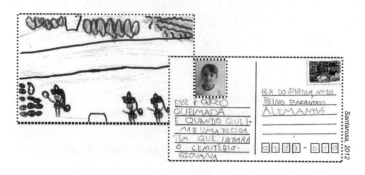

ATIVIDADE 57

CARTÕES-POSTAIS DE LOCAIS URBANOS
Indicadores de análise: 8, 10, 13, 15.

Atividade adequada a alunos de 2º e 3º ano

Instruções para o professor:[7]

– peça para os alunos pesquisarem se lojas ou bancas da cidade em que a escola se encontra comercializam cartões-postais dessa mesma cidade.

- se os alunos encontrarem cartões à venda, pergunte:
  O que eles retratam? Por que são produzidos? São bastante vendidos? Por quê? Por que esse local é considerado importante para os habitantes da cidade? Ele tem algum significado para seus familiares? E para você?

- se os alunos não encontrarem, pergunte:
  Por que não foram encontrados cartões-postais atuais da cidade? Por que a cidade não tem pontos turísticos ou paisagens atraentes? Por que as pessoas não se interessam mais em vender e comprar cartões-postais?

- peça para os alunos localizarem cartões-postais de sua cidade produzidos em diferentes épocas.
- se os alunos encontrarem cartões antigos, pergunte:
  O que eles retratam? Por que foram produzidos? São vários os locais retratados (ou é apenas um)? Por que você acha que esse lugar foi escolhido para figurar em um postal?

Para alunos de 4º e 5º ano, o professor pode propor essa mesma atividade acrescentando novas perguntas:
- com relação aos locais retratados nos postais antigos:
  Eles ainda guardam a mesma aparência? O que mudou?
  O local continua sendo uma referência da cidade? As pessoas ainda gostam de visitar, fotografar e guardar lembranças desse local?

Se você fosse escolher uma imagem representativa de sua cidade, qual seria? Por quê? O que você escreveria sobre sua cidade para alguém que não a conhece? (faça um texto, em poucas linhas, como se fosse figurar em um cartão-postal enviado a um amigo).

- sugira que as crianças identifiquem pontos que caracterizam sua cidade e expliquem por quê (uma praça arborizada se for uma cidade pequena e calma; uma paisagem com grandes edifícios se for uma cidade grande; uma paisagem natural se a cidade tiver locais de natureza preservada; um ponto turístico se a cidade costuma receber muitos turistas etc.) e discutam sobre isso com os colegas.

> – apresente aos alunos cartões-postais que identificam locais de cidades famosas e peça-lhes que tentem descobrir por que aquelas imagens foram escolhidas para figurar nos cartões (por exemplo: prédios de Nova York; torre Eiffel de Paris; prédio do Congresso Nacional em Brasília; praia de Copacabana no Rio de Janeiro; Coliseu em Roma ou o Vaticano).

PUBLICIDADE

Os alunos conhecem bem as peças de publicidade, afinal são bombardeados por elas todos os dias. O que podem aprender na escola é observá-las com outros olhos, procurando extrair delas informações que não (necessariamente) fazem parte dos objetivos dos publicitários. Dependendo da maturidade dos alunos, eles podem aprender também na escola a fazer a crítica da mensagem publicitária [**Atividade 58** – ANÁLISE CRÍTICA DE PUBLICIDADE - Indicadores de análise 4, 5, 9, 13] (destacamos que, na maioria dos lares brasileiros, há televisores e toda família assiste a programas, novelas, desenhos, seriados, estando sujeita a apelos consumistas, de cunho sexual impróprio para menores, mensagens enganosas, estereótipos preconceituosos e outras influências indesejáveis) a partir de perguntas do tipo:

- O que as pessoas que fazem publicidade querem que pensemos? Os comerciais atuais representam uma maneira autêntica de todos viverem ou uma idealização?
- As famílias podem comprar todos os brinquedos que aparecem nos comerciais? As crianças precisam mesmo ter todos eles? Elas podem ficar frustradas (ou chateadas, tristes) se não conseguem ter tudo o que as propagandas anunciam para elas?
- Você acha que a publicidade de bebidas é adequada para crianças? Os comerciais de bolachas recheadas, de lanches engordurados, de balas açucaradas, de chicletes, falam toda a verdade sobre determinado produto? (se é saudável; se tem algum problema – provoca cáries, prejudica o organismo, aumenta o colesterol... –, se o consumo exagerado é prejudicial?). Jogadores de futebol (esportistas em geral) deveriam fazer comercial de cerveja? – Discuta com seus colegas e justifique suas opiniões.

O trabalho com publicidade pode ser excelente para estudar mudanças ao longo da história: mudanças tecnológicas (ex., na telefonia e demais meios de comunicação), mudanças de mentalidade (ex., com relação ao papel da mulher na sociedade; com relação à consciência dos males provocados pelo cigarro), mudanças de hábito (ex., tipo de brinquedos, alimentação infantil, consumo de refrigerantes). A análise pode ser realizada a partir de anúncios impressos ou filmados. Podem ser feitas comparações entre passado e presente, sempre se preocupando com perguntas desafiadoras.

DESENHOS E PINTURAS

Desenhos são um recurso pedagógico amplamente utilizado na escola. Podem representar máquinas, células, rios, mapas, pessoas, servindo aos mais variados propósitos didáticos. Estimular os alunos a fazerem seus próprios desenhos também é uma prática antiga que até hoje não caiu em desuso. Os desenhos dos alunos podem ser técnicos ou artísticos, podem servir para "descrever" uma realidade, ajudar a transmitir uma ideia ou reter informações aprendidas (como o desenho das partes de uma planta). E podem ser feitos com distintos materiais (giz, lápis, carvão, pastel, tinta guache etc.) nos mais variados suportes (papel sulfite, cartolina, tela de computador, compensado, tela de tecido, papelão).

Quando o professor pede para que o aluno desenhe detalhes ou objetos completos vistos em um museu ou mesmo na escola, incentiva-o a observá-los com atenção durante um período prolongado. "O ato de desenhar supõe selecionar as características significativas e formar uma percepção pessoal do objeto. [...] Interioriza-se e recorda-se de uma imagem de objeto". Os desenhos feitos por crianças estão relacionados com o que elas "sabem, com o que lhes interessa e com as relações espaciais mais do que com a perspectiva". Neles há sempre a "preocupação em organizar uma representação" (Cooler, 2002: 139).

Quando o professor pede que um aluno observe uma obra de arte, uma pintura, por exemplo, pode aproveitar para ensinar que as pessoas pintaram de muitas maneiras ao longo da história e em diversos lugares do mundo, em cavernas, paredes (os murais), objetos de cerâmica, madeira, papiro, tela, papel. Os temas das pinturas podem variar (natureza-morta, paisagem, retrato, cena) e são escolhidos para expressar ideias e sentimentos. E podem ter objetivos religiosos, educativos, políticos, comerciais, entre outros.

O trabalho de observar imagens de pinturas e desenhos em sala de aula pode dar uma "dimensão histórica a muitos temas distintos: contos populares, alimentos, roupas, casas, crianças, animais. [...] As crianças podem tirar informações das pinturas e fazer deduções e inferências sobre acontecimentos, vestidos e objetos" (Cooler, 2002: 125).

Diante de dois quadros que retratem D. Pedro I (jovem e adulto) [**Atividade 59** – IMAGENS DE D. PEDRO I - Indicadores de análise 1, 3, 4, 5], por exemplo, o professor pode fazer aos alunos as seguintes perguntas: Como cada um foi feito? Para quem? Por quê? A maioria das pessoas se vestia assim nessa época? Como é retratado esse personagem em cada uma das obras? Quais as cores de suas roupas? Essas cores têm alguma razão especial? Ele se vestia assim no dia a dia? Ele é poderoso? Quem é o retratado? O que você sabe sobre ele?

A análise de um quadro deve ocorrer de forma organizada. Primeiro, observando seu conjunto, as características principais, o contexto e, depois, os detalhes. Em seguida, é preciso pensar sobre o que a imagem "quer dizer" e se "conta uma história". Quanto maior for o conhecimento prévio dos alunos sobre o contexto em que foi feita a obra e a temática retratada por ela, mais rico será o resultado do trabalho em classe. Assim, é importante que as propostas de observação de desenhos e pinturas sejam complementadas com textos e demais materiais de apoio sobre o assunto estudado.

Todo e qualquer trabalho com imagens deve envolver: (1) perguntas que estimulem a observação do quadro (o todo e os detalhes) e (2) perguntas que estimulem a análise do conteúdo da imagem.

No 5º ano, quando o assunto do currículo é trabalho escravo, os alunos podem ter contato com ilustrações que retratem escravos exercendo os mais variados ofícios, no campo e na cidade [**Atividade 60** – IMAGENS DO TRABALHO ESCRAVO - Indicadores de análise: 1, 4, 5, 10, 16]. Em termos de conteúdo, o objetivo principal é mostrar que a mão de obra escrava era empregada em quase tudo; existiam escravos não só trabalhando para senhores poderosos em grandes plantações e nos serviços domésticos dos casarões, mas também na economia de subsistência para pequenos proprietários, que os usavam para obter algum ganho na venda de doces em tabuleiros, carregando água pelas ruas, oferecendo vassouras, nos serviços de ama de leite, lavadeira, florista etc. Em outras palavras, o sistema escravista estava entranhado na sociedade brasileira (o que explica a grande resistência em se abolir a escravidão no país). Os professores podem encontrar facilmente reproduções de obras de Jean Baptiste Debret (ex.: *Negros serradores de tábuas, Negros vendedores de aves, Carregadores de café a caminho da cidade, Engenho manual que faz caldo de cana, Embarcação rebocada por um nadador*, entre outros), Johan Moritz Rugendas (ex.: *Preparação da raiz de mandioca, Colheita de café, Engenho de açúcar, Carregadores de água, Negras do Rio de Janeiro, Vendedoras de frutas*, entre outros), além de trabalhos conhecidos de vários outros viajantes. Propostas para os alunos *a partir da observação de uma coleção de imagens sobre trabalho escravo*:

- fazer uma lista dos tipos de trabalho feitos pelos escravos;
- responder se essas atividades continuam existindo nos dias de hoje;
- verificar quais são as atividades exercidas por escravos homens, por escravas mulheres, pelos dois sexos;
- tentar identificar para quem os escravos retratados estão trabalhando ou quem se beneficia com o seu trabalho.

Existem quadros famosos por estarem entre as imagens mais citadas quando se trata da História do Brasil. Eles aparecem com frequência nos livros didáticos, ilustram a comemoração de datas nacionais e são responsáveis por filas de visitantes nos museus onde estão expostos. Para além do fato histórico que se propõem retratar, eles mesmos acabam fazendo parte do imaginário dos brasileiros afirmando uma versão da História que, de tão citada, acaba se tornando familiar. Sendo assim, mesmo os professores que querem fugir da História oficial em favor de um ensino crítico podem (e devem) trabalhar com estas imagens na escola. Estamos falando aqui das obras *O desembarque de Cabral em Porto Seguro* (de Oscar Pereira da Silva, 1902) e *Independência ou morte!* (ou *O grito do Ipiranga*, de Pedro Américo de Figueiredo e Melo, 1888), entre outras. No ensino fundamental 1 não é o caso de desconstruir totalmente seu conteúdo, nem de analisar em profundidade seus aspectos técnicos e pictóricos. Além de apresentá-los às crianças (pois fazem parte do patrimônio cultural nacional e da memória brasileira), o objetivo é fazê-las pensar criticamente sobre o que veem, aprendendo a observar e questionar o documento (obviamente, de acordo com seu grau de desenvolvimento cognitivo).

ATIVIDADE 61

REPRESENTAÇÃO DO DESCOBRIMENTO DO BRASIL
Indicadores de análise: 3, 4, 5, 7, 9, 16.

Atividade adequada ao 5º ano

Instruções para o professor:

– Apresente aos alunos o quadro (do acervo do Museu Paulista) ou uma imagem do quadro *O desembarque de Cabral em Porto Seguro*, feito com tinta a óleo sobre tela por Oscar Pereira da Silva, em 1902.

▷ – Proponha que conversem com os colegas e respondam algumas perguntas:

- O que esse quadro retrata? Em que época isso aconteceu? Onde se passa a cena?
- Descreva a paisagem retratada no quadro.
- Quais são os personagens retratados?
- De um lado, há os que já estão em terra (os nativos), de outro os que chegam (os portugueses) – de onde estes vieram? Como vieram? (nesse barquinho? Nos maiores (caravelas)?). Veja no mapa onde fica Portugal e onde fica o Brasil. Qual seria o meio mais rápido para viajar de um país a outro na época do descobrimento? Como você chegou a essa conclusão?
- Como os personagens dos dois grupos estão vestidos? Estão portando armas? Que armas? Por quê? – compare a aparência das pessoas dos dois grupos.
- O pintor que fez esse quadro nasceu em 29 de agosto de 1865 (ou 1867). Você acha que ele estava presente (testemunhou) na cena que pintou? Por quê? Como você sabe disso?
- Desenhe uma linha do tempo localizando a data do descobrimento do Brasil, a data do nascimento do pintor, a data em que ele terminou seu quadro. É possível alguém retratar na pintura uma coisa que aconteceu antes de se ter nascido?
- Por que o pintor resolveu retratar o encontro entre índios e portugueses? E por que o fez dessa maneira? O que o ajudou a imaginar esse encontro do modo como descreveu em seu quadro? (leu documentos e relatos sobre isso? Quem os produziu? Estudou outros desenhos sobre os barcos, as vestes e as armas da época?).
- Como você imagina que foi esse encontro? Houve estranhamento dos índios diante desse povo diferente que aportava? E dos portugueses em relação aos índios? Por quê? Você acha que os índios ou os portugueses estavam assustados?
- Se um índio fosse fazer um quadro sobre o mesmo evento, como você acha que seria? Igual ou diferente? Por quê?

Organize um debate geral em torno das respostas.

A obra *Independência ou morte!*, terminada em 1888, é claramente uma idealização do episódio em que D. Pedro I resolve cortar os laços do Brasil com a metrópole portuguesa. Historiadores que se debruçam sobre ela apontam várias inconsistências no quadro e evidências de que ele está muito longe de corresponder à realidade. Segundo esses pesquisadores, D. Pedro e seus acompanhantes não estavam usando cavalos, e sim mulas, o meio de transporte utilizado em viagens longas na época; nem ele nem ninguém vestiam uniforme de gala ou roupas quentes e pomposas na ocasião, mas sim roupas simples e confortáveis, adequadas à viagem; a casinha que aparece na tela e que ficaria conhecida como Casa do Grito não existia em 1822; a localização da casa com relação ao riacho está errada; na verdade havia poucos integrantes na comitiva e é pouco provável que alguém do povo tenha participado do ato; a região do Ipiranga era despovoada na época; na ocasião, D. Pedro estava cansado da viagem e sofrendo com diarreias, sendo, portanto, muito difícil que andasse carregando uma espada e exibisse um rosto saudável e imponente. A obra foi uma encomenda tardia da família real, feita com o objetivo de valorizar a monarquia e ressaltar a coragem, o heroísmo e a participação ativa do monarca na proclamação da independência, legitimando, assim, simbolicamente, sua continuidade no poder. Foi colocada em um museu e apresentada às pessoas como um símbolo patriótico. E não foi esquecida, faz sucesso até hoje.

ATIVIDADE 62

REPRESENTAÇÃO SOBRE A PROCLAMAÇÃO DA INDEPENDÊNCIA
Indicadores de análise: 3, 4, 5, 7, 9, 16.

Atividade adequada ao 5º ano

Instruções para o professor:

– Dentro do contexto de estudos sobre a Independência do Brasil, apresente aos alunos o quadro (do acervo do Museu Paulista) ou uma imagem do quadro *Independência ou morte!* (também conhecida como *O grito do Ipiranga*) feito com tinta a óleo sobre tela por Pedro Américo de Figueiredo e Melo, um pintor nascido em 1843.

– Proponha que conversem com os colegas e respondam algumas perguntas. No desenrolar da atividade, vá, aos poucos, acrescentando informações sobre os costumes da época (meios de transporte, roupas), o local retratado, as circunstâncias em que o quadro foi feito e os objetivos de sua confecção e exposição ao público.

– Por que Pedro Américo não tirou fotos em vez de desenhar e pintar? Pedro Américo estava presente quando D. Pedro I proclamou a independência do Brasil? Como você sabe isso?
– Para que ele fez o quadro?
– D. Pedro I viajava com sua comitiva por um terreno muito íngreme, você acha que eles estavam mesmo a cavalo?
– As pessoas que viajam montadas em mulas costumam usar roupas de veludo e uniformes enfeitados?
– Se você viajasse montado em uma mula, usaria um uniforme branquinho e um chapéu com penacho? Depois de algum tempo, de que cor estaria sua roupa? Será que os soldados estavam mesmo limpinhos e vestidos como mostra a pintura?
– A viagem era desconfortável e D. Pedro I estava desanimado, cansado e com diarreia – é assim que ele foi retratado na pintura?
– Quais os elementos da pintura que fazem D. Pedro I parecer um herói?
– De uniforme, em cima de um belo cavalo, postado em um local mais alto que os outros, gritando com uma espada erguida na mão, admirado e apoiado por todos – se é improvável que tenha acontecido assim, por que D. Pedro I aparece dessa forma na pintura?
– Você acha que o pintor quis contar a história tal como ela aconteceu ou enfeitou/mentiu sobre o episódio? Por que ele fez isso?
– Você acha que, se Pedro Américo tivesse feito um retrato mais fiel aos fatos, as pessoas gostariam da pintura?
– A independência foi conseguida por uma pessoa só ou pela luta de muitos descontentes com o domínio de Portugal? E o quadro, o que mostra sobre isso?
– O caipira que observa a cena representa o povo brasileiro. Segundo a pintura, ele teve algum papel importante no episódio ou só ficou assistindo a tudo de fora? Será que, na verdade, foi isso que aconteceu?
– *O jeito de contar uma história também faz parte da história.* Discuta com seus colegas e responda: o que você acha dessa frase?

ESCULTURAS

É uma forma de expressão produzida por diferentes povos, em diferentes épocas, com variedade de técnicas e de materiais (argila, massa, cimento, granito, mármore, pedra, madeira, arame, plástico). Para diversificar as atividades no ensino fundamental 1, sugerimos que o professor leve os alunos para visitar uma escultura exposta em uma praça ou museu da cidade [**Atividade 63** – TRABALHANDO COM ESCULTURAS - Indicadores de análise: 3, 4, 5, 6, 11, 12]. Ver uma escultura de perto é muito mais interessante que ver uma foto dessa mesma escultura,[8] já que uma das peculiaridades dessa arte é ter várias dimensões possibilitando que seja vista por vários ângulos. Essa atividade, adequada a alunos do 4º e 5º anos, permite aguçar a observação e conhecer elementos do patrimônio cultural e artístico local.

Os questionamentos que permitirão aos alunos observar com mais cuidado e aprender História variam conforme a escultura, mas existem perguntas básicas que podem ser feitas, como:

- O que a escultura representa?
- (Caso a escultura seja de uma pessoa) Quais as características físicas da pessoa representada por essa escultura? A escultura procura imitar a realidade?
- Quando a obra foi feita? Onde? Por quem? Com qual objetivo? (Se foi feita em homenagem ao Soldado Desconhecido ou a um cientista importante nascido na cidade, os alunos podem pesquisar para saber mais sobre a história em torno da luta desses soldados ou a contribuição desse cientista.)
- Qual o material utilizado? Qual a técnica empregada pelo artista para transformar o material (ferro, bronze, mármore etc.) em uma obra?
- Onde está exposta? Por que ela está exposta nesse local? (Por que alguém ou alguma instituição achou importante que ela fosse vista? – trata-se aqui da problemática que envolve memória, patrimônio histórico-cultural, História Regional.)
- Você já viu alguma escultura parecida / que tenha o mesmo estilo?

Entendemos que todas as oportunidades devem ser aproveitadas para se trabalhar História. Os conteúdos podem ser específicos do currículo daquele ano ou não, se o professor estiver atento aos objetivos estabelecidos, aos conceitos que necessitam melhor atenção, conforme já vimos nos capítulos anteriores, ele pode, com segurança, extrapolar o planejamento e atender às necessidades e curiosidade dos alunos. Sendo assim, se o professor identificar algum artista ou artesão local que faça esculturas, pode promover o contato dos alunos com esses trabalhos. Esse tipo de atividade também acabará envolvendo os conteúdos de Artes.

Não há dúvidas de que os alunos têm que ter a oportunidade de conhecer esculturas de artistas como Michelangelo, Aleijadinho ou Brecheret em algum momento de sua vida escolar. Mas também é interessante promover o contato pessoal dos estudantes do ensino fundamental com artistas locais e suas produções. A **Atividade 64** é um exemplo de como o professor pode aproveitar a riqueza cultural local para abordar conteúdos de Artes e História.

ATIVIDADE 64

VENDEDOR DE RASPADINHA
Indicadores de análise: 3, 4, 5, 6, 11, 12.

Essa proposta foi desenvolvida com alunos de 4º e 5º ano que tomaram contato com uma obra exposta na rua da Cidade Velha ou a Ciudad Amurallada, de Cartagena de Indias, na Colômbia. Ela retrata uma atividade comum nas ruas locais, como se pode ver pela segunda imagem.

Obra exposta na Cidade Velha, Cartagena, Colômbia.

Vendedor de raspadinha.

Perguntas feitas aos alunos:
– O que essa escultura retrata?
– Você já viu alguém trabalhar com esse tipo de carrinho e esses objetos?
– Essa escultura representa o trabalho de um ambulante muito comum na cidade e que vende um produto que existe há muitos anos. Qual é? Descreva como ele faz para produzir a raspadinha? Quais os materiais que utiliza? Quem compra esse produto (raspadinha)?
– Quando essa escultura foi feita? Como você pode saber a data?

▷ – Qual o material utilizado? Como será que o artista consegue transformar o material (ferro, bronze, mármore etc.) em uma ideia?
– Você consegue saber quem é o autor da escultura?
– Onde a obra está exposta? Por que ela está exposta nesse local?
– Você já viu alguma escultura parecida / que siga o mesmo estilo?

Ampliação da atividade, tendo como referência um tema do currículo, por exemplo, "profissões" (ofícios antigos, vendedores ambulantes). Propostas feitas ao aluno:

– Pesquise se na sua cidade há alguma profissão (sapateiro, padeiro etc.) que existe provavelmente há tanto tempo quanto a do vendedor de raspadinha (muito antiga).
ou
– Pesquise se na sua cidade há outros tipos de vendedores ambulantes que oferecem aos passantes algo que ele mesmo produz ou confecciona.
– Utilizando os materiais que quiser (podem ser garrafas pet, caixas vazias e outros que sejam leves e de fácil manuseio), faça sua própria escultura sobre um dos tipos que você encontrou em sua pesquisa.

COLAGENS

Quando materiais são colados sobre uma base obtém-se uma *colagem*. O *mosaico*, cuja técnica consiste em colar pequenas peças coloridas para formar um desenho, é um tipo de colagem existente há mais de dois mil anos. O *cubismo*, em voga no início do século XX, também pode ser considerado um tipo de colagem. Alguns artistas utilizam a colagem de diferentes materiais no que chamam de *construção*. A *fotomontagem*, por sua vez, consiste em selecionar imagens e combiná-las entre si, podendo incluir elementos de desenho e pintura.

Trabalhar com colagens em sala de aula agrada os alunos e estimula sua criatividade. Quando o professor propõe um tema ou apresenta um texto para servir de inspiração para a execução do trabalho, estimula as crianças a interpretarem o conteúdo apresentado e, em seguida, refletir sobre a melhor forma de representá-lo por meio da técnica (colagem) e dos materiais disponíveis para a execução do trabalho (cola, fita adesiva, barbante, arame, grampos, palha, papéis de diversos tipos e cores, objetos de plástico e metal etc.).

A **Atividade 65** propõe que as crianças façam uma colagem inspirada em um texto escrito por um historiador sobre um assunto do currículo de História. O texto sofreu adaptações para adequar-se ao nível dos alunos. Antes de começar a fazer a colagem, os alunos precisam ler e compreender o texto. Em seguida, devem refletir sobre a mensagem que querem passar em sua obra e o que farão para executá-la. Depois de definir como será o trabalho, devem coletar os materiais necessários à sua confecção e montar com eles sua composição. Ao final, as crianças organizam uma exposição para que todos possam observar os resultados do trabalho dos colegas e conversar sobre eles.

ATIVIDADE 65

QUILOMBOS
Indicadores de análise: 4, 8, 11, 12,18.

Atividade adequada ao 5º ano

Proposta para os alunos:

– Elabore e execute um trabalho de colagem com base na leitura do texto sobre quilombos. Essa atividade pode ser feita individualmente ou em dupla.

Comunidades de escravos fugidos

Durante toda a história da escravidão no Brasil, negros e índios resistiram ao cativeiro. A melhor forma era escapar das roças e plantações e embrenhar-se nas matas. Da chegada dos primeiros africanos ao fim da escravidão, em 1888, não houve região do Brasil que não conhecesse comunidades quilombolas. Na maioria das vezes, os quilombos possuíam algumas dezenas de habitantes, mas podiam ter centenas ou até mais de mil membros. Em alguns casos, abrigavam também negros livres, índios e brancos pobres. Nos quilombos, havia mais homens que mulheres. Essas comunidades geralmente elegiam um líder.

> Os quilombos dedicados à agricultura de subsistência eram os mais comuns. Os escravos fugidos plantavam feijão, mandioca, milho, abóbora, cana-de-açúcar. Dedicavam-se à pesca, caça e coleta. Levantavam cabanas individuais ou coletivas. Protegiam as aldeias com fossos, paliçadas e armadilhas. Criavam galinhas, porcos, cabras e outros pequenos animais. Também mantinham contatos ilegais com pessoas de fora. Vendiam ou trocavam uma parte de seus produtos em vilas e fazendas mais próximas. Vendedores ambulantes e comerciantes compravam a produção dos fujões e lhes vendiam tecidos, armas, pólvora e cachaça. (Maestri, 1997: 106-11. Texto adaptado)
>
> – Exponha seu trabalho para que todos os colegas possam vê-lo. Aproveite a ocasião para verificar como ficaram os trabalhos dos colegas e quais as soluções encontradas por eles para tratar do mesmo assunto.

HISTÓRIA EM QUADRINHOS

Muito provavelmente, alunos alfabetizados já estão familiarizados com a linguagem das histórias em quadrinhos (frases curtas em balões, onomatopeias, ideia de movimento, pano de fundo etc.) e não terão dificuldades em se envolver com alguma proposta de trabalhar com quadrinhos. Eles são fáceis de ler, têm uma aparência que cativa os alunos e podem ser um excelente instrumento didático. Nas aulas de História, os estudantes tanto podem tomar contato com histórias em quadrinhos já publicadas (que relatam fatos históricos, lendas, biografias) quanto produzir suas próprias HQs a partir de algum tema que está sendo estudado. Ao final da atividade, as HQs produzidas devem circular pelos colegas, para que todos possam lê-las.

Etapas do trabalho:

- A partir de uma HQ conhecida por todos da classe, o professor chama a atenção para especificidades desse tipo de linguagem (formato, convenções, características, relação entre imagem e texto).
- O professor apresenta aos alunos um texto de História que servirá de inspiração para que eles elaborem suas próprias HQs sobre o assunto.

- No trabalho de elaboração, os alunos deverão pensar sobre a narrativa que querem contar e a forma de fazê-lo. Deverão também decidir sobre quem e quantos serão os personagens, qual será o cenário, qual o título e qual o enredo.
- Devem fazer um rascunho para definir o número de quadrinhos, suas imagens e a distribuição da história sobre eles. E, finalmente, devem produzir os desenhos, preencher as legendas e diálogos e colorir o material. Cada aluno pode fazer a sua HQ ou o trabalho pode ser dividido entre alunos de um pequeno grupo (em que cada um pode contribuir com seus talentos específicos, por exemplo, um que desenha bem poderá ser valorizado pelo grupo do mesmo modo que o que escreve bem ou aquele que é muito criativo ou engraçado).
- De acordo com cada tema proposto, os alunos poderão completar as informações do texto com pesquisas de imagens para caracterizarem melhor a aparência dos personagens, a paisagem do relato, o formato dos objetos mencionados.

ATIVIDADE 66

COSTUMES DIFERENTES
Indicadores de análise: 4, 2, 14, 16, 17.

Atividade adequada a alunos de 4º e 5º ano

Instruções para os alunos:

– Leia o texto com atenção, anote as palavras desconhecidas e procure o seu significado.
– Converse com seus colegas sobre o conteúdo do texto.
– Faça uma lista das diferenças entre os costumes dos europeus e dos índios. Faça uma lista das reações de cada um dos povos diante dos costumes que achavam estranhos no "outro".
– Produza uma HQ inspirada no texto. Mas, antes, defina os personagens, as características da paisagem e a narrativa a ser contada.

Costumes diferentes

Uma das primeiras coisas que chamaram a atenção dos europeus foi a nudez dos índios; para uns foi chocante, para outros foi uma surpresa agradável. Os europeus vinham de uma cultura na qual a regra social era usar roupas pesadas, que cobriam quase todo o corpo. Outro costume nativo que surpreendeu os europeus era o hábito dos índios de tomar banho todos os dias, e em alguns mais de uma vez, pois na Europa não havia esse costume. Ao contrário, lá se acreditava que "muito banho" fazia mal à saúde. Quando eram obrigados pelos brancos a usar roupas, muitos índios aí sim ficavam doentes; banhavam-se vestidos e demoravam a secar ou usavam panos não tão limpos nos quais proliferavam bactérias e fungos. Os índios resistiam em usar roupas dizendo que elas atrapalhavam a realização de suas atividades, mas muitos europeus achavam que ficar sem roupa era imoral. (Mesgravis e C. Pinsky, 2000: 46-7. Texto adaptado)

ATIVIDADE 67

PAU-BRASIL
Indicadores de análise: 2, 4, 8,14.

Atividade adequada aos alunos de 3º a 5º ano

Instruções para os alunos:

– Leia os dois textos com atenção, anote as palavras desconhecidas e procure o seu significado.
– Converse com seus colegas sobre o conteúdo dos textos.
– Procure imagens da árvore pau-brasil para saber como ela é.
– Produza uma HQ inspirada nos textos. Mas, antes, defina os personagens, as características da paisagem e a narrativa a ser contada.

Pau-brasil (1)

Nos primeiros trinta anos após a chegada dos portugueses, não houve grande interesse por parte de Portugal pelas terras brasileiras. Foram enviadas somente expedições para fazer o reconhecimento da terra e verificar se existiam riquezas que poderiam ser aproveitas na Europa. Os exploradores elegeram o pau-brasil, primeiro produto extraído da terra. Outros países além de Portugal, que reservou para si a exclusividade da exploração, também tinham interesse em comercializar a madeira. Então, o rei de Portugal enviou expedições para proteger o litoral dos invasores e garantir o pau-brasil para os portugueses.

E o que os europeus faziam com o pau-brasil? Usavam o lenho (miolo) de seu tronco para fabricar um corante vermelho exportado para manufaturas de tecidos. Usavam a madeira, que era ótima, para fazer móveis. O preço do pau-brasil era alto na Europa. (M. Schmidt, 1999: 152-3. Texto adaptado)

Pau-brasil (2)

Os lusitanos, então, na volta para o velho continente, enchiam seus navios de pau-brasil, alguns outros produtos exóticos (como papagaios, macacos e peles) de menor valor e seres humanos escravizados. [...] a cada viagem algumas dezenas de índios eram levados à força como escravos para serem vendidos nos mercados europeus. Esses cativos eram obtidos por meio de trocas com outros nativos ou de artimanhas como esperar que os índios embarcassem carregando toras de pau-brasil para depois prendê-los e raptá-los. (Mesgravis e C. Pinsky, 2000: 28)

A **Atividade 68** é uma variação das duas anteriores, mas aqui o texto que serve de inspiração para a confecção da HQ é escrito em versos, o que faz com que os alunos tenham contato com uma linguagem diferente da usada nos textos anteriores.

ATIVIDADE 68

AS CAPITÂNIAS
Indicadores de análise: 2, 4, 8,14.

Atividade adequada a alunos de 4º e 5º ano

Instruções para os alunos:

– Leia o texto com atenção, anote as palavras desconhecidas e procure o seu significado.
– Converse com seus colegas sobre o conteúdo do texto. Dê um título para ele.
– O nome da *autora* principal do texto aparece logo abaixo do trecho escolhido. Identifique quem é o *narrador* da história contada em versos (trata-se de um índio ou de um português)?
– Produza uma HQ inspirada no texto. Mas, antes, defina os personagens, as características do cenário e o conteúdo.

-------------- [título]

O rei de Portugal achava que a terra era dele.
Ele nem reconhecia que essas terras tinham dono.
Ele nem reconhecia que essas terras eram dos povos indígenas.
Foi logo repartindo a nossa terra.

ele nem respeitou nosso direito!

Dividiu a terra em 15 pedaços.
Deu cada pedaço para um homem rico de Portugal.
Cada um desses pedaços ficou chamado de Capitânia.
Cada dono de Capitânia era como um governador.
Ele tinha que mandar fazer derrubada.
Tinha que mandar fazer plantação.
Tinha que cuidar da terra para outros governos não tomarem de Portugal. [...]

os portugueses vinham para o brasil pensando enriquecer

Os portugueses só pensavam num jeito de ficar mais ricos!
A terra da Europa não dá cana.
A nossa terra era boa para plantar cana.

Então os donos das Capitânias ocuparam
as terras dos índios, expulsaram os índios
de suas terras e começaram a derrubar
todas as matas dos índios...

os donos das capitânias plantaram cana, muita cana nas terras dos índios.

(Eunice Dias de Paula et al., 2001: 108, 114)

CINEMA, DOCUMENTÁRIO, ANIMAÇÃO (DESENHO ANIMADO)

O cinema é uma das grandes invenções do século XIX. Ao longo dos anos, sua técnica foi aperfeiçoada e, hoje em dia, ele pode ser em cores, com som e em 3D. Os filmes são excelentes recursos didáticos e há várias obras dedicadas a orientar os professores sobre seu uso em sala de aula e, particularmente, no ensino de História.[9]

O historiador Marcos Napolitano (2001: 79) sugere aos professores interessados em trabalhar com filmes:

- pensar no emprego do filme dentro de um planejamento geral do curso, articulando-o com os conceitos trabalhados, bem como as habilidades e competências desejadas.
- selecionar uma sequência de filmes a serem trabalhados ao longo do ano, tendo em mente o conjunto de objetivos e metas.
- fornecer com antecedência um roteiro de análise para os alunos, que tenha uma parte informativa (informações sobre o filme: data, diretor, assunto) e uma interpretativa (que provoque o olhar do aluno e delimite algumas questões básicas para serem percebidas e assimiladas enquanto eles veem o filme).
- selecionar textos de apoio diretamente relacionados ao assunto do filme exibido.

Sourient, Rudek e Camargo (2005) dão as seguintes dicas:

- Os filmes não precisam, necessariamente, ser exibidos em sua totalidade. Os trechos podem ser trabalhados de acordo com o que o professor achar conveniente (cenas inadequadas de sexo, violência, drogas e linguagem imprópria podem ser excluídas).
- Há necessidade de o professor assistir ao filme todo antes de passá-lo aos alunos, fazendo anotações sobre o que for mais interessante e o que precisa ser destacado. Assim, o professor poderá alertar os alunos, antes da exibição, para prestarem atenção a determinados aspectos e cenas, pedindo-lhes que façam anotações. O professor também pode fazer comentários durante a exibição.
- Os alunos devem saber que o filme é uma representação produzida por aquele que o idealizou e que pode ter erros do ponto de vista histórico

(os próprios alunos, se tiverem condições, podem ser incentivados a apontar as eventuais distorções contidas no enredo).
- O professor deve combinar previamente com os alunos de que maneira eles irão registrar suas impressões. Isso contribui para que eles elaborem melhor as informações que foram visualizadas.

Depois de confeccionarem seus relatórios sobre a atividade, os alunos podem ser dispostos em grupos de discussão em que possam manifestar suas opiniões e ouvir as dos colegas. Ao final, o professor ajuda os estudantes a organizar uma síntese das discussões, relacionando-a com o conteúdo trabalhado no seu curso.

O trabalho com a sétima arte, o cinema, proporciona a possibilidade de observar a representação de roupas, costumes, cultura, papéis sociais de uma forma diferente que a dos livros. Assistir a uma encenação como a proporcionada pelo cinema, aliada à trilha sonora e trama que contém a história, nos envolve emocionalmente. Quando trabalhamos com "filmes de época" (que retratam a vida das pessoas no passado), podemos aprofundar as discussões sobre os assuntos previstos no currículo, especialmente no que diz respeito ao cotidiano, condições materiais e mentalidades.

ATIVIDADE 69

TRABALHANDO COM CINEMA MUDO
Indicadores de análise: 2, 8, 9, 13, 14, 15, 18.

Atividade adequada aos alunos de 4º e 5º ano

Instruções para o professor:

– trabalhar com o filme *O garoto*, de Charlie Chaplin, seguindo as orientações dadas anteriormente por Napolitano (2001) e Sourient, Rudek e Camargo (2005), adaptadas à realidade de seus alunos e de sua escola.

– nessa proposta, o professor pode explorar duas vertentes: (1) a questão do filme em si, como técnica e produto artístico; (2) a questão do conteúdo do filme, atentando especialmente para os aspectos relacionados ao contexto histórico da narrativa. Assim, poderá estimular os alunos (divididos em grupos) com perguntas e tarefas dos seguintes tipos:

(1)
- Você conseguiu compreender o enredo, mesmo o filme sendo mudo? Por quê?
- Quando você acha que esse filme foi feito?
- Por que você acha que ele foi feito assim, mudo e em branco e preto?
- Seu pai era vivo na época que o filme foi feito? Como você sabe? E seu avô? E seu bisavô? (esse tipo de pergunta, como já explicamos, é importante para que o aluno tente apresentar argumentos para justificar suas ideias).
- Compare a experiência de ver um filme mudo com relação a ver um filme feito recentemente (escolha um dos filmes que você e seus colegas conhecem).

Filme	Cores	Formas de passar as mensagens	Pontos positivos	Pontos negativos	Outros aspectos
Mudo antigo					
Atual falado					

Pesquise e responda:

- Quando surgiu o filme mudo?
- Qual foi o primeiro filme mudo?
- Quais suas características ou curiosidades?
- Como as pessoas reagiram quando o viram pela primeira vez? Por quê?
- Qual foi a primeira cidade em que passou o filme mudo? Onde ela se localiza?
- O que acontecia no mundo quando ele surgiu?
- Nos cinemas dos anos 1920, os filmes eram mudos, acompanhados por música? Como isso se dava?
- Quando começou a passar filme mudo no Brasil? Foi na mesma época da primeira apresentação de um filme?
- O que acontecia no Brasil na época em que os primeiros filmes mudos começaram a ser passados nos cinemas do país?
- Quem você acha que é mais velho: seu avô ou o cinema? Como você pode obter essa informação?
- O que de importante aconteceu na sua casa ou família nessa mesma época? (talvez os alunos não encontrem mais parentes que viveram nessa época, mas esse tipo de pergunta favorece a noção de categorias temporais).
- Para que serve o cinema?

– Qual seria o motivo de o cinema continuar a existir por tanto tempo? (o professor pode sugerir que os alunos leiam o livro de Brian Selznick, *A invenção de Hugo Cabret*, São Paulo, Edições SM, 2012).
– Você já foi a um cinema? Onde se localiza o cinema em sua cidade? Como as crianças devem se comportar em um cinema?

(2)
– Você gostou do filme? O que mais chamou sua atenção?
– Sobre o que era a história?
– Quais eram os personagens?
– Escreva um resumo do filme em 4 linhas.
– Pesquise sobre o filme e apresente sua ficha com título, data, diretor, país, atores principais.
– identifique os assuntos do filme (situações de pobreza, amizade, esperteza...).
– Observe as roupas, os automóveis, o estilo de vida e as realidades vividas pelos personagens. Identifique o que tem de igual e o que tem de diferente em relação aos dias de hoje.

Dependendo do nível dos alunos e dos objetivos do professor, o trabalho com o conteúdo do filme *O garoto* pode ser aprofundado com discussões sobre a pobreza, crianças abandonadas, o papel das autoridades policiais, a luta pela sobrevivência, o desemprego, além de questões éticas suscitadas pelos expedientes utilizados pelo vagabundo do filme para sustentar a si e a seu amiguinho.

Vários exemplares da filmografia de Chaplin são lúdicos, acessíveis às crianças e podem trazer temas muito interessantes para a discussão em sala de aula (por exemplo: *Tempos modernos*, sobre a questão do trabalho na linha de produção fabril).

Filmes que contam sobre a vida de um personagem histórico também são bons recursos didáticos. Além de ajudar as crianças a se familiarizarem com aspectos do cotidiano da época retratada, apresentam-nas ao personagem em questão, seus feitos, suas dificuldades e conquistas. [**Atividade 70** – CINEBIOGRAFIA – Indicadores de análise: 2, 8, 9, 13, 14, 15, 18] A obra *Amadeus* (de 1984, dirigido por Milos Forman), por exemplo, pode aproximar os alunos do legado de Mozart (um patrimônio cultural de importância reconhecida mundialmente) e apresentá-los aos costumes e às relações sociais que se estabeleciam na Europa do século XVIII (reis e súditos, aristocracia e plebe, possibilidades e limites da criação artística e de viver do trabalho artístico, entre outros aspectos).

Não custa lembrar que, quanto mais o professor conhece seus alunos, mais chances têm de escolher obras (ou trechos) adequadas a eles. Desenhos animados (animações) também apresentam inúmeras possibilidades de trabalho que podem começar, da mesma forma que com os filmes, seguindo as sugestões de Napolitano (2001) e Sourient, Rudek e Camargo (2005) e avançar para a análise dos conteúdos específicos das obras que estejam relacionados às propostas curriculares desenvolvidas no momento.

A *filmagem*, por sua vez, é um recurso acessível para muitas pessoas, pois há até celulares que possuem esse dispositivo. Se o professor achar interessante, pode pedir aos alunos que elaborem um vídeo sobre determinado tema ligado ao currículo; nessa atividade, eles precisarão redigir um roteiro e planejar os passos da filmagem antes de executá-la.

A **Atividade 71** é um exemplo de trabalho em que os alunos produzem suas próprias representações e desenvolvem uma narrativa no estilo documentário (ou reportagem) a partir de um estudo do meio que inclui a visita a um museu local.

ATIVIDADE 71

PRODUZINDO UM VÍDEO
Indicadores de análise: 2, 8, 10, 13, 14, 15, 18.

Alunos de 4º ano da cidade de Americana-SP visitaram um museu local chamado Casarão com o objetivo de aprender sobre o conteúdo histórico exposto e fazer um documentário baseado no que aprenderam com a visita. Ao longo do passeio, registraram algumas imagens.

Em sala de aula, elaboraram um roteiro, predefinindo o conteúdo do documentário: selecionaram as imagens filmadas, determinaram o texto da narrativa, intercalaram as imagens feitas no local do museu com imagens (e falas) dos próprios alunos no papel de apresentadores ou repórteres. Para montar o documentário, contaram com a ajuda de uma pessoa entendida em programas de computados relacionados à montagem de vídeos. Ao final, o documentário foi exibido para colegas da escola e alguns pais.

A seguir, algumas etapas do trabalho:

(1) O roteiro prévio

1. Apresentar os realizadores do documentário e o assunto.
2. Mostrar o local e falar de seu significado.
3. Relatar 3 informações interessantes; a primeira utilizando imagens em movimento, a segunda, imagens de fotos, a terceira, imagem de alguém explicando por que não aparece nem filmagem nem foto.
4. Agradecer a atenção e se despedir.
5. Colocar, no final, uma foto do grupo do momento da chegada ao local estudado, inserir o nome de todos os alunos que participaram do estudo e da professora que acompanhou.
6. Mencionar o motorista, o guia do museu, os pais e as pessoas que contribuíram para o estudo realizado em um agradecimento final por escrito.

(2) O roteiro elaborado pelos alunos com o conteúdo do texto falado.

1. *Sou o Luiz, represento um dos repórteres do 4º ano A e irei iniciar o documentário sobre o museu Casarão, que foi um estudo do meio realizado pela minha classe para conhecer melhor a história de minha cidade e a relação dela com o estado de São Paulo.*
2. *O museu está localizado na cidade de Americana. Esse museu tem muitos anos e preserva muitos objetos, fotos e documentos importantes para a História da cidade. Vejam as primeiras imagens dele* (inserir imagens filmadas da fachada do local e da parte interna do Museu).
3. *No documentário iremos destacar 3 informações importantes.* (voz do aluno A + imagem em movimento) *A 1ª é que o prédio do museu foi mesmo a casa sede de uma fazenda. Nela moravam os donos do local e embaixo os escravos que trabalhavam na propriedade. Vocês verão o local que os escravos sofriam castigos e também a sala de onde o dono deles os vigiava.*

(voz do aluno B + fotografia) *A 2ª informação interessante é a existência de um local utilizado como dispensa da casa, um cômodo seco e frio, onde os alimentos ficavam guardados para serem melhor conservados.*

(voz e imagem do aluno C) ....

(3) *storyboard*:

Imagens	Áudio
Abertura mostrando o aluno que irá apresentar o documentário.	Sou o Luis, represento um dos repórteres do 4º ano A e irei iniciar o documentário sobre o museu Casarão, que foi um estudo do meio realizado pela minha classe para conhecer melhor a história de minha cidade e a relação dela com o estado de São Paulo.
Imagens do museu: fachada do museu.	O museu está localizado na cidade de Americana. Esse museu tem muitos anos e preserva muitos objetos, fotos e documentos importantes para a história da cidade. Vejam as primeiras imagens dele.
Imagem da aluna falando.	No documentário iremos destacar 3 informações importantes que serão apresentadas pelos outros repórteres.
Imagem da aluna falando.	A 1ª é que o prédio do museu foi mesmo a casa sede de uma fazenda. Nela moravam os donos do local e embaixo os escravos que trabalhavam na propriedade. Vocês verão o local que os escravos sofriam castigos e também a sala de onde o dono deles os vigiava.
Imagem externa da casa, da sala, dos móveis internos e imagem que mostra o corrimão da escada que desce para o porão dos escravos.	Observem a sala ampla, construção com paredes de tijolo, móveis grandes e suntuosos, e ao fundo uma escada que desce para a porão, local em que ficavam os escravos.
Mostrar a escada que desce para o porão e o próprio local onde os escravos ficavam e sofriam castigos.	Observem a área embaixo das escadas era aí que os escravos ficavam. Ao centro está uma tora fixada no chão com algemas para prender os escravos que iriam sofrer castigos.
(continua...)	Outro aluno:

Os trabalhos com *documentários* ou simplesmente com imagens documentais também são uma alternativa interessante no ensino de História no fundamental, pois podem colocar os alunos em contato com imagens e sons de uma época.

A **Atividade 72** exemplifica um trabalho com imagens documentais de antigos carnavais proposto a alunos dos 3º, 4º e 5º anos [**Atividade 72** – O CANARVAL DE DIFERENTES ÉPOCAS - Indicadores de análise: 2, 8, 10, 13, 14, 15, 18]. O professor selecionou vídeos que mostravam desfiles de carnaval de diferentes épocas e locais. Apresentou o material aos alunos e lhes fez as seguintes perguntas:

Parte A
1. Como poderíamos descobrir de que ano são as imagens?
2. De que cidade poderiam ser essas imagens?
3. Qual o nome dos grupos que estavam desfilando?
4. Qual a importância do carnaval de rua para a cidade?
5. Depois de assistir ao vídeo, que perguntas poderíamos fazer para sabermos mais sobre essa festa popular?
6. Como se organiza um carnaval de rua?

Parte B
1. O que é carnaval?
2. Todos os lugares do mundo possuem carnaval?
3. Como o carnaval é comemorado em outros países?
4. Como é o carnaval em diferentes regiões ou estados do Brasil?
5. Nos dias atuais, existe carnaval de rua em sua cidade? Quais as diferenças e semelhanças entre o carnaval de sua cidade e dos desfiles de escolas de samba do Rio de Janeiro transmitidos pela televisão?

Desenvolvendo a mesma temática, o professor fez uma proposta de trabalho com músicas (ver o item deste capítulo que apresenta sugestões de trabalhos com música).

Uma proposta interessante envolvendo episódios de seriados é a que leva os alunos a observar semelhanças e diferenças entre as técnicas utilizadas em diferentes épocas para produzi-los. A obra de Monteiro Lobato, *O sítio do pica-pau amarelo*, serviu de base para seriados brasileiros em diferentes épocas da televisão nacional. Comparando as diferentes produções, os alunos perceberão que, embora os enredos possam até se repetir, são nítidas as transformações visuais dos personagens, dos cenários e dos efeitos especiais (contando, mais recentemente, com muito mais recursos tecnológicos).

Outra sugestão é passar em sala de aula vídeos que mostrem como são feitos os desenhos animados, especialmente, como os movimentos eram construídos nos desenhos animados mais antigos e os recursos utilizados hoje. Como alternativa, um profissional da área pode ser convidado a vir à escola conversar com alunos sobre esse assunto. Informações como essas enriquecem o conhecimento dos alunos de 3º ao 5º ano sobre evolução das atividades produtivas ao longo do tempo e as modificações na maneira de interpretar a realidade (ou contar uma história) por meio de recursos tecnológicos. Além disso, facilitam a compreensão da importância do que foi utilizado no passado (técnicas e tecnologia) como uma das fases para chegarmos ao nível de avanço em que nos encontramos hoje. Em outras palavras, *o que já está ultrapassado teve sua importância para o hoje, e o presente é uma possibilidade de aprimoramento futuro.*

ARQUITETURA

Diferentes habitações, palácios e templos foram construídos ao longo da história, com desenhos, estruturas e materiais distintos. Os edifícios que se conservam por anos nos dizem muita coisa sobre as possibilidades materiais e a cultura do período em que foram feitos.

Uma atividade interessante no ensino fundamental 1 é mostrar aos alunos uma habitação de outra época (colonial ou do século XIX) ou bastante diferente das que estão acostumados (uma oca indígena, por exemplo) e pedir que observem suas características por meios de perguntas do tipo:

Como se cozinhava nessa casa? Onde as pessoas dormiam? Havia paredes e separações, de que tipo? Onde as pessoas faziam xixi e onde eram despejados os dejetos? Por que havia um pátio interno? Por que as portas davam direto na calçada?

Em seguida, eles poderão estudar os hábitos dos antigos moradores:

Quem utilizava os utensílios de cozinha? Por que os homens dormiam de camisola? Onde jogavam a urina do penico? Quem ocupava tais aposentos? Quantas pessoas moravam aqui? Quem habitava essa casa? Havia alguma hierarquia entre eles? E para ocupar os espaços da casa?

Às vezes, o local onde se encontra o museu da cidade teve antigamente outra função e pode ser visitado sem grandes dificuldades por escolares que querem conhecer não só o conteúdo de suas exposições, mas a história do edifício.

Orientação geral para a observação de prédios históricos.

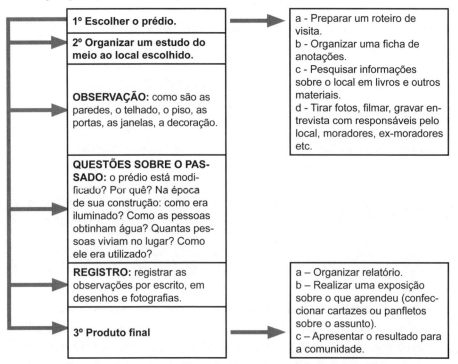

Há municípios brasileiros que possuem roteiros turísticos intitulados "Passeio da memória" que possibilitam o reconhecimento de construções históricas relevantes para a cidade. Seguindo um desses roteiros, os alunos podem observar as características de antigas residências, jardins, espaços comerciais, asilos, igrejas, escolas e praças. Escolha o roteiro que seja mais adequado para o seu ano e siga a sugestão de trabalho do quadro anterior. Se a sua cidade não tiver roteiros desse tipo, elabore um. Tendo definido um destino, pergunte aos alunos o que eles acham que irão aprender na visita. Organize com eles um estudo do meio ao local usando como apoio uma ficha de orientação para a observação e para o registro das informações obtidas no passeio.

ATIVIDADE 73

CONHECENDO O PATRIMÔNIO DA CIDADE
Indicadores de análise: 1, 2, 3, 4, 12.

Atividade adequada aos alunos de 3º a 5º ano

Instruções para o professor:

Se a sua cidade não possui qualquer tipo de roteiro histórico, está na hora de arregaçar as mangas e organizar algo para seus alunos.

– Pesquise informações sobre a história da fundação/construção da cidade em documentos de museus, recortes de jornal, arquivos cartoriais e mesmo com antigos moradores.
– Disponibilize os documentos para os alunos, pedindo-lhes que leiam o material e anotem as informações mais relevantes.
– Descubra onde é o marco zero da cidade (ele costuma estar próximo à primeira igreja ou outro ponto da cidade, é, geralmente, onde tudo começou) e faça com os alunos um estudo do espaço onde ele se encontra, observando as ruas, o cenário (o que está localizado em suas proximidades, se o comércio se desenvolveu no local, se ainda há casas muito antigas e como é o tipo de construção...).
– Organize entrevistas dos alunos com um conhecedor da história local (um historiador, um estudioso da história local, um habitante que conhece a história local...).
– Ajude as crianças a construir uma linha do tempo considerando como data inicial o documento ou indício mais antigo da época das origens da cidade.

DESIGN

O *design* é a forma dada a um objeto. Para defini-lo foi preciso levar em conta a função, o material empregado, o tamanho, o conforto, a praticidade. E essas preocupações se aplicam a objetos mais variados (utensílios, roupas, carros, computadores etc.). O *design* pode ser estudado, considerando época, técnica, materiais, momento político, cultural e social. O objetivo do trabalho com o *design* no ensino fundamental 1 é proporcionar mais um marcador temporal para os alunos.

Por meio da análise de móveis, por exemplo, é possível ler pistas do passado. Ao considerar a fabricação de cadeiras somente com madeira, ou a inserção do plástico em sua produção, temos um marcador temporal (a criação do plástico não ocorreu antes de 1909). Quando o aluno pesquisa e descobre que alguns materiais não existiam em determinadas épocas, começam a construir explicações subjetivas sobre o tempo, que poderão evoluir e se sofisticar ao longo de sua experiência escolar.

ATIVIDADE 74

MÓVEIS E TEMPO
Indicadores de análise: 1, 2, 4, 6, 13.

Atividade adequada aos alunos de 4º e 5º ano

Instruções para o aluno:

Observe as imagens a seguir.

Cadeira 1   *Cadeira 2*

Agora registre no seu caderno o que for solicitado.

1. Pense numa cadeira e desenhe.
2. Ela se parece com as cadeiras das imagens? Por quê? E em quê?
3. Você já viu cadeiras com o mesmo *design* dessas da imagem? Onde?
4. Observando as cadeiras, quais materiais você acha que foram utilizados em sua fabricação?

5. Na sua opinião, qual cadeira é a mais antiga e qual é a mais nova? Explique por quê.
6. A partir dos materiais, você acha que é possível estimar a data em que cadeiras desses dois tipos passaram a ser fabricadas?
7. Discuta com seu grupo e escreva quais os motivos de haver modelos diferentes de cadeira.
8. Desenhe uma sala que contenha objetos (mesa, tapete, armários, etc.) que combinem com as cadeiras 1 e 2 respectivamente.
9. Procure informações sobre cadeiras e seus diferentes estilos e faça um texto sobre isso.

Lembramos, novamente, que os alunos devem ser sempre incentivados a pesquisar e estabelecer relações, caso contrário, o professor será apenas um transmissor de informações, e não de conhecimento.

MUSEUS

Existem vários tipos de museus: de Arte, do automóvel, do futebol, da Língua Portuguesa, de Ciências e Tecnologia, étnico, de História Natural, histórico, biográfico, antropológico, ecomuseu, do brinquedo, de figuras de pessoas em cera, arqueológico, de arte sacra e tantos outros. Vejamos as características dos mais comuns:

MUSEUS HISTÓRICOS	Neles prevalece a relevância histórica do seu acervo.
MUSEUS DE ARTE	O acervo é constituído exclusivamente de obras de arte, como esculturas, pinturas e instalações.
MUSEUS DE CIÊNCIA	O propósito é o ensino da ciência e de suas formas de raciocínio.
MUSEUS BIOGRÁFICOS	Todo o acervo pertenceu ou foi produzido por uma só pessoa.
MUSEUS COMUNITÁRIOS e ECOMUSEUS	Têm o intuito de preservar a região em que se encontram, o ambiente cultural, social e espacial, mais voltados para a comunidade de onde se encontram do que para visitantes de fora.
MUSEUS DE BAIRRO/ CIDADE	O enfoque é sobre a história e a cultura dessa localidade, um resgate da memória.
MUSEUS TEMÁTICOS	O foco é apenas um tema, utilizando-se de qualquer suporte de acervo para isso.

Os museus podem ser mantidos por diferentes instituições (prefeituras, estados, governo federal, sindicatos, grêmios, universidades, empresas, entre outras). Eles são espaços privilegiados para o estudo, a educação e o deleite. Ao visitar um museu, podemos apurar nosso olhar. Além disso, um de seus principais atrativos é estimular a imaginação.

Com relação aos alunos do fundamental 1, tanto quanto saber do que trata uma obra ou objeto exposto em um museu, é importante tentar inferir ou "inventar" a própria versão/interpretação sobre eles. Por exemplo, ao observar um objeto incompleto, enferrujado, uma louça quebrada no museu, os alunos podem ser solicitados a "adivinhar o resto da sua história" ou explicar a partir de sua imaginação o que aconteceu, ou o que está dizendo o personagem de uma escultura ou pintura (Cooler, 2002).

Conhecer museus é uma atividade escolar fundamental. Algumas dicas para o professor que levará seus alunos a um museu:

- de preferência, conheça antes o lugar (se não for possível uma visita *in loco*, tente obter informações sobre o museu e seu acervo de outro modo). É importante que o professor saiba de antemão quando o museu foi criado e com qual objetivo, se o local em que foi instalado o museu teve no passado outra função, quem é o responsável por sua manutenção, como o acervo foi obtido, de onde vêm os recursos que o mantêm, do que é formado seu acervo, quais exposições são temporárias e quais são permanentes, se o museu oferece material didático adequado e/ou visitas guiadas especiais para escolas (e se é preciso agendar a atividade, se o material oferecido – planta da exposição, caderno de atividades, página na internet etc. – pode ser mostrado com antecedência aos alunos na escola). Também é importante saber se há espaços para lanchar e para desenvolver outras atividades com as crianças dentro do próprio museu (como fazer desenhos, experiências ou interagir com objetos de exposição).
- discuta em sala de aula o objetivo da visita e as expectativas com relação à exposição visitada. Estudar o tema antes da visita é importante no sentido de auxiliar o aluno a compreender melhor e coordenar as informações aprendidas previamente com as obtidas no local.
- aproveite para chamar a atenção dos alunos para o comportamento adequado dentro desse tipo de espaço (não tocar nas obras/objetos, respeitar as faixas de segurança que indicam a distância mínima da obra,

andar com calma e falar baixo, não comer ou beber, ler as etiquetas que identificam as obras/objetos, não fotografar sem autorização etc.).
- organize com eles o material a ser levado para registrar o passeio, assim como uma lista de questões que os ajudem a perceber tanto a totalidade quanto os detalhes da exposição e qual a mensagem explícita ou implícita dada pelo museu aos visitantes (dependendo do caso, o professor pode preferir deixar os alunos livres, sem roteiro prévio).
- introduza em sala a explicação de alguns termos importantes relativos ao assunto (como curadoria, acervo, obras, objetos históricos, restauração etc.).

Apesar de haver uma expansão de oferta de diferentes tipos de museus, às vezes, seu acesso é difícil para alunos de algumas escolas. Porém, é de fundamental importância que os alunos "aprendam a observar, desfrutar e fazer perguntas históricas aos objetos, dentro e fora dos museus" (Cooler, 2002: 135). Cooler sugere que os alunos podem ter oportunidade de entrar em contato com objetos antigos, fazendo coleções, na própria escola, que tenham conexão com o tema estudado no momento. Para a criação na escola de uma exposição tipo museu, esse autor define alguns procedimentos que ajudam na seleção dos objetos (a lista a seguir é baseada em Cooler, 2004: 135-7):

1 – Critérios fundamentais
- Há equivalente moderno para que os alunos possam comparar "o antigo" e "o novo" e explicar o que mudou entre um e outro?
- O objeto tem alguma finalidade previamente conhecida pelos alunos? (por exemplo, um lampião pode ser um objeto de uso comum de pessoas de determinada região e não ter a mesma utilidade para quem mora num local servido por energia elétrica).
- Observando o objeto: podem os alunos descobrir sobre do que é feito, qual sua função e como afetava a vida das pessoas que o produziam ou utilizavam?
- Os objetos selecionados estão relacionados com o que se decidiu estudar?

2 – Outras considerações que podem ser levadas em conta
- A coleção possui objetos que se relacionam com outras áreas curriculares?
- Possui réplicas?
- Foram categorizados por subtemas?
- Seleciona objetos que representem acontecimentos ou mudanças-chaves, de modo que os alunos possam entender a passagem do "particular" para o "geral"?

- Para os objetivos didáticos definidos previamente, é importante que os objetos representem diferentes grupos sociais (de classe, de grupo etário ou de gênero, por exemplo). Eles fazem isso?
- A coleção é capaz de abarcar diferentes temas?

3 – Critérios para recusar objetos
- É valioso? É demasiadamente frágil? Apresenta perigo?
- É muito grande para ser armazenado adequadamente?
- Possuiu conteúdo ofensivo ou inadequado ao público-alvo?

4 – Armazenamento e utilização
- Há normas sobre o manuseio da coleção? Os alunos podem compreendê-las e segui-las?
- Há um planejamento que possibilite a avaliação de aprendizagem dos alunos com essa atividade?

MÚSICA

Ela existe nas mais variadas culturas. Além de ser uma forma de arte, também é uma linguagem que, há milhares de anos, o ser humano utiliza para se comunicar. Ela pode ter diferentes funções, por exemplo, animar comemorações, cerimônias religiosas e desfiles, despertar sensações em peças de teatro, cinema ou novela (como trilha sonora), marcar um ritmo de trabalho repetitivo e atenuar o cansaço que ele provoca. E pode somar-se a letras e danças. Além disso, músicas podem ser apresentadas de diversas formas: shows, concertos, saraus...

No trabalho com músicas em sala de aula, o professor pode valer-se das seguintes dicas:

- escolher músicas relacionadas ao assunto do currículo e ter claros os objetivos didáticos dessa escolha, revelando-os para a classe;
- criar oportunidades para ouvir a música escolhida várias vezes;
- contextualizar a atividade com informações do tipo: época que foi composta, o compositor, o motivo, os instrumentos utilizados, o intérprete etc.;
- acrescentar informações de especialistas e críticos, se necessário.

Inúmeras atividades podem ser feitas com músicas e no ensino fundamental 1 elas são especialmente bem-vindas entre os alunos. Para as aulas de História propriamente ditas, algumas são mais interessantes que outras. Assim, sugerimos aqui canções de trabalho (que marcavam o passo das tarefas na roça, na tecelagem e fiação, na navegação a remo, nas marchas dos soldados ou dos cativos); música militar; músicas populares e baladas que descrevem um acontecimento histórico (uma batalha, uma conquista, um encontro); música folclórica; música barroca, clássica ou romântica; músicas facilmente identificáveis com determinados períodos históricos. A seguir, exemplos de atividades com música para os mais diferentes propósitos didáticos.

ATIVIDADE 75

DIA DA MÚSICA POPULAR BRASILEIRA
Indicadores de análise: 8,13, 18.

Atividade adequada aos alunos do 5º ano

Dicas para o professor:

Dia 17 de outubro de 1847 é o ano do nascimento de Chiquinha Gonzaga, uma das principais compositoras de música popular no Brasil. Em sua homenagem, a Lei nº 12.624 de 10 de maio de 2012 instituiu 17 de outubro como o Dia Nacional da Música Popular Brasileira. Acreditamos ser muito interessante o estudo da vida e de obras dessa personalidade.[10] O estudo de sua vida e obra por si é muito importante para compreender o contexto da condição feminina, da cultura, dos costumes, da economia e da política da época. Há uma minissérie sobre sua vida, produzida pela Rede Globo em 1999, que vale a pena ser explorada em sala de aula, com os alunos acompanhando os trechos mais significativos (o critério de seleção é sua relevância para o ensino de História).

ATIVIDADE 76

MÚSICAS E RITMOS DE CARNAVAL
Indicadores de análise: 4, 8, 10, 13, 17, 18.

Atividade adequada aos alunos de todos os anos. Se necessário, fazer algumas adaptações para crianças mais novas.

(pode ser apresentada como continuação da **Atividade 72**)
Instruções para o professor:

– Pesquisar diferentes músicas e ritmos que fizeram (ou ainda fazem) parte do carnaval: marchinha, frevo, samba enredo...
– Tocá-las em classe para que as crianças as ouçam.
– Descobrir a época em que surgiram tais músicas e como elas eram reproduzidas. A partir dos dados sobre a origem da música, levantar hipóteses para saber como elas eram reproduzidas (gramofone, discos 78rpm, LP, CD, mp3 etc.).
– Estabelecer junto com os alunos alguns critérios de classificação das músicas selecionadas (ritmo, data de composição, tipo de carnaval em que é tocada, temática da letra...).
– Solicitar aos alunos que expliquem o que cada letra "quer nos contar".
– Questionar as crianças a partir das seguintes perguntas:
– Quais informações contidas nessas músicas ainda fazem parte da realidade brasileira, quais mudaram? (Essa questão trabalha as noções de passado e presente e a ideia de transformação).
– Sugerir que entrevistem pessoas que fazem parte de escolas de samba e/ou participam (ou participaram) de bailes de carnaval ou do carnaval de rua, para entender as histórias, os sentimentos, as emoções que levam essas pessoas a fazer parte da festa.

Entre outras coisas, essa atividade trabalha com questões culturais, temporalidades, leitura e interpretação de texto, escrita, relações com a comunidade local.

ATIVIDADE 77

MÚSICA AO REDOR DO MUNDO
Indicadores de análise: 1, 2, 3, 4, 8, 14, 15.

Atividade adequada aos alunos de 2º e 3º ano

Instruções para o professor:

- Pesquisar e apresentar para as crianças uma coletânea de diferentes músicas e ritmos, cantadas em diferentes línguas: português (de Portugal), espanhol, inglês, japonês, francês, italiano, em alguma língua indígena brasileira (essa atividade foi organizada a partir das músicas contidas no CD *Recreio Especial: Crianças do Mundo* da Editora Abril. Entretanto, outras músicas podem ser selecionadas).
- Pedir às crianças que ouçam as músicas e identifiquem (com a ajuda do professor) sua origem étnica.
- Perguntar para as crianças se elas já conheciam a melodia de alguma dessas canções (algumas músicas, como *Alecrim*, *La cucaracha*, *Itsy Bitsy Spider* podem ser reconhecidas pelas crianças, pois ganharam letras em português brasileiro). Se conseguem identificar alguma, podem se lembrar da letra conhecida em sua língua materna para cantá-la na classe.
- Aproveitar para tecer considerações sobre as contribuições dos imigrantes, dos indígenas e africanos à cultura brasileira; a riqueza proporcionada pelas diferenças culturais de povos e etnias.

ATIVIDADE 78

RITMOS BRASILEIROS
Indicadores de análise: 5, 10, 13, 18.

Atividade adequada aos alunos de 1º a 5º ano

Seguindo as dicas apresentadas anteriormente para o trabalho com música nas aulas de História, propomos que os alunos conheçam e aprendam a identificar ritmos e gêneros musicais brasileiros (ex.: lundu, choro, modinha, música caipira, música sertaneja, baião, forró, samba, bossa-nova) contextualizados historicamente (quando surgiu, em que local e conjuntura social, qual a receptividade inicial ao novo ritmo/gênero, em que ocasiões era tocado e por quem). O professor pode selecionar um ou mais ritmos ou gêneros e associá-lo a danças, compositores e intérpretes.

Essa atividade é especialmente interessante para o aprendizado sobre a diversidade cultural brasileira.

Variação da proposta: com os anos iniciais é possível trabalhar com uma mesma música infantil gravada em diferentes épocas (geralmente, o ritmo e instrumentos musicais utilizados se modificam): *Atirei o pau no gato; Parabéns a você; Se essa rua fosse minha; O cravo brigou com a rosa* e outras tantas cantigas.

ATIVIDADE 79

MÚSICA ERUDITA DO BRASIL COLONIAL
Indicadores de análise: 5, 10,13, 18.

Atividade adequada aos alunos de 4º a 5º ano

Seguindo as dicas apresentadas anteriormente para o trabalho com música nas aulas de História, propomos que os alunos conheçam exemplares da música feita no Brasil colonial, seus ritmos, melodias, temas e os instrumentos com os quais era tocada (o cravo, por exemplo). A música sacra e o período barroco da cultura brasileira são ricos em detalhes e ritmos. A atividade leva a conhecer um pouco da música do Brasil colonial, contextualizada historicamente (como surgiu, quem eram seus autores, temas, local e conjuntura social em que era produzida, influências musicais, em que ocasião e ambiente era tocada e por quem). Esse trabalho está aliado ao estudo mais geral sobre o Brasil Colônia, a influência cultural dos europeus no Brasil, a ação dos jesuítas. Também lida com as noções de mudança e continuidade, já que esse tipo de música continua a ter apreciadores e intérpretes por todo o país.

ATIVIDADE 80

MÚSICA E IMIGRAÇÃO
Indicadores de análise: 5, 10,13, 18.

Atividade adequada aos alunos de 4º a 5º ano

Adoniran Barbosa (1912-1982) é um cantor e compositor brasileiro famoso por compor músicas que retratavam o cotidiano das camadas mais pobres da população urbana e as mudanças causadas pelo progresso. Uma de suas composições refere-se aos italianos que chegaram ao país na virada do século XIX para o XX e muito influenciaram os costumes no Brasil. O trabalho em sala de aula com a composição *Samba italiano* pode enriquecer os estudos dos alunos sobre imigração e sobre diversidade cultural e encontro de culturas.

Instruções para os alunos:

Utilizando a música *Samba italiano*, de Adoniran Barbosa, realize a atividade:
1. Ouça a música.
2. Você consegue entender a letra? Por quê?
3. Que língua é?
4. Identifique exemplos de mistura de português e italiano.
5. Você sabia que a maioria dos imigrantes que chegou ao Brasil não sabia português? Como você acha que eles se comunicavam, quando tinham que conversar com as pessoas que só falavam português? Como foram aprendendo a língua do país? E o que de sua língua foi incorporado ao dia a dia do brasileiro? (por exemplo, o uso da palavra "tchau").

ATIVIDADE 81

MÚSICA E REPRESENTAÇÕES DA ESCRAVIDÃO
Indicadores de análise: 1, 5, 14, 17.

Atividade adequada aos alunos de 3º a 5º ano

No âmbito dos estudos sobre a escravidão no Brasil, o professor pode utilizar em sala de aula a música *Leilão de escravos*, samba-enredo da escola de samba Unidos da Tijuca de 1961. Esse trabalho permitirá ao professor coletar informações sobre o que os alunos já conhecem do tema escravidão. Também favorece o aprendizado ligado à ideia da existência de diferentes possibilidades de representação do passado.

Enredo: Leilão de Escravos (Unidos da Tijuca - 1961)
Autor(es): Mauro Affonso, Urgel de Castro e Cici

Quem dá mais, quem dá mais (bis)
Negro é forte, rapaz
Era assim
Apregoado em leilão (bis)
O negro que era trazido para a escravidão
[...]

Ôôôô
Tenha pena de mim, meu senhor (bis)
Tenha por favor

E o negro trabalhava
De janeiro a janeiro
O chicote estalava
Deixando a marca do cativeiro

E na senzala
O contraste se fazia
Enquanto o negro apanhava
A mãe preta embalava
O filho branco do senhor que adormecia

▷ A partir dos dados da música, título e autoria, o professor pode apresentar a letra completa aos alunos.
Orientações para o aluno:
1. Ouça a música e estude a letra.
2. Responda: o que quer dizer o refrão: "ÔÔÔ Tenha pena de mim, meu senhor, tenha por favor"?
3. Relacione a letra e o ritmo da música com o que você sabe sobre a escravidão no Brasil.
4. Responda: qual a versão que a música dá sobre a relação entre os senhores e os escravos? Você tem outras informações a esse respeito (para acrescentar ou se contrapor à versão apresentada pela música)? (por exemplo: o fato de que muitos escravos reagiam à sua condição subalterna de outras formas que não o simples lamento).

ATIVIDADE 82

MÚSICA E REPRESENTAÇÕES: TRENS
Indicadores de análise: 5, 13, 15, 18.

Atividade adequada aos alunos de 3º e 4º ano

No contexto dos estudos relacionados a transporte ou ao desenvolvimento do estado de São Paulo, o professor pode utilizar as músicas *O trenzinho caipira*, de Villa Lobos e *Trenzinho da Cantareira*, de Eduardo Escalante, e fazer aos alunos as seguintes perguntas:

1. Ouça as músicas. O que lembram?
2. Imite os sons que aparecem nelas?
3. Qual o título que você daria para elas? Por quê?
4. Você é capaz de relacionar quais instrumentos musicais aparecem nelas?
5. Pesquise o ano que elas foram compostas e sobre a importância desse meio de transporte na época em que essas músicas foram feitas.
6. Pensando na matéria de História, quais os conteúdos que elas te fazem lembrar?

ATIVIDADE 83

MÚSICA COMO PROTESTO
Indicadores de análise: 1, 4, 9, 13.

Atividade adequada aos alunos do 5º ano

Entoar certas músicas também pode ser uma forma de protestar ou denunciar uma situação. Em diferentes períodos da história do Brasil, diversos compositores contribuíram com músicas para dar voz a reivindicações de setores da população (pela liberdade de expressão, pelo fim da censura, por melhores condições de moradia, por água e luz, contra a corrupção na política, contra a violência, contra a discriminação, entre outros). O professor pode aproveitar essa vertente rica da MPB e selecionar uma ou mais músicas para trabalhar em sala de aula, de acordo com a proposta curricular desenvolvida, ilustrando uma problemática ou determinado contexto histórico.

Por exemplo, a música *Apesar de você*, composta por Chico Buarque, tinha entre outras qualidades a de ser uma forma de protesto contra o regime militar então em vigor no país (pode ser lida como uma resposta direta do compositor ao presidente da República de então, o general Médici). Ela foi apresentada por uma professora aos seus alunos de 5º ano que estavam estudando a época do regime militar no Brasil. Depois de ouvirem a canção, lerem a letra e pesquisarem as palavras desconhecidas, os alunos procuraram responder as seguintes perguntas:

1. Quando essa música foi composta? Quem é o autor e quem é o intérprete da versão que você escutou? (pesquise para responder).
2. O que você entendeu da letra? Que tipo de protesto ela faz? Contra quem ou o quê?
3. Qual a relação do protesto com o momento político brasileiro (o contexto social da época em que foi feita)?
4. O que a letra promete para o futuro?
5. Você conhece alguma outra música que represente um protesto, uma denúncia? Qual (título, compositor, data)? O que a letra denuncia e o que ela reivindica?
6. Você e seus colegas conseguem compor uma música de protesto? Escolham um tema e tentem elaborar pelo menos um verso a respeito (os alunos poderão, depois, cantar suas músicas uns para os outros).

ATIVIDADE 84

MÚSICA E HISTÓRIA DO BRASIL
Indicadores de análise: 4, 7, 13, 14.

Atividade adequada aos alunos de 2º a 5º ano

A música *Pindorama*, de Luiz Tatit e Sandra Peres, traz variadas combinações de sons e instrumentos musicais. Pode ser utilizada como uma representação dos primeiros tempos da história do Brasil pós-descobrimento e as relações estabelecidas entre os atores históricos.

O professor pode entregar aos grupos de alunos tiras de papel contendo cada uma um dos versos da música. A proposta para eles é:

1. Ouvir a canção e colocar as tiras de papel em sequência de acordo com a ordem de aparição dos versos na música.
2. Depois de organizar a música de maneira completa, ler com atenção e destacar todas as informações que a letra apresenta sobre o descobrimento do Brasil.
3. Responder, com base na música: o que quer dizer "Pindorama"?
4. Descrever ou desenhar 3 situações simultâneas: o rei D. Manuel em Portugal, os índios no Brasil e Pedro Álvares Cabral em sua caravela no oceano Atlântico.
5. De acordo com a letra da música, descrever: qual era a relação entre Pedro Álvares Cabral, Pero Vaz de Caminha, D. Manuel e os índios do Brasil. Responder se conhece algo mais sobre esse assunto que possa completar (ou contradizer) o que informa a letra da música. Explicar.

PESQUISA

A pesquisa faz parte do cotidiano dos alunos. Eles pesquisam, por exemplo, preços de produtos que desejam comprar. Para obter essas informações visitam lojas, acessam sites relacionados da internet, conversam com os adultos... O valor das coisas vem atrelado a outras informações: tamanho, modelo, ano, marca, estado de conservação. Estudam tudo isso para, depois, tomarem uma decisão com relação à compra ou não daquilo que era seu objeto de desejo. Esse exemplo pode ser dado pelo professor para mostrar aos alunos que pesquisar não é um bicho de sete cabeças.

Na escola, a pesquisa deve levar em consideração: observação, levantamento de dados, comparação, análise, decisão. Para realizar qualquer pesquisa, é necessário conhecer as fontes que podem ser consultadas: livros, sites específicos e confiáveis da internet (não é produtivo nem adequado que o professor simplesmente recomende "Olhem na internet"), documentos de época, objetos, vídeos, documentários, atlas, revistas de História. Tudo depende do objetivo da pesquisa.

É importante que as aulas de História comportem muitas atividades de pesquisa. Elas devem ser anunciadas pelo professor, mas os alunos devem ser ouvidos e colaborar com a definição da proposta. É necessário que o professor explique também cada *etapa* da pesquisa, e no decorrer do processo oriente e acompanhe a pesquisa que está sendo feita pelo aluno (cuidando para que sejam utilizados textos adequados, sem mensagens preconceituosas, sem erros factuais entre outras preocupações). É interessante que ele solicite que pesquisem em fontes distintas (por exemplo, dois ou três textos sobre determinado assunto) e explorem o material obtido na companhia de seus colegas sob a supervisão do mestre (atenção: somente explicar em teoria como se interpretam e se comparam informações é insuficiente para que alunos de 3º a 5º ano sejam capazes de pesquisar em dois ou mais textos). Essa etapa de exploração é fundamental, pois favorece a compreensão do conteúdo por parte de cada um dos alunos e possibilita comparações ou complementação das informações que darão origem a um novo texto, produzido em sala pelos alunos.

Um *questionário/entrevista* pode ser um método de coleta de dados muito adequado para os alunos até o 5º ano. Sua confecção deve partir das perguntas que eles fizerem sobre o assunto a ser pesquisado. Pode acontecer que algumas perguntas fiquem sem respostas por falta de fonte sobre o assunto, nesse caso, o importante é que sejam levantadas hipóteses sobre o motivo de não terem sido encontradas respostas para esses itens. Se as perguntas forem sobre um escritor já famoso, por exemplo, algumas abordagens são básicas: qual o nome completo, onde nasceu, onde viveu, viveu no exterior, onde, quando, o que produziu e quando etc. (Bagno, 2007).

Uma pesquisa que venha dar como resultado coisas que já sabemos ou que são muito fáceis de descobrir não é nem um pouco interessante. Marcos Bagno comenta:

> Qual a graça de fazer uma pesquisa para descobrir que os portugueses chegaram ao Brasil em 1500? É chover no molhado. Interessante será investigar se de fato foram eles os primeiros europeus a passarem por aqui, ou se Cabral saiu ou não de Portugal com a missão secreta de ocupar a parte sul do continente descoberto oito anos antes por Colombo a serviço da Espanha. (Bagno, 2007: 47)

O *fichamento* tem por objetivo agrupar e classificar as informações que serão usadas, mais tarde, na elaboração de uma *síntese*. Com as observações realizadas a partir da fonte sugerida, é possível escrever um texto, alinhavando as informações e construindo frases que conectem as ideias. Ao consultar outras fontes sobre o assunto, o conjunto de informações será ainda mais amplo e poderá ser um excelente material para escrever um texto sobre o assunto.

Se os alunos já produziram o fichamento e a síntese, é hora de fazer a *análise*. Analisar é examinar os textos consultados e extrair deles os dados que nos interessam. Existem dados imprescindíveis que não podem faltar. Outros que podem ou não ser acrescidos ao trabalho (Bagno, 2007).

O *produto final* deve ser um texto, mas também pode haver um cartaz, uma escultura, uma instalação, uma exposição, um filme etc.

ATIVIDADE 85

PESQUISA NOS CLASSIFICADOS
Indicadores de análise: 1, 3,4, 5, 17.

Atividade adequada aos alunos de 3º e 4º ano

Com o objetivo de ampliar a visão das crianças sobre tipos de profissões existentes e a situação da oferta de mão de obra para determinados trabalhos, pode-se propor a elas a pesquisa em classificados de jornais sobre quais os tipos de profissionais mais procurados.

Instruções para o aluno:

Consulte a página de classificados (profissões) do jornal para responder as questões e realizar o que se pede.

– Que tipos de informações aparecem em um classificado de oferta de emprego? Faça uma lista, separando as informações por tipo (nome da profissão, habilidade/formação exigida, local de trabalho, salário, endereço ou outra forma de contato).
– Quais as informações indispensáveis em um anúncio de oferta de emprego?
– Entre em contato com um jornal para saber o que é preciso para se fazer um anúncio, quanto custa, qual o tamanho adequado. De posse dessas informações, redija um anúncio de oferta de emprego.
– Escolha dois classificados e anote quais semelhanças e diferenças há entre eles.
– De acordo com os anúncios que você e seus colegas pesquisaram, quais são os profissionais mais procurados?
– Levante hipóteses sobre o porquê de esses profissionais serem mais procurados (ex., abriu uma nova empresa nesse setor na cidade, esse tipo de profissional está em falta porque sua formação leva muitos anos para se completar etc.)
– Escolha um dos anúncios e tente responder (por escrito) como se você estivesse interessado naquele emprego.
– O que você aprendeu com essa pesquisa? Faça um texto em forma de relatório sobre os resultados de sua pesquisa.

ATIVIDADE 86

PESQUISA SOBRE ELEIÇÕES
Indicadores de análise: 1, 3,4, 5, 17.

Atividade adequada aos alunos do 5º ano

Uma atividade capaz de integrar os alunos em sua comunidade é a que aproveita a época de eleições para trabalhar os conceitos de democracia ou estudar as formas de governo, as tarefas dos três poderes nos governos municipais, estaduais e federal, a partir de materiais relacionados à situação das eleições. O professor deve ter o cuidado de evitar a propaganda política de qualquer tipo na escola, mas pode optar por analisar com os alunos as maneiras utilizadas para a divulgação dos candidatos, as orientações para o voto consciente, os candidatos e os partidos envolvidos na disputa e/ou as reivindicações e as esperanças da população local. Dependendo da opção feita, pode lançar questões (para serem respondidas com o auxílio de pesquisas em materiais de campanha, meios de comunicação, bibliografia específica e de entrevistas com pessoas da comunidade) como, por exemplo:

– O que é eleição? Quais os atores envolvidos em uma disputa eleitoral? Quem, de acordo com as leis brasileiras, pode votar? E ser votado?
– Como se dá o ato de votar?
– O que é título de eleitor e quais informações esse documento contém?
– O que é partido político? Quais são os partidos políticos da atualidade? E quais são os que disputam as eleições (locais, do momento...)?
– Quais são os cargos eletivos e suas respectivas funções? O que faz (ou deveria fazer) um prefeito, vereador, presidente, deputado? Quais os principais poderes que atuam na cidade? Por que as eleições são importantes?
– Como são feitas as campanhas políticas atualmente?
– Qual a melhor forma de votar (consciente, rápida e adequadamente)?
– Quais são os problemas identificados em sua comunidade/bairro/cidade? (Os que as crianças percebem, os mencionados pelos entrevistados, os mencionados pelos candidatos em disputa.) Quais seriam as soluções? Se você fosse o prefeito, o que faria com relação a eles?

> Também é possível introduzir conteúdos históricos, solicitando aos alunos que façam pesquisas sobre a história do voto no Brasil e as conquistas da democracia. Os trabalhos resultantes das pesquisas podem incluir confecção de uma linha do tempo, produção de texto escrito, exposição de imagens e/ou documentos históricos, entre outros.

ARTESANATO

O artesanato desenvolvido em uma localidade geralmente é fruto de costumes e tradições, podendo, portanto, servir de eixo para o ensino de História nas escolas. O assunto pode ser abordado em sala de aula a partir de diversos ângulos interessantes:

- identificação de regiões brasileiras famosas por seu artesanato típico.
- identificação das formas de artesanato local (típicos – como a produção de determinados tipos de vasos de cerâmica, de bichos em madeira, de certas rendas, de peças em lã feitas em tear manual... – ou não específicos – como o tricô e o crochê, por exemplo).
- pesquisa sobre as origens, o material utilizado (e o porquê de sua escolha), os artesãos mais conhecidos.
- pesquisa sobre os saberes envolvidos (técnicas, formas de aprendizado, transmissão de experiências e de conhecimentos).
- compreensão dos aspectos econômicos envolvidos na produção artesanal (custos, comercialização, valor de mercado) ou dos aspectos lúdicos e de socialização em torno da produção artesanal (por exemplo, senhoras que se reúnem para conversar e tricotar; aposentados que pintam telas a óleo como forma de lazer).

Não será grande surpresa se, ao trabalhar com o tema "artesanato", alunos e professores tomarem contato com aspectos de um passado que propiciava a produção manual de objetos em um cotidiano que transcorria em ritmos mais lentos, em que a transmissão dos conhecimentos acumulados (às vezes por gerações) era feita de outra forma (direta e oralmente, de "pai para filho" ou de "mestre para aprendiz", por meio do trabalho prático...).

O livro infantil *Carlinhos precisa de uma capa*, de Tomie de Paola, é uma excelente oportunidade para conversar com as crianças sobre o processo de manufatura dos bens necessários à sobrevivência humana, que era manual e sazonal, e que hoje depende de máquinas.

Se o professor optar por atividades que valorizem o saber familiar, pode propor aos alunos uma consulta aos parentes próximos para saber se produzem (ou produziam) algum tipo de artesanato, como forma de lazer ou complementação de renda. A **Atividade 87** é um exemplo de desenvolvimento desse tipo de trabalho e pode servir de inspiração para vários outros na mesma linha.

ATIVIDADE 87

CROCHÊ, TRICÔ E HISTÓRIA
Indicadores de análise: 5, 10, 13, 16.

Atividade adequada aos alunos de 2º e 3º ano

Instruções para os alunos:

– Pesquise para saber o que é tricô e o que é crochê. Procure descobrir também há quanto tempo essas técnicas existem, quais materiais podem ser utilizados em sua fabricação e quais as ferramentas necessárias para produzir as peças.
– Você já viu peças de tricô e crochê? Onde?
– Procure peças (ou imagens de peças) feitas com essas técnicas. Veja se você as encontra em sua casa ou na casa de parentes. Traga alguns exemplares para a escola (não se esqueça de procurar saber quem as produziu e de anotar onde estas peças estavam – guardadas no armário, em cima da mesinha de centro, na cozinha...).
– Compare as peças entre seu grupo. Quais as semelhanças e diferenças? É possível saber a idade das peças? Como?
– Procure por alguém que sabe fazer tricô ou crochê e lhe pergunte como aprendeu, por que e para quem produz as peças, que material utiliza, quanto tempo leva para fazer uma blusa (para criança) de tricô ou de crochê e quanto gasta no material.

– Verifique se há locais na cidade onde se pode aprender a fazer tricô e crochê. Visite esses lugares e aproveite para entrevistar as pessoas que ensinam e as que aprendem.
– Verifique se há outras formas de aprender (com revistas, com vídeos na internet).
– Algumas décadas atrás, as escolas ofereciam aulas de tricô e crochê para as meninas como parte da disciplina de Economia Doméstica. Pesquise sobre isso: o que era? Quais os objetivos? Por que só para meninas? Por que isso foi tirado do currículo?
– Os meninos, por sua vez, aprendiam outras técnicas artesanais. Quais eram? Por que elas só eram ensinadas para os meninos?
– Você acha que deve haver restrições (de sexo, idade, grupo social) para aprender algum tipo de técnica artesanal? Por quê?

– Diante de uma blusa de tricô feita à mão:
– Quanto você acha que deveria custar uma blusa como essa?
– Por quanto ela é vendida?
– Quanto custa uma blusa de malha industrializada em uma loja? Ela é parecida com a de tricô?
– Discuta com seus colegas e apresente motivos para a diferença de preço.

DANÇAS

Danças também ensinam História. Por exemplo, o trabalho com danças brasileiras de diferentes épocas e regiões (afoxé baiano, caiapó, caboclinhos, capoeira, carimbó, coco, cururu, fandango, folias, frevo, maracatu, pastoril, pastorinhas, pastoras, lapinha, quadrilha, samba, tambor-de-crioula), conforme sugerem Cool e Teberosky (2000a), pode ser desenvolvido de modo semelhante ao trabalho com músicas, com a vantagem de aliar as aulas de História às de Educação Física, nas quais os alunos podem aprender e praticar os passos e as coreografias.

As crianças podem pesquisar sobre as danças, as músicas que as acompanham, o figurino utilizado, os instrumentos musicais envolvidos etc. Compreender a coreografia e ensaiar os passos de acordo com o ritmo auxilia os alunos a desenvolver competências e habilidades importantes também para seu desenvolvimento físico e sua socialização.

PERSONAGENS

A biografia é a escrita da história da vida de uma pessoa (comum ou célebre). Como afirma Kalina Silva, ela "dialoga com diferentes áreas do saber, da História ao Jornalismo, passando pela Literatura e a Psicologia", por isso é caracterizada como um gênero de fronteira. O uso de biografias nas aulas tem grande capacidade de despertar nos alunos "o interesse pela História e ajudá-los no processo de aquisição de conhecimento". A biografia possibilita "o diálogo com o cotidiano e com o generalizado interesse pela vida privada, que reside em todos nós" (K. Silva, 2010: 13).

> O trabalho com biografias em sala de aula se justifica por duas razões principais: o forte apelo que esse gênero exerce sobre o público leigo e o papel que a biografia pode desenvolver como representação do contexto histórico ao qual pertence o biografado [...]. Ela se apresenta como um meio que facilita a discussão histórica, ao despertar a curiosidade dos alunos, porque fornece nomes e faces aos processos históricos. Ou seja, a biografia personaliza a História que enfoca estruturas e processos amplos. E, em uma sociedade em que a individualização está por toda parte, associar contextos históricos a personagens que os alunos possam nomear, dos quais possam se recordar, é fornecer as ferramentas mais básicas para que esses estudantes possam conhecer e, mais importante, se interessar por momentos históricos. (K. Silva, 2010: 15-7)

Dicas de Kalina Silva para trabalhar com biografias nas aulas de História (K. Silva, 2010: 18)
- Selecionar o personagem de acordo com os objetivos do programa curricular, mas também atendendo ao interesse e à curiosidade da turma.
- Definir a forma de trabalhar a biografia:
  • como introdução a um período histórico selecionado (por exemplo, para ensinar História da África Medieval, podemos começar apresentando aos alunos a vida de Mansa Mussa, o mais famoso rei do Mali).
  • como ilustração do contexto histórico do personagem. Se considerarmos que a vida de todo indivíduo é representativa das estruturas nas quais está inserido, podemos tomar uma biografia para discutir determinado contexto histórico na medida em que trabalhamos esse contexto (por exemplo, a vida de Cervantes está repleta de fatos que a tornam um perfeito espelho do "Século de Ouro" espanhol).
- Lembrar que pode ser realizada uma abordagem intertextual (Literatura, Cinema, Quadrinhos, Teatro).

Dicas de Cool e Teberosky para escolher os personagens (Cool e Teberosky, 2000b)
- Há vários tipos de personagens que podem se mostrar importantes no ensino de História. Eles podem ser classificados de acordo com distintos critérios de relevância, sendo que um mesmo personagem pode se encaixar em mais de uma classificação e, portanto, servir a diferentes fins didáticos.
- Assim, podem interessar: viajantes, aventureiros, exploradores, navegadores, pensadores, políticos, ativistas, líderes, mas também filósofos, professores, cientistas, pensadores e inventores; artistas, romancistas, compositores, escritores e jornalistas; homens, mulheres e crianças; famosos, pessoas comuns, personagens da História local; esportistas; vencedores, vítimas, rebeldes.

Os personagens não devem receber tratamento de heróis por parte dos professores, pois esse não é o objetivo do ensino de História atual. Também é importante que os mestres se baseiem em diferentes fontes sobre a vida e a relevância de uma mesma pessoa, pois as eventuais controvérsias também colaboram para ensinar História quando o objetivo é poder comparar dados e questionar.

Simplesmente mencionar nomes de indivíduos não significa trabalhar com biografias, pois "esse trabalho requer uma seleção e aprofundamento nas vidas escolhidas" (K. Silva, 2010: 18), já que o importante é "fazer com que uma vida particular espelhe o contexto histórico no qual viveu o personagem" (K. Silva, 2010: 27). É *isso* que vai auxiliar o aluno a encontrar referências significativas para a compreensão da história.

Algumas sugestões para o professor *começar* um trabalho com biografias de personagens célebres:

- Discutir com os alunos sobre quais são as pessoas famosas que eles admiram e por quê.
- Apresentar a eles a biografia de um personagem real, destacando sua relevância histórica (por exemplo: Chiquinha Gonzaga, Noel Rosa, Gandhi, Hércule Florence, Luther King, dentre outros). O personagem pode ser ligado à História local, nacional ou mesmo internacional. Pedir que as crianças elaborem uma *linha do tempo* com os fatos mais relevantes da vida desse personagem.
- Escolher uma área de atuação (ou várias: Medicina, Música, Política, Esportes, Literatura Infantil etc.) e pesquisar nomes e biografias de figuras importantes dessa área. A escolha da área pode ser feita, por

exemplo, de acordo com algum tema do currículo de História ou projeto desenvolvido em outra disciplina (por exemplo: autores de Literatura Infantil).
- Com nomes e datas (de nascimento e morte), incentivar as crianças a construir uma linha do tempo que inclua também uma frase significativa a respeito da relevância histórica de cada personagem. Chamar a atenção das crianças para o fato de que alguns personagens são contemporâneos de outros, o que é muito fácil de ser visualizado na linha do tempo.
- No âmbito do estudo de um evento histórico (por exemplo, a independência do Brasil), escolher um personagem (por exemplo, José Bonifácio) e trabalhar sua biografia em sala de aula, localizando seu papel no processo (que levou à independência). Isso pode ser feito, por exemplo, com Chica da Silva no contexto da exploração do ouro em Minas Gerais; com José de Anchieta (ou com Caramuru) no contexto das relações estabelecidas entre índios e europeus; com Santos Dumont quando o assunto é desenvolvimento industrial e/ou dos transportes (como na proposta de **Atividade 88**); com Oswaldo Cruz quando o assunto é desenvolvimento urbano e modernização das cidades ou pesquisas científicas e saúde pública (campanhas de vacinação), do currículo de Ciências (como na proposta de **Atividade 89**).

ATIVIDADE 88

SANTOS DUMONT E A AVIAÇÃO
Indicadores de análise: 1, 2, 6, 13, 16, 17.

Atividade adequada aos alunos de 4º e 5º ano

Instruções para o aluno:

– Procure informações sobre a vida e o trabalho de Santos Dumont, particularmente (1) sua paixão por voar, (2) suas várias experiências/ descobertas científicas, (3) suas contribuições para a aviação mundial e (4) para a história dos transportes.

– Complete suas informações com os resultados das pesquisas de seus colegas e, juntamente com eles, apresente um texto coletivo sobre o assunto.
– Elabore uma linha do tempo com os fatos que marcaram a vida de Santos Dumont (não se esqueça do seu feito mais famoso: o voo de 1906 em Paris em um avião impulsionado por um motor a gasolina – em um segundo momento, o professor pode pedir que o aluno acrescente à linha do tempo o voo dos irmãos Wright e o voo de Clément Ader).

Discuta com seu grupo e anote as ideias:

– No Brasil, Santos Dumont é considerado o "pai da aviação", por quê? Os norte-americanos e uma parte dos franceses discordam, por quê?
– Várias pessoas antes de Santos Dumont e de seus contemporâneos cientistas já haviam pesquisado formas de fazer os homens voarem. O genial Leonardo da Vinci, vários séculos antes, já havia feito no papel esboços de máquinas voadoras. Sabendo disso, por que você acha que o avião não foi inventado antes do século XX? (o professor pode aproveitar o debate dos alunos para apresentar – e fazê-los discutir – a ideia de que, *para um invento ser viabilizado ou uma descoberta científica ser feita, é preciso que haja condições materiais objetivas,* ou seja, para ser possível produzir um avião é preciso que existam determinadas indústrias que fabriquem determinados materiais, que o motor já tenha sido inventado, que combustíveis já tenham sido descobertos etc.).
– Por que, no início do século XX, havia vários cientistas procurando melhorar os meios de transporte? Por que havia um grande interesse em fazer viagens cada vez mais velozes /em poder voar? (o professor pode aproveitar o debate dos alunos para apresentar – e fazê-los discutir – a ideia de que *necessidades objetivas aumentam a demanda por novas descobertas e incentivam os cientistas –* que trabalham para resolver problemas comerciais, militares, médicos etc.).
– Como eram as viagens de longas distâncias antes da invenção do avião? O que mudou com o desenvolvimento da aviação?
– Poucos anos depois do voo do 14-Bis, aviões começaram a ser usados como armas de guerra, em combates aéreos e para soltar bombas, o que deixou Santos Dumont muito triste. Ele chegou a protestar e exigir a proibição do uso de aviões nas guerras, mas não foi atendido. Discuta com seus colegas sobre os pontos positivos e os pontos negativos do surgimento dos aviões (o professor pode aproveitar o debate dos alunos para apresentar – e fazê-los discutir – a ideia de que *uma invenção não é boa ou má em si, pois tudo depende do uso que é feito dela*).

CIÊNCIA E TECNOLOGIA

A História das Ciências e das Tecnologias quando apresentada a partir de "processos que envolvem seres humanos e contextos" se constitui uma ferramenta importante na reconstrução da produção "dos conhecimentos científicos como atividade humana" e possibilita a discussão de como a ciência "cresce, desenvolve-se, expande-se e é influenciada pelos seres humanos e suas aspirações, sejam elas materiais, intelectuais ou mesmo espirituais" (Figueirôa, 2010: 154, 159).

> As histórias das Ciências e Tecnologias são [...] parte integral das histórias das nossas sociedades, em seus diferentes tempos e lugares. Revelam as relações complexas, necessárias e tantas vezes conflituosas entre os componentes técnicos científicos, culturais, políticos, econômicos, individuais e sociais que as constroem. (Figueirôa, 2010: 160)

É com isso em mente que o professor pode trabalhar em sala de aula com a questão das mudanças proporcionadas pelo desenvolvimento científico em assuntos muito próximos do cotidiano infantil, como: tomar vacina/remédio, conhecer aparelhos eletrônicos de comunicação (rádio, telefone, celular), usar diferentes meios de transporte, acender uma lâmpada elétrica. Nessa ocasião também podem ser inseridas as contribuições dos personagens Albert Sabin, Oswaldo Cruz, Graham Bell e Santos Dumont, por exemplo.

ATIVIDADE 89

OSWALDO CRUZ E A REVOLTA DA VACINA
Indicadores de análise: 1, 2, 6, 13, 16.

Atividade adequada aos alunos do 5º ano

No currículo de Ciências, os alunos têm contato com informações básicas sobre vacina. Além disso, todas as campanhas de vacinação passam pela escola. Esses já são bons motivos para levá-los a conhecer, nas aulas de História, o cientista Oswaldo Cruz e o episódio da Revolta da Vacina, ocorrido em um momento fundamental do desenvolvimento das pesquisas em Bacteriologia e das reformas urbanas com vistas à implantação de um ideal específico de modernidade no Brasil do início do século XX. Relacionados a esse conteúdo, o professor deve estimular as crianças a:

- pesquisar a biografia de Oswaldo Cruz e sua importância para a saúde pública no Brasil;
- pesquisar por que a vacinação obrigatória era importante;
- analisar charges relacionadas ao episódio da Revolta da Vacina;
- estudar textos (adaptados) de historiadores que tentam explicar os motivos daquela revolta da população contra a vacinação obrigatória;
- debater sobre os problemas existentes na forma como a vacinação foi imposta à população do Rio de Janeiro e imaginar o que as autoridades governamentais e sanitárias poderiam ter feito para diminuir o medo das pessoas e evitar a revolta ("Se você fosse conselheiro de Oswaldo Cruz e do prefeito do Rio de Janeiro, o que lhes diria para tentar evitar a revolta e, ao mesmo tempo, manter a vacinação obrigatória?");
- entrevistar um médico sobre a importância das vacinas;
- pesquisar informações sobre as campanhas de vacinação existentes hoje no Brasil (Para quem? Para quê? Qual sua importância para a saúde pública? Como são feitas as campanhas?);
- analisar o material publicitário (cartazes, propagandas, esclarecimentos) sobre as campanhas de vacinação. Elaborar seus próprios cartazes sobre a importância da vacinação, para diminuir o medo das pessoas com relação às vacinas, para mostrar como várias doenças puderam ser erradicadas ao longo da história em nosso país.

Se o assunto for "a era dos descobrimentos" ou "Brasil Colônia", por exemplo, o professor pode explicar o desenvolvimento de diversos saberes, como sugere a historiadora Silvia Figueirôa (Figueirôa, 2010: 161):

- a busca de novas rotas comerciais para o Oriente, os avanços nas construções náuticas e as grandes navegações, que, além de desmentirem a crença medieval na ebulição das águas dos mares nas latitudes mais baixas, encontraram novas terras com natureza diferente, obrigando a uma profunda revisão da História Natural;
- as conquistas territoriais, a demarcação de fronteiras e o desenvolvimento do saber geográfico e cartográfico;
- o conhecimento por parte dos europeus de novas plantas e animais "úteis", sua aclimatação em jardins botânicos e zoológicos e o desenvolvimento da Botânica e da Zoologia.

JOGOS

Pensamos no jogo como ferramenta útil no ensino de História, pois, como explica a educadora Maria Fermiano (2006), ele possibilita a coordenação de pontos de vista e obriga o estabelecimento de estratégias para ganhar a partida, como, por exemplo, o jogador se colocar na posição do adversário. Ora, estas também são habilidades necessárias ao ensino-aprendizagem de História.

No ensino fundamental 1, o aluno precisa ter oportunidades para se "descentrar" do objeto a ser analisado e observar o conjunto, ter uma visão panorâmica dos assuntos tratados. No nosso entender, este é um exercício que o jogo estimula. Daí a necessidade de procurar entendê-lo enquanto instrumento de interação social e de desenvolvimento cognitivo (Fermiano, 2006).

A aplicação do jogo na educação tem sido estudada por educadores como Dewey, Decroly, Claparède, Montessori e Fröebel, que acreditam na sua importância "para o desenvolvimento físico, intelectual e social da criança" (Brenelli, 1996). São comuns as justificativas para a utilização do jogo como instrumento de solicitação útil no desenvolvimento do raciocínio lógico-matemático e em trabalhos psicopedagógicos. Encontramos, também, análises que enfatizam a importância do jogo para a manifestação da automotivação do sujeito que joga interagindo com outros sujeitos.

No jogo de regras, elas são aceitas espontaneamente por aqueles que jogam, mantendo-se, portanto, o aspecto da liberdade. Em outras palavras, os participantes concordam com a condição estabelecida pelas regras. Ao jogar, impõe-se um desafio, entretanto é o próprio sujeito quem decide enfrentá-lo obrigando-se a si mesmo a desempenhar esta tarefa. Desse modo, jogar é a manifestação de um desejo e, por isso mesmo, quem o faz faz porque deseja "provar seu poder e sua força mais para si mesmo que para os outros" (Brenelli, 1996: 27).

Vejamos, então, alguns jogos e as possibilidades relacionadas à sua utilização na escola.

> *Cara a Cara* (Estrela)
> Compõe-se de fichas soltas de 24 "caras" de pessoas diferentes com nome e várias características como, por exemplo, os cabelos que podem ser pretos, castanhos, loiros ou brancos; curtos, compridos ou carecas e dois tabuleiros que possuem as mesmas 24 "caras" encaixadas em suportes plásticos que podem ficar de pé e serem baixados quando necessário. Duas pessoas iniciam o jogo, pegando do monte uma carinha cada um, sem deixar que o outro veja qual é. A partida se inicia, tentando se descobrir a carta do adversário, com perguntas.

Esse jogo possibilita a observação de vários detalhes e, por isso mesmo, critérios de classificação de maior ou menor extensão, que abrangem maior ou menor quantidade de "caras" (por exemplo, existem aquelas que possuem cabelos pretos e castanhos e, se eu perguntar "Tem cabelo escuro?", consigo, com uma pergunta, baixar um número de fichas bem maior do que se eu apenas perguntar "Tem cabelo preto?"; aquele que recebe a resposta deve reagir adequadamente, isto é, se o adversário responde que "Não tem cabelos escuros", quem fez a pergunta precisa baixar todos os que "têm cabelos escuros", sobrando-lhe apenas aquelas "caras" que "têm cabelos claros"). Com esse jogo, as crianças aguçam a observação e estabelecem conexões lógicas que dizem respeito aos julgamentos e aos conceitos num círculo dialético ou especial das "significações" e das "implicações" constituintes. A criança pode comparar, pensar, excluir e dar-se conta, no final do jogo, de que a estratégia estabelecida foi (ou não foi) bem-sucedida. Escrever a respeito de um acontecimento passado, como fazem os historiadores, é como um jogo em que se busca a coerência, pois a inconsistência das argumentações os leva a "perder o jogo" (Zaia, 1996: 148).

Entendendo que a História consiste em sucessivas classificações, comparações, negações, afirmações e outro tanto de atividades já descritas anteriormente, pensamos também no jogo como uma possibilidade de trabalho na área de História com vistas a cumprir objetivos que lhe são inerentes: buscar diferentes informações para compreender um fato; identificar semelhanças e diferenças entre ações ou observações; atentar-se às permanências e mudanças que ocorrem à sua volta; buscar coerência nas respostas, considerando o que já ocorreu; antecipar ações; estabelecer estratégias.

Muitos jogos, como o *Mancala* ou o *Kalah*, que solicitam a elaboração de estratégias, levam a "considerar a relação entre tempo e espaço, como elementos presentes e indissociáveis na situação de jogo com outras atividades desenvolvidas pela criança" (Zaia, 1996: 175).

Esse jogo é composto por um tabuleiro com duas filas, em cada uma delas existem seis covas redondas e, em cada extremidade do tabuleiro, existem duas covas maiores chamadas de "kalah". Cada jogador fica com as seis covas mais próximas de si e o kalah que fica ao seu lado direito do tabuleiro. São necessárias 36 sementes que são distribuídas 3 a 3 em cada uma das covas, menos as das extremidades. O primeiro jogador pega as sementes de uma delas e as redistribui, uma por cova, no sentido anti-horário. Sempre que passar pela cova das extremidades que lhe pertence ele depositará nela uma semente que passa a pertencer apenas a ele. Cada vez que ele distribuir sementes que acabarem na sua própria cova das extremidades ele terá direito a uma nova jogada. Quando a última semente do monte que está sendo distribuído cair em uma cova vazia do próprio campo, o jogador pode pegar todas as sementes que estão na cova da frente, no campo adversário. Vence quem tiver mais sementes na sua extremidade ou quem não tiver mais sementes no seu próprio campo/lado para serem distribuídas.

Esse jogo remete a situações que lembram o passado, como a utilização de sementes, o tabuleiro, geralmente, de madeira e as covas para "semear". Durante a sua realização os alunos constroem estratégias de antecipação e relação entre as ações que favorecem o estabelecimento de relações de causa e efeito. Essa atividade auxilia na ampliação das capacidades mentais que são fundamentais para a compreensão das relações de causa e efeito mais complexas que aparecem nas situações envolvendo o conteúdo de História.

Jogos de pergunta e resposta, como *Imagem & Ação* (Grow), *Perfil* (Grow), *Charada* (Algazarra), também podem trazer contribuições às aulas do 3º ao 5º ano, pois são compostos de regras e exigem estratégias que proporcionam a interação entre os pares e a discussão dos assuntos abordados na composição do jogo. Eles tornam viáveis as relações entre o conhecimento individual e aquele oferecido pela escola. Permitem a abordagem e a discussão sobre assuntos diversos. Estimulam a busca de explicações e exigem a coerência de argumentações. Alimentam o espírito de equipe e, em muitos casos, a coordenação de pontos de vista distintos.

Tanto o *Imagem & Ação* (Grow) como o *Perfil* (Grow) e o *Charada* (Algazarra) propõem o desenho de determinada palavra sorteada impressa num cartão. Todos da equipe precisam colaborar para vencerem o desafio, principalmente aquele membro que foi escolhido para desenhar durante um tempo determinado por uma ampulheta. Este jogo propõe situações de antecipação de ações – "antecipar é inferir o que poderá acontecer num sistema de implicações entre ações e operações" –, pois podemos entender que o desenhista deve perguntar a si mesmo: "Os outros parecem estar compreendendo meu desenho, ou o que estão falando, não têm relação alguma com o que estou fazendo?" (Macedo, 2005: 86).

É fundamental que os alunos saibam a importância da antecipação em momentos do cotidiano, assim como a valorização da capacidade de planejar, estimar, imaginar e analisar as possibilidades.

> Antecipar é uma forma de regulação, que "pede" uma análise ampla da situação. [...] Diante de um desafio, o aluno se pergunta: O que devo fazer? ou Como posso agir?, sempre em função das decisões previamente tomadas visando o objetivo final. Nesse momento, portanto, deve considerar simultaneamente diversos aspectos da situação, imaginando possíveis erros e evitando produzi-los. (Macedo, 2005: 86)

Construir a consciência de que *são as ações individuais e coletivas que transformam* é um processo longo, que só pode ser trilhado por aquele que busca crescer. E quanto à História?

> Quanto à noção de História, a ideia de evolução social, mudança histórica, se entende difícil e tardiamente. O problema é que, para conhecer e dar significação ao passado, os jovens só dispõem de suas experiências no presente. Trabalhar com as ideias das crianças, discutir as suas significações é necessário. Não importa que seus conceitos sejam provisórios, imprecisos, em evolução, mas é o próprio trabalho mental envolvido em sua elaboração que interessa desenvolver. (Macedo, 2005: 150)

Podemos, enfim, por tudo o que já foi dito, considerar o jogo um instrumento de trabalho no ensino de História, acreditando em sua capacidade de ativar o trabalho mental e o relacionamento interpessoal, ampliando a compreensão do aluno sobre o que está à sua volta.

A **Atividade 90** apresenta um jogo de dominó com um conteúdo de História. Nesse caso, o aluno é desafiado a relacionar a sequência de acontecimentos, esse também é um exercício importante, pois em vez de decorar informações ele joga com elas e pode tirar suas dúvidas estudando o texto sobre o assunto.

ATIVIDADE 90

JOGO DE DOMINÓ DE HISTÓRIA DO BRASIL
Indicadores de análise: 1, 2, 3, 6, 10.

Atividade adequada aos alunos de 4º e 5º ano

Instruções para o aluno:

Após a leitura e interpretação do texto "O descobrimento do Brasil?", brinque com o jogo de dominó.

Regras:
– Cada jogador receberá o mesmo tanto de cartas, e o que restar ficará para pesca.
– Quando chegar sua vez de jogar, se não tiver como encaixar nenhuma carta, ou pesque, ou passe.
– Assim, as jogadas devem se suceder.

O jogo se inicia com a carta Início da Trilha.

O descobrimento do Brasil
Contexto histórico

O descobrimento do Brasil deve ser entendido dentro do contexto das grandes navegações e descobrimentos marítimos (séculos XV e XVI). Portugal e Espanha eram as nações mais poderosas do mundo e se lançaram ao mar em busca de novas terras para explorar. Usavam também o mar como rota para chegar às Índias, grande centro comercial da época, onde compravam especiarias (temperos, tecidos, joias) para revender na Europa com alta lucratividade.

A chegada dos portugueses ao Brasil

O descobrimento do Brasil ocorreu no dia 22 de abril de 1500. Nesta data, as caravelas da esquadra portuguesa, comandada por Pedro Álvares Cabral, chegaram ao litoral sul do atual estado da Bahia. Era um local em que havia um monte, que foi batizado de Monte Pascoal.

No dia 24 de abril, dois dias após a chegada, ocorreu o primeiro contato entre os indígenas brasileiros que habitavam a região e os portugueses. De acordo com os relatos da Carta de Pero Vaz de Caminha, foi um encontro pacífico e de estranhamento, em função da grande diferença cultural entre estes dois povos.

Primeiros contatos com os indígenas

Cabral recebeu alguns índios em sua caravela. Logo de cara, os índios apontaram para objetos de prata e ouro. Este fato fez com que os portugueses pensassem que houvesse estes metais preciosos no Brasil.

Neste contato, os portugueses ofereceram água aos índios, que tomaram e cuspiram, pois era água velha com gosto muito diferente da água pura e fresca que os índios tomavam. Os índios também não quiseram vinho e comida oferecidos pelos portugueses.

Neste contato, que foi um verdadeiro "choque de culturas", houve estranhamento de ambos os lados. Os portugueses estranharam muito o fato de os índios andarem nus, enquanto os indígenas também estranharam as vestimentas, barbas e as caravelas dos portugueses.

No dia 26 de abril, foi celebrada a primeira missa no Brasil, rezada pelo Frei Henrique de Coimbra. Após a missa, a esquadra rumou em direção às Índias, em busca das especiarias. Como acreditavam que a terra descoberta se tratava de uma ilha, nomearam-na de Ilha de Vera Cruz (primeiro nome do Brasil).

Polêmica: Descobrimento ou chegada?

Quando usamos o termo "Descobrimento do Brasil" parece que nossa terra não era habitada e os portugueses foram os primeiros a encontrá-la. Desta forma, desconsideramos a presença de mais de cinco milhões de indígenas, divididos em várias nações, que já habitavam o Brasil muito tempo antes da chegada dos portugueses.

Portanto, muitos historiadores preferem falar em "Chegada dos Portugueses ao Brasil". Desta forma, é valorizada a presença dos nativos brasileiros no território. Diante deste contexto, podemos afirmar que os portugueses descobriram o Brasil para os europeus.

Principal fonte histórica

A principal fonte histórica sobre o Descobrimento do Brasil é um documento redigido por Pero Vaz de Caminha, o escrivão da esquadra de Cabral. A "Carta de Pero Vaz de Caminha" a D. Manuel I, rei de Portugal, conta com detalhes aspectos da viagem, a chegada ao litoral brasileiro, os índios que habitavam na região e os primeiros contatos entre os portugueses e os nativos.

Curiosidade

A esquadra de Cabral contou com aproximadamente 1400 homens. Eram marinheiros (maioria), técnicos em navegação, escravos, cozinheiros, padres, ajudantes, entre outros.

Fonte: <http://www.suapesquisa.com/historiadobrasil/descobrimento_resumo.htm>. Acesso em: 4 fev. 2014.

CARTAS DO JOGO DOMINÓ

Início da trilha	Era responsável por redigir o que observava na expedição

Índia	Pero Vaz de Caminha

Ilha de Vera Cruz	Índios Nativos

Meio de transporte usado pelos portugueses para ir às Índias	Católica

Ao longo da história do Brasil, os índios...	Local onde Pedro Álvares Cabral aportou

Usavam como rota para chegar às Índias	Quando você perde dinheiro numa compra ou venda, você tem...

Caravela	Monte Pascoal

Mar	Habitavam o Brasil antes de os portugueses chegarem

1400	Primeiro nome do Brasil

Carta	Índios e... portugueses

ATIVIDADES E PROCEDIMENTOS DIDÁTICOS   261

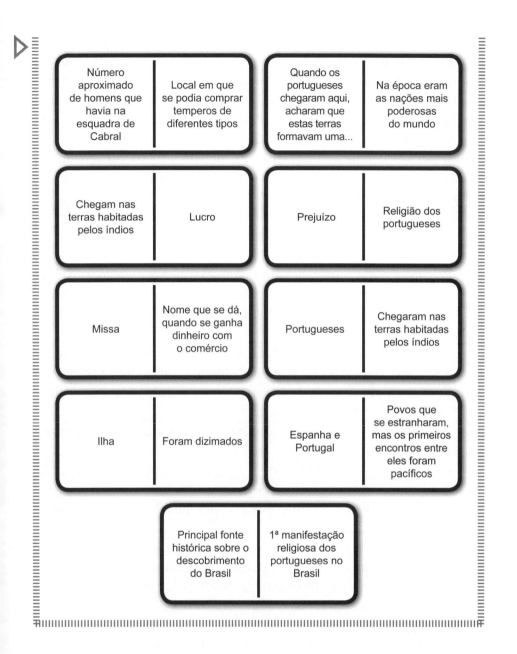

PARA TRABALHAR CIDADANIA, AFETIVIDADE E RESPEITO

A "afetividade" pode ser considerada um tema transversal. Ela auxilia os professores a enfrentarem o desafio de trabalhar as diferenças em sala de aula.

Com a universalização da escola, as histórias de vida mais diversas adentram nossa sala de aula, sem pedir licença. Isso é muito justo, porque por muito tempo essas histórias foram excluídas do espaço escolar. O bom professor conhece a realidade de vida de seus alunos e preocupa-se em encontrar a melhor forma de compreender e auxiliar o aluno a lidar com sentimentos.

Os sentimentos do aluno diante da realidade que vivencia em casa, na escola e perante conflitos interpessoais é conteúdo a ser trabalhado em sala de aula, a partir de procedimentos que auxiliam o aluno a entender seus sentimentos positivos ou negativos.

Sugerimos, a seguir, algumas situações que podem colaborar com o desenvolvimento de uma postura analítica perante os sentimentos:

- Perguntar sobre: como saber se o aluno está triste ou alegre (outros sentimentos podem ser trabalhados: raiva, inveja, dor); o que faz quando está triste ou alegre. As perguntas são feitas para fazer os alunos expressarem oralmente os sentimentos.
- Estimular possibilidades gestuais relativas aos sentimentos: solicitar desenhos que expressem alegria e ilustrem as causas que a ocasionam (o mesmo valendo para a tristeza). Depois, pedir para que as crianças falem sobre o conteúdo desses desenhos.
- Pedir para que os alunos escrevam sobre os sentimentos que observam nos desenhos de seus colegas.
- Organizar um levantamento de dados para descobrir quais os motivos que levam os alunos a ficarem alegres e quais os motivos que os levam a ficar tristes. Desenhar diferentes maneiras de superar a tristeza. Isso é importante porque se pode discutir, coletivamente, por exemplo, sobre a diferença entre quem ficou feliz porque passeou com os pais no final de semana e quem ficou feliz porque comprou um brinquedo novo. O objetivo não é dar uma lição de moral, mas que os alunos expressem suas opiniões e ouçam o que os outros dizem. Essa troca facilita a autorregulação dos sentimentos e a manifestação de opiniões sobre os motivos que levam uma pessoa a pensar de uma ou de outra maneira.
- Utilizar figuras ou reportagens de pessoas em diferentes situações (vítimas de desastres naturais, filho abandonado pela mãe...) contribui para que os alunos identifiquem seus próprios sentimentos em relação aos fatos e façam o exercício de levantar motivos pelos quais as pessoas estão felizes, tristes ou porque fizeram/agiram de determinada forma.

- Em qualquer situação anterior, deve-se sempre perguntar: "O que poderíamos fazer para ajudar esse colega ou aquela pessoa?". A solidariedade e o companheirismo são valores necessários ao desenvolvimento saudável de qualquer aluno e precisam ser incentivados.

Alunos de 1º a 5º ano devem realizar atividades que os levem a se colocar no lugar do outro. Acreditamos que isso é um exercício de cidadania importante. Sob a perspectiva do aluno, trata-se de um exercício difícil, no entanto, as atividades nesse sentido permitem que a criança lide com uma situação e tente propor uma solução para um problema. A **Atividade 91** favorece a construção das representações da situação apresentada e o respeito aos direitos dos diferentes povos do mundo.

ATIVIDADE 91

CONHECENDO OS SENTIMENTOS DO OUTRO
Indicadores de análise: 1, 5, 7, 9, 15.

Atividade adequada aos alunos de 1º a 5º ano

– Tire o nome de um colega do "saco dos sentimentos". Observe o colega cujo nome foi sorteado.
– Como você acha que ele está se sentindo?
– Desenhe como ele está se sentindo de acordo com o que você pensa.
– Quais os motivos que você acha que deixaram seu amigo desse jeito?

A **Atividade 92** favorece a utilização de imagens para compreender fatos ou situações ocorridas com outras pessoas e permite que a criança se sinta protagonista da história quando consegue identificar-se com o "outro". Se ela é capaz de perceber que um colega está diferente do que costuma ser normalmente, se está com algum problema, acaba por sentir-se motivada a ajudá-lo. Nessas pequenas situações o aluno, pouco a pouco, cria laços de afinidade e aprende a respeitar e a ser solidário.

ATIVIDADE 92

DESCOBRINDO SENTIMENTOS

Indicadores de análise: 1, 5, 7, 9, 15.

Atividade adequada aos alunos de 1º a 3º ano

- Procure em revistas e recorte imagens de pessoas que estejam expressando diferentes sentimentos e cole-as em uma folha de papel.
- embaixo de cada imagem, anote o sentimento que a pessoa da imagem expressa e diga qual motivo que gerou esse sentimento, segundo sua interpretação.
- para cada uma das imagens, responda: "O que um amigo pode fazer para que essa pessoa se sinta melhor?"

A **Atividade 93** permite à criança pensar racionalmente sobre os próprios sentimentos e ajuda a desenvolver um maior autocontrole diante de situações que despertam sentimentos de raiva, inveja, tristeza e dor.

ATIVIDADE 93

IDENTIFICANDO MEUS SENTIMENTOS

Indicadores de análise: 1, 5, 7, 9, 15.

Atividade adequada aos alunos de 1º a 5º ano

Instruções para os alunos:

- Responda: qual sentimento que é mais difícil ou doloroso para você? raiva, inveja, dor, tristeza?
- Agora conte para um colega o que acontece dentro de você, quando você tem esse sentimento.
- Como você acha que poderia agir de uma maneira melhor quando estiver com o sentimento que considera o mais doloroso para você? E como gostaria que os outros agissem com você nessa hora?

ATIVIDADES E PROCEDIMENTOS DIDÁTICOS **265**

ATIVIDADE 94

BUSCANDO SOLUÇÕES
Indicadores de análise: 1, 5, 7, 9, 15.

Essa atividade proposta para alunos de 2º a 4º ano permite que eles ampliem sua visão sobre um determinado fato, abrindo espaços para discussões sobre direitos e deveres, o conteúdo do Estatuto da Criança e do Adolescente e o Estatuto do Idoso, o respeito aos animais. Também promove debates sobre as diferentes maneiras de solucionar uma situação. O professor pode apresentar distintas situações-problemas com imagens retiradas de matérias de revista ou jornal.

Para o aluno:

BUSCANDO SOLUÇÕES DESENHE (E ESCREVA) TRÊS MANEIRAS DE RESOLVER ESTE PROBLEMA.		
1 –	2 -	3 -

Fermiano, 2012

ATIVIDADE 95

COLOCANDO-SE NO LUGAR DO OUTRO
Indicadores de análise: 1, 5, 7, 9, 15.

Atividade adequada a alunos de 2º a 4º ano

Instruções para o aluno:

Veja as imagens a seguir.

Responda:
- O que as imagens retratam?
- Você já passou por essa situação ou conhece alguém que tenha passado?
- O que as pessoas que moram em lugares alagados estão sentindo? Escreva em seu caderno.
- O que você poderia fazer para que elas se sentissem melhor?

ATIVIDADE 96

COMO VOCÊ SE SENTIRIA?
Indicadores de análise: 1, 4, 5, 9.

Atividade adequada a alunos do 4º ano

Instrução para o aluno:

– Leia o anúncio de jornal a seguir.

Escravos fugidos

Fugiram em dias de Março do corrente anno, da fazenda de José Fernando d'Almeida Barros do município de Piracicaba, os escravos:

Pantaleão, alto, fulo, nariz afilado, boa dentadura, bahiano, falla macia, 30 annos.

Fernando, preto, baixo, corpulento, boa dentadura, bahiano, 25 annos mais ou menos.

Estes escravos foram trazidos a esta província ha pouco tempo, pelo sr. Raphael Ascoli; levaram alguma roupa fina e blusa de baeta vermelha, e offerece-se uma boa gratificação a quem os prender e entregar a seu senhor ou em S. Paulo ao sr. José Alves de Sá Rocha.

3—3

Correio Paulistano, 15 abr. 1874 (em Neves, 1995: 25)

– Responda:

– Sobre o que ele trata?
– Você acredita que hoje em dia haja anúncios desse tipo nos jornais? Por quê?
– Por que você acha que alguns negros procuravam fugir?
– Como você se sentiria se fosse um dos negros anunciados?

NOTAS

[1] Ver Marcos Napolitano, *Como usar o cinema na sala de aula* (2003) e *Como usar a televisão na sala de aula* (2002); Martins Ferreira, *Como usar a música na sala de aula* (2002); Maria Alice Faria, *Como usar a literatura infantil na sala de aula* (2004) e *Como usar o jornal na sala de aula* (1996); Juvenal Zanchetta Jr., *Como usar a internet na sala de aula* (2013); Angela Rama e Waldomiro Vergueiro (orgs.), *Como usar as histórias em quadrinhos na sala de aula* (2004), todos publicados pela Editora Contexto. Ver também os textos de Carlos R. Carola (Meio ambiente), Pietra Diwan (Corpo), Silvia Figueirôa (Ciência e tecnologia), todos em C. B. Pinsky (2010a). Ver ainda: S. F. Lima e V. C. Carvalho, "Fotografia: usos sociais e historiográficos", em C. B. Pinsky e T. R. Luca (2009). Ver os textos de Marcos Napolitano ("A televisão como documento") e Ricardo Oriá ("Memórias e ensino de história") em C. Bittencourt (2004a).

[2] Exemplos extraídos do livro de M. F. R. Neves, *Documentos sobre a escravidão no Brasil*, São Paulo, Editora Contexto, 1996, pp. 24-6.

[3] O livro organizado por Circe Bittencourt (2007) é um excelente apoio para os professores nesse sentido, pois seus verbetes foram escritos por uma equipe de especialistas, e apresenta o estado atual do conhecimento sobre as mais importantes datas do calendário brasileiro. Traz as datas na sequência do calendário mensal, mas as datas podem ser consultadas por temas: (1) Cultura, (2) Economia, (3) Guerras e Revoluções, (3) Movimentos e Lutas Sociais, (4) Política, (5) Tecnologia e Ciência. Aborda as datas tradicionais, as festivas, as heroicas, mas também as marcadas por lutas e confrontos, que assinalam tristes memórias ou conquistas fundamentais.

[4] É possível trabalhar de forma divertida, por meio de histórias, os momentos de descontrole das mães. As diferentes maneiras de ela ser, suas qualidades e defeitos. O livro de Joanna Harrison, *Quando mamãe virou um monstro*, é interessante, pois possibilita a reflexão sobre as atitudes dos filhos e também as das mães. Também podem ser lidas pelos alunos histórias que tratam de abandono ou de crianças órfãs criadas por outras pessoas. E, em relação à confecção da lembrancinha de Dia das Mães, a própria classe (é importante que as crianças discutam o assunto) deve resolver se isso será feito ou não, além de o professor conversar com os alunos que não possuem mãe sobre o que eles estão sentindo e como gostariam de agir.

[5] Bibliografia sugerida para o professor: J. Pedro, "Dia Internacional da Mulher", em C. Bittencourt (2007); J. Pinsky, C. Pinsky e J. Pedro, "Mulheres: igualdade e especificidade", em Pinsky e Pinsky (2003); M. L. Moraes, "Brasileiras: cidadania no feminino", em Pinsky e Pinsky (2003); C. Pinsky e J. Pedro (2012).

[6] Marco Mondaini aborda a questão dos direitos humanos nas seguintes obras: *Direitos humanos* (Contexto, 2006), *Direitos humanos no Brasil* (Contexto, 2009) e "Direitos humanos" em C. Pinsky, 2010a.

[7] Para um aprofundamento teórico, sugerimos a leitura do capítulo de Solange Lima e Vania Carvalho, "Fotografias: usos sociais e historiográficos", no livro de C. Pinsky e Luca (2012: 47); especialmente a parte em que as autoras tratam dos cartões-postais do Vale do Anhangabaú, em São Paulo.

[8] Para sugestões de trabalho com *fotos de escultura*, ver a parte deste capítulo sobre o trabalho com *imagens*. Aqui, preferimos comentar o trabalho com esculturas que podem ser vistas ao vivo. Se o professor quiser trabalhar com esculturas sem sair da sala de aula, pode mostrar para as crianças vídeos de obras que as mostram por todos os ângulos.

[9] Marcos Napolitano, *Como usar o cinema na sala de aula*, São Paulo, Contexto, 2001.

[10] É possível encontrar seu acervo digital em http://chiquinhagonzaga.com/wp/acervo-digital-chiquinha-gonzaga.

BIBLIOGRAFIA

AMPARO, Estância Hidromineral de. *Amparo flor da montanha*. Org. Roberto Pestana Teixeira Lima. São Paulo: Noovha América, 2006 (série "Conto, canto e encanto com minha história..."), 192p.
BAGNO, Marcos. *Pesquisa na escola*: o que é como se faz. 21. ed. São Paulo: Loyola, 2007.
BEZERRA, Holien G. Ensino de história: conteúdos e conceitos básicos. In: KARNAL, Leandro (org.). *História na sala de aula*: conceitos, práticas e propostas. São Paulo: Contexto, 2004, pp. 37-48.
BITTENCOURT, Circe Maria Fernandes. Desafios da história integrada. *Revista Ibep*. São Paulo, v. 10, mar. 2001, pp. 4-6.
_____. (org.). *Dicionário de datas da História do Brasil*. São Paulo: Contexto, 2007.
_____. *Ensino de história*: fundamentos e métodos. São Paulo: Cortez, 2004b.
_____. *O saber histórico na sala de aula*. 9. ed. São Paulo: Contexto, 2004a.
BRASIL, Secretaria de Educação Fundamental. *Parâmetros curriculares nacionais*: história, geografia. Brasília: MEC/SEF, 1997a.
_____. Secretaria de Educação Fundamental. *Parâmetros curriculares nacionais*: apresentação dos temas transversais e ética. Brasília: MEC/SEF, 1997b.
_____. Ministério da Educação. Lei 9394/96. Disponível em: <http://portal.mec.gov.br/seesp/arquivos/pdf/lei9394_ldbn1.pdf>. Acesso em: 29 mai. 2007.
BRENELLI, Rosely Palermo. *O jogo como espaço para pensar*. Campinas: Papirus, 1996. 208p.
CAMILLONI, Alicia R.W. Sobre a programação de la enseñanza de las ciencias sociales. In: AISENBERG, B.; ALDEROQUI, S. *Didáctica de las ciencias sociales II*. Buenos Aires: Paidós, 2001, pp. 183-219.
CAROLA, Carlos Renato. Meio ambiente. In: PINSKY, Carla B. (org.). *Novos temas nas aulas de história*. 2. ed. São Paulo: Contexto, 2010. pp. 173-200.
CARRETERO, Mario. *Construção do conhecimento e ensino das ciências sociais e da história*. Porto Alegre: ArtMed, 1997.
CITRON, Suzanne. *Ensinar a história hoje, a memória perdida e reencontrada*. Trad. Guida M. A. de Carvalho e Luís Vidigal. Lisboa: Livros Horizonte, 1990. 151p.
COOL, C.; TEBEROSKY, A. *Aprendendo arte*. São Paulo: Ática, 2000a. 256p.
_____. *Aprendendo personagens*. São Paulo: Ática, 2000b. 240p.
COOPER, H. *Didáctica de la historia em la educación infantil y primaria*. Tradución Pablo Manzano. Madrid: Morata, 2002. 263p.
CORALINA, Cora. A escola da mestre Silvina. In: _____. *Poemas dos becos de Goiás e histórias mais*. São Paulo: Ed. José Olympio, 1965.
DAL COLETO, Andrea P. Projeto de trabalho: a importância das interações sociais. In: Assis, O. Z. M. de; Assis, M. C. *Projetos, jogos, portfólios e literatura na educação infantil*. Campinas: LPG/Faculdade de Educação/UNICAMP, s.d.
Deliberação Conselho Estadual de Educação nº 77/2008. Disponível em: <http://www.ceesp.sp.gov.br/Deliberacoes/de_77_08.html> Acesso em: 10 mar. 2011.
DELVAL, Juan. La representación infantil del mundo social. In: TURIEL, E.; ENESCO, I.; LINANZA, J. *El mundo social en la mente del niño*. Madrid: Alianza, 1989.
_____. *Crescer e pensar*. Trad. Beatriz Affonso Neves. 2. ed. Porto Alegre: Artes Médicas, 1994, 245p.
_____. *El desarrollo humano*. México/Espana: Siglo Veinteuno, 1994.
DE ROSSI, Vera Lúcia Sabongi; ZAMBONI, Ernesta. *Quanto tempo o tempo tem!* Campinas: Editora Alínea, 2003. 239p.

DIWAN, Pietra. Corpo. In: PINSKY, Carla B. (org.). *Novos temas nas aulas de História*. 2. ed. São Paulo: Contexto, 2010. 221p. pp. 119-34.
FABER, Adele; MAZLISH, Elaine. *Pais liberados, filhos liberados*. São Paulo: Ibrasa, 1985.
_____. et al. *Como falar para o aluno aprender*. São Paulo: Summus, 2005.
FAVARIN, M.; ORDONEZ, M.; QUEVEDO, J. *História com reflexão*: ensino fundamental. 2. ed. São Paulo: Ibep, 2001.
FERMIANO, Maria A. Belintane. Geografia: buscando espaços, tempos e fotos. *Revista EducAtiva*. Faculdades Net Work, Coordenação de Pedagogia. Nova Odessa, v. 1, n. 1, nov. 2004a, pp. 67-73.
_____. História e construtivismo. *Revista EducAtiva*. Faculdades Net Work, Coordenação de Pedagogia. Nova Odessa, v. 1, n. 1, nov. 2004b, pp. 67-73.
_____. O jogo como instrumento no ensino de História? Disponível em: <http://www.anpuh.uepg.br/historia-hoje/vol3n7/maria.pdf>. Acesso em: 8 ago. 2006.
_____. Tempo, memória, representações no ensino de História: uma contribuição na formação do professor. Campinas, 2008. 101p. Trabalho de Conclusão de Curso de Especialização. Faculdade de Educação da Universidade Estadual de Campinas.
FERREIRA, Antonio C. Literatura, a fonte fecunda. In: PINSKY, Carla B.; LUCA, Tania R. (orgs.). *O historiador e suas fontes*. 1. ed. São Paulo: Contexto, 2012, pp. 61-91.
FIGUEIRÔA, Silvia. Ciência e tecnologia. In: PINSKY, Carla B. (org.). *Novos temas nas aulas de história*. 2. ed. São Paulo: Contexto, 2010, pp. 153-71.
FONSECA, Selva G. *Didática e prática de ensino de história*. 4. ed. Campinas: Papirus, 2003. 254p.
_____. *Fazer e ensinar História*. Belo Horizonte: Dimensão, 2009. 296p.
GINNOT, Haim. *Entre pais e filhos*. Rio de Janeiro: Elsevier, 2004.
HARRISON, Joanna. *Quando mamãe virou um monstro*. São Paulo: Brinque Book, 1996.
HOBSBAWM, Eric. *Era dos extremos*: o breve século XX. São Paulo: Companhia das Letras, 1995, p. 13.
JENKINS, Keith. *A história repensada*. Trad. Mário Vilela. São Paulo: Contexto, 2001. 120p.
KARNAL, Leandro (org.). *História na sala de aula*: conceitos, práticas e propostas. São Paulo: Contexto, 2003. 216p.
_____. TATSCH, F. G. A memória evanescente. In: PINSKY, Carla B.; LUCA, Tania R. (orgs.). *O historiador e suas fontes*. 1. ed. São Paulo: Contexto, 2012. pp. 8-27.
LIMA, Solange F.; CARVALHO, Vania C. Usos sociais e historiográficos. In: PINSKY, Carla B. (org.). *Novos temas nas aulas de história*. 2. ed. São Paulo: Contexto, 2010, pp. 29- 60.
LUCA, Tania R. História dos, nos e por meio dos periódicos. In: PINSKY, Carla B. (org.). *Fontes históricas*. 3. ed. São Paulo: Contexto, 2011, pp. 111-53.
LUCINI, Marizete; OLIVEIRA, Sandra R. F.; MIRANDA, Sonia R. Na esteira da razão histórica: olhares e diálogos com a obra de Rüssen. In: ZAMBONI, E. *Digressões sobre o ensino de história*: memória, história oral e razão histórica. Itajaí: Maria do Cais, 2007, 150p.
MACEDO, Lino de. *Os jogos e o lúdico na aprendizagem escolar*. Porto Alegre: Artmed, 2005. 110p.
MAESTRI, Mário. *Uma história do Brasil colônia*. São Paulo, Editora Contexto, 1997.
MARIN, Marilú F. *História com reflexão*: ensino fundamental. 2. ed. São Paulo: Ibep, 2005.
MARSON, Adalberto. Reflexões sobre o procedimento histórico. In: SILVA, Marcos (org.). *Repensando a história*. Rio de Janeiro: Marco Zero: Anpuh, 1984.
MESGRAVIS, Laime; PINSKY, Carla B. *O Brasil que os europeus encontraram*. São Paulo, Contexto, 2000.
MONDAINI, Marco. Direitos humanos. In: PINSKY, Carla B. (org.). *Novos temas nas aulas de história*. 2. ed. São Paulo: Contexto, 2010, pp. 55-71.
MORAIS, Marcus Vinícius de. História integrada. In: PINSKY, Carla B. (org.). *Novos temas nas aulas de história*. 2. ed. São Paulo: Contexto, 2010, 221p. pp. 201-21.
MORENO, Montserrat et al. *Falemos de sentimentos*. São Paulo: Moderna. 1999, 143p.
NADAI, Elza; BITTENCOURT, Circe Maria Fernandes. Repensando a noção de tempo histórico no ensino. In: PINSKY, Jaime. (org.) *O ensino de história e a criação do fato*. 9. ed. São Paulo: Contexto, 2001, p. 74.
NAPOLITANO, Marcos. *Como usar o cinema na sala de aula*. São Paulo: Contexto, 2001.
_____. A televisão como documento. In: BITTENCOURT, Circe (org.). *O saber histórico na sala de aula*. 7. ed. São Paulo: Contexto, 2004, 175p.
_____. Cultura. In: PINSKY, Carla B. (org.). *Novos temas nas aulas de História*. 2. ed. São Paulo: Contexto, 2010. pp. 73-93.
NEVES, Maria de Fátima Rodrigues das. *Textos e documentos sobre a escravidão no Brasil*. 3. ed. São Paulo: Contexto, 2002, 135p (coleção "Textos e Documentos", v. 6).
OLIVEIRA, Conceição; MIUCCI, Carla; PAULA, Andrea. *História em projetos*. São Paulo: Ática, 2006. 272p.
OLIVEIRA, Sandra Regina Ferreira de. *A noção do tempo histórico no aluno*: um estudo sobre a noção do passado, das ideias espontâneas relativas à história da civilização e da relatividade dos acontecimentos e julgamentos histórico em alunos de 7 a 10 anos. Marília, 2000. 108p. Dissertação (mestrado em Educação) – Faculdade de Filosofia e Ciência da Universidade Estadual Paulista.
OLIVEIRA, Wencesláu Machado. Fotografias em práticas e saberes escolares. Aula magna Proesf (Programa de Formação do Professor em Exercício – Unicamp). Campinas, 2004 (mimeo).
OLIVEIRA, W. M. et al. Escritos de algumas pessoas na busca do que seria uma geografia escolar a propor... In: BITTENCOURT, A. B.; OLIVEIRA, W. M. *Estudo, pensamento e criação*. Campinas: Gráfica FE, v. 1, 2005, pp. 113-51.
ORIÁ, Ricardo. Memórias e ensino de história. In: BITTENCOURT, Circe. (org.). *O saber histórico na sala de aula*. 9. ed. São Paulo: Contexto, 2004, pp. 128-48.
PAGÉS, Joan. Aproximación a un currículum sobre el tiempo histórico. In: FRUTOS, Julio Rodriguez et al. (eda.). *Enseñar historia*: nuevas propostas. México: Editorial Laya, Distribuciones Fontamara S.A. s/d.

PAOLA, Tomie de. *Carlinhos precisa de uma capa.* São Paulo: Global Editora, 2011.
PAULA, Eunice Dias de et al. *História dos povos indígenas*: 500 anos de luta no Brasil. Petrópolis: Vozes, 2001.
PIAGET, Jean. *A noção de tempo no aluno.* Trad. Rubens Fiúza. Rio de Janeiro: Editora Record, 1946. 321p.
_____. *Psicologia da inteligência.* Trad. Egléa de Alencar. 2. ed. Rio de Janeiro: Editora Fundo de Cultura, 1967. 239p.
_____. *Problemas de psicologia genética.* Trad. Célia E. A. Di Piero. Rio de Janeiro: Forense, 1973. 157p.
_____. *O desenvolvimento do pensamento*: equilibração das estruturas cognitivas. Trad. Álvaro de Figueiredo. Portugal, Lisboa: Publicações Dom Quixote, 1977. 228p.
_____. Tempo social. *Revista Sociologia.* São Paulo: Universidade de São Paulo, 1(2), 2. sem. 1989, pp. 7-44.
_____. A psicologia da criança e o ensino de história. In: _____. *Sobre a pedagogia:* textos inéditos. Silvia Parrat e Anastasia Tryphon (org.). Trad. Claudia Berliner. São Paulo: Casa do Psicólogo, 1998. 262p.
PINSKY, Carla B. (org.). *Novos temas nas aulas de história.* 2. ed. São Paulo: Contexto, 2010a. 221p.
_____. Gênero. In: PINSKY, Carla B. (org.). *Novos temas nas aulas de história.* 2. ed. São Paulo: Contexto, 2010b, pp. 28-54.
_____; LUCA, Tania R. (orgs.). *O historiador e suas fontes.* 1. ed. São Paulo: Contexto, 2012. 333p.
_____; PEDRO, J. (orgs). *Nova história das mulheres no Brasil.* São Paulo: Contexto, 2012.
PINSKY, Jaime. *História da América através de textos.* São Paulo: Contexto, 1991.
_____. *Escravidão no Brasil.* São Paulo: Contexto: 2001, pp. 26-7.
_____. Introdução. In: PINSKY, Jaime; PINSKY, Carla (orgs.). *História da cidadania.* São Paulo: Contexto, 2003. 591p.
_____. *As primeiras civilizações.* 24. ed. São Paulo: Contexto, 2010. 125p.
PINSKY, Jaime; PINSKY, Carla (orgs.). *História da cidadania.* São Paulo: Contexto, 2003. 591p.
PORTELLA, Rosalva; CHIANCA, Rosaly M. B. *Didática de estudos sociais.* São Paulo: Ática, 1990. 96p.
RAMOS, Fábio Pestana. Alimentação. In: PINSKY, Carla B. (org.). *Novos temas nas aulas de História.* 2. ed. São Paulo: Contexto, 2010, pp. 95-118.
RATHS, Louis E. et al. *Ensinar a pensar.* Trad. Dante Moreira Leite. 2. ed. São Paulo: E.P.U., 1977, 441p.
RICE, Christopher; RICE, Melanie. *As crianças na história.* São Paulo: Ática, 1998.
ROCHA, R. Escola do fundo do mar. In: _____. *A escolinha do mar.* São Paulo: Ática, 1999.
SAMALIN, Nancy; WHITNEY, Catherine. *Amor e raiva, o dilema dos pais.* São Paulo: Saraiva, 1992.
SANTISTEBAN FERNÁNDEZ, Antoni. Una investigación sobre cómo se aprende a enseñar el tiempo histórico. Enseñaza de las Ciencias Sociales. *Revista de Investigación.* n. 6, mar. 2007, pp. 19-29.
SCHIMDT. Maria A. A formação do professor de história e o cotidiano da sala de aula. In: BITTENCOURT, Circe (org.). *O saber histórico na sala de aula.* 9. ed. São Paulo: Contexto, 2004, pp. 58-63.
_____; SCHIMDT, Dora. *Historiar:* fazendo, contando e narrando a história. 1. ed. São Paulo: Scipione, 2001.
_____; CAINELLI, Marlene. Avaliação em história. In: _____. *Ensinar história.* 1. ed. São Paulo: Scipione, 2004.
_____; GARCIA, Tania M. Braga. Assessoria pedagógica. In: SCHIMDT, Dora. *Historiar:* fazendo, contando e narrando a história, 6ª série. Manual do professor. 1. ed. São Paulo: Scipione, 2005, pp. 1-80. (coleção "Historiar 6ª série. Ensino Fundamental").
SCHMIDT, Mário Furley. *Nova história crítica do Brasil:* 500 anos de história mal contada. São Paulo: Nova Geração, 1999.
SILVA, Kalina Vanderlei. Biografias. In: PINSKY, Carla B. (org.). *Novos temas nas aulas de História.* 2. ed. São Paulo: Contexto, 2010, pp. 13-28.
SIMAN, Lana M. Castro. A temporalidade histórica como categoria central do pensamento histórico: desafios para o ensino e aprendizagem. In: DE ROSSI, Vera L. S.; ZAMBONI, E. *Quanto tempo o tempo tem!* Campinas: Alínea, 2003, 239p.
SOURIENT, L.; ROUDEK, R.; CAMARGO, R. *São Paulo:* interagindo com a memória. 2. ed. São Paulo: FTD, 2005. 112p.
TARDIF, Maurice. *Saberes docentes e formação profissional.* Trad. Francisco Pereira. 3. ed. Petrópolis: Vozes, 2003, 325p.
THOMPSON, E. P. *A miséria da teoria ou um planetário de erros:* uma crítica ao pensamento de Althusser. Trad. Waltensir Dutra. Rio de Janeiro: Zahar, 1981. pp. 47-63.
VESENTINI, W.; MARINS, D.; PÉCORA, M. *História.* 1. ed. São Paulo: Ática, 2004.
ZAIA, Lia Leme. *A solicitação do meio e a construção das estruturas operatórias em crianças com dificuldades de aprendizagem.* Campinas, 1996. Tese (doutorado em Educação) – Universidade Estadual de Campinas. 148p.
ZAMBONI, Ernesta. Desenvolvimento das noções de espaço e tempo no aluno. In: *Centro de Estudos Educacionais e Sociedade.* A prática do ensino de história. Campinas: Cedes/Cortez, n. 10, 1983, pp. 63-71.
_____. O ensino de história e a construção da identidade. *História Argumento.* São Paulo: Secretaria de Estado da Educação, Coordenadoria de Estudos e Normas Pedagógicas, 1997. (mimeo)
_____. Representações e linguagens no ensino de História. *Revista Brasileira de História.* São Paulo, v. 18, n. 36, 1998. (versão on-line)
_____. História integrada é um eufemismo. *Revista Ibep.* São Paulo. v. 10, mar. 2001, pp. 8-10.

As autoras

Maria Belintane Fermiano é economista, pedagoga, especialista em metodologia de História e Geografia. Mestre e doutora em Educação pela Unicamp, especialista em Psicologia, Desenvolvimento Humano e Educação. Foi professora de educação infantil, ensino fundamental e médio; coordenadora pedagógica; diretora de escola; supervisora de ensino, ex-secretária de Educação, professora universitária. É especialista em Educação Econômica financeira e para o consumo.

Adriane Santarosa dos Santos é psicopedagoga, mestre em Educação pela Faculdade de Educação da Unicamp. Integrante do Laboratório de Psicologia Genética da Faculdade de Educação/Unicamp, diretora pedagógica do Colégio Americana (educação infantil e ensino fundamental), integrante da equipe de formadores do PROEPRE (Programa de Educação Pré-Escolar).